本书受教育部人文社科青年基金项目"上海自贸区对长三角区域的溢出效应与虹吸效应研究——基于CGE模型的实证与政策仿真"(14YJC630109)和"基于动态多区域CGE 模型的刘易斯拐点与FDI撤离的影响与对策研究"（13YJC630164）资助

信息技术制造业FDI投资效应和溢出效应研究

——基于FDI—CGE模型

石季辉 著

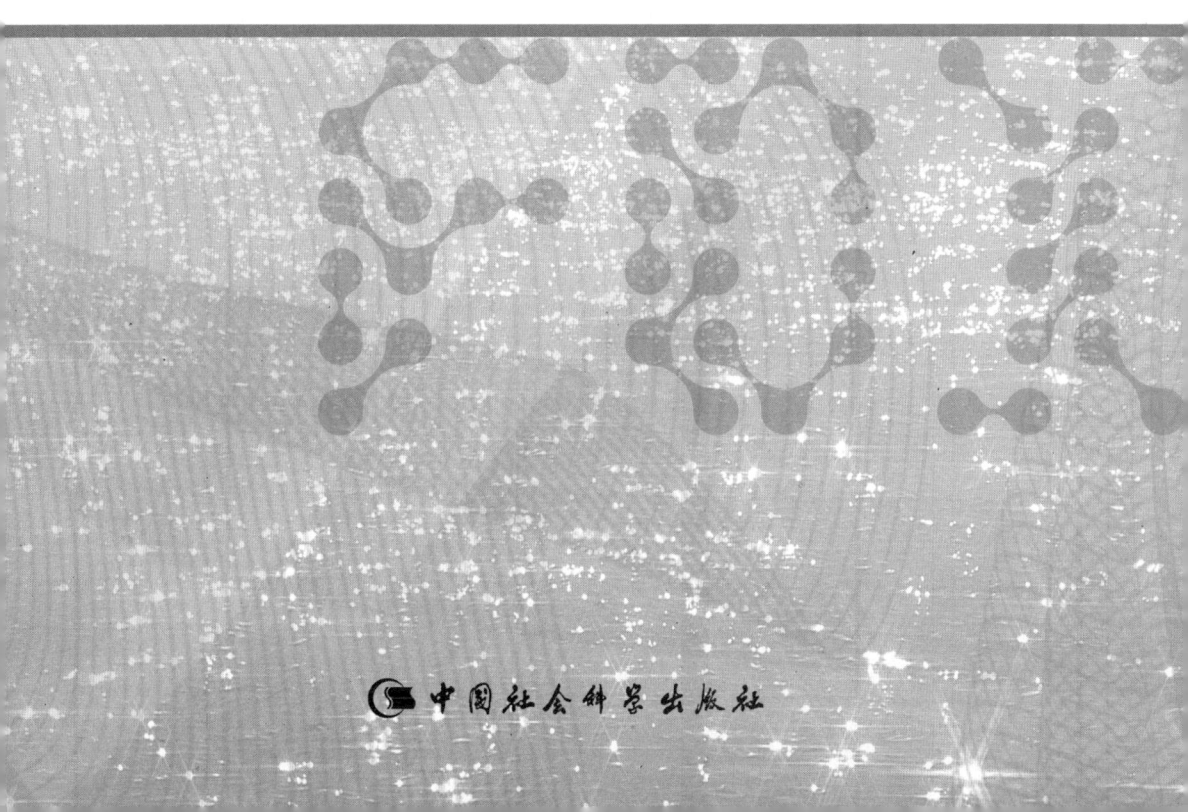

中国社会科学出版社

图书在版编目（CIP）数据

信息技术制造业 FDI 投资效应和溢出效应研究：基于 FDI—CGE 模型/石季辉著．—北京：中国社会科学出版社，2015.6
ISBN 978－7－5161－6429－7

Ⅰ.①信… Ⅱ.①石… Ⅲ.①IT 产业—外商直接投资—研究—中国 Ⅳ.①F49 ②F832.6

中国版本图书馆 CIP 数据核字（2015）第 138952 号

出 版 人	赵剑英
责任编辑	卢小生
特约编辑	林　木
责任校对	周晓东
责任印制	王　超
出　　版	中国社会科学出版社
社　　址	北京鼓楼西大街甲 158 号
邮　　编	100720
网　　址	http：//www.csspw.cn
发 行 部	010－84083685
门 市 部	010－84029450
经　　销	新华书店及其他书店
印　　刷	北京市大兴区新魏印刷厂
装　　订	廊坊市广阳区广增装订厂
版　　次	2015 年 6 月第 1 版
印　　次	2015 年 6 月第 1 次印刷
开　　本	710×1000　1/16
印　　张	12
插　　页	2
字　　数	203 千字
定　　价	45.00 元

凡购买中国社会科学出版社图书，如有质量问题请与本社营销中心联系调换
电话：010－84083683
版权所有　侵权必究

前　　言

本书原稿是一篇博士论文，完成于2012年年初，由于多种原因搁置两年后，笔者决定将其修改出版。

2010年前后，笔者在导师刘兰娟教授的指导下，学习并使用CGE模型，参与时任上海财经大学副校长丛树海教授主持的国家社科基金重大课题"调整国民收入分配和财政支出结构研究"项目子课题研究。这一时期，正是CGE模型自20世纪90年代进入我国并经历一段沉寂之后重新引起我国学者关注的时期，也是外国直接投资在我国经济增长中的角色开始转换的重要时段。在研究过程中，笔者开始注意到我国外国直接投资在产业层面尤其是信息技术制造业——这一典型外资依赖型产业中存在的投资效应和溢出效应问题。

随着对CGE模型学习的深入，笔者发现，可以探索使用联合国粮农组织研究所的LHR模型为代表的结构主义CGE模型对信息技术制造业的外国直接投资有效利用问题进行仿真和模拟研究。然而，一直以来，相对于CGE模型在各类应用领域的开花结果，外国直接投资相关问题的研究并不多见，对于我国问题的研究也寥寥无几。有一些欧美学者曾经从国际贸易的角度研究资本要素在世界范围内的流动，但是，由于模型设计的高度复杂、CGE模型应用研究所依赖的事实统计数据难以获得等原因，相关研究成果也不突出。于是笔者尝试将外国直接投资因素在开放经济体CGE模型中显性表达，利用在参与丛树海教授课题研究过程中收集的数据开展相关研究，最终形成本书稿。

但是，研究的开展并非一帆风顺，相对于模型构建，更难应对的则是数据缺失问题。虽然关于信息技术制造业的相关统计数据相比其他行业较为全面，但包括外国直接投资在内的大量经济统计数据的可得性和质量仍然是始终面临的重要障碍。除花费大量精力收集外，笔者还使用一系列的方法修正和估算模型需要的多种难以获取的经济数据，结合对模型的特定设置，最终初步实现对外国直接投资相关问题的模拟。但正是由于部分数据是由比例分割、公式估算等方法得来，以及模型本身可能存在的一些不足，整个研究难免存在一些争议和不足之处，对此笔者期待读者给予批评和建议。同时，笔者真诚感谢董万好博士和王军博士提出的修改意见。

作者
2015 年 4 月 1 日

摘 要

本书通过对我国外国直接投资在宏观经济层面和信息技术制造业的分析发现，外国直接投资在宏观经济层面对我国的经济增长产生了积极影响。主要表现为外国直接投资对宏观经济显著的经济增长效应、较强的资本形成效应和较高的就业促进效应。我国目前在经济建设方面取得的巨大成就离不开外国直接投资的贡献，但是，在具体产业层面，外国直接投资带来的效果却并不总是乐观的，虽然整体上看，它可以带来产业的增长，并奠定良好的发展基础，但却并不一定能够使得东道国的产业得到健康、安全、自主的成长。我国信息技术制造业就面临这样的情形，通过对我国信息技术制造业统计数据进行初步分析，发现一个惊人的事实：在整个产业从资产总值、生产总值到就业人数占行业比例等关键经济指标方面，外资企业占有的份额超过了 2/3，有的指标甚至达到 80%。这意味着多年来我国引以为豪的信息技术制造业实际上对我国的经济贡献并不理想，20多年来，信息技术制造业内资企业的发展并没有如宏观经济层面一般繁荣。但是，近年来，信息技术制造业内资企业在投资以及创新方面出现的新趋势，使得我们必须关注行业内外国直接投资对内资企业投资和溢出效应的影响，以确定当前以及将来内资企业发展所面临的真实状况，并为帮助内资企业进一步拓展发展空间寻找有效的政策途径。

通过对外国直接投资以及信息技术产业相关的研究成果进行梳理，我们发现，目前，对于外国直接投资对发展中东道国经济影响的研究大都集中于宏观层面或者企业级的微观层面，关于中观层面产业方面的研究不足，得到的一些研究结论也模棱两可，更少有专门以外国直接投资对信息技术制造业内资企业影响为内容的相关研究和成果出现。在已有研究结论中，由于所依赖的一般线性计量经济模型无法准确并确切地反映外国直接投资对具体产业的影响，其得出的结论在应用于我国信息技术制造业时面临诸多短板，而 CGE 模型自身的非线性特点对于研究这一类问题恰好有着独特的优势。

统观 CGE 模型相关的国内外研究，一般情况下，外国直接投资很少被作为一个专门的影响因素考虑而纳入模型予以表达，相关方面的研究也并不多见。并且，由于外国直接投资不仅仅是单纯意义上的资金来源，还与技术进步、人力资源、知识资本等方面有着千丝万缕的复杂联系，所以，在 CGE 模型中恰当地表达它面临更多复杂的情形。本书通过对外国直接投资在 CGE 模型中的适用性和可行性进行讨论及分析后认为，外国直接投资所具有的产业性、市场竞争、投入产出、溢出效应等方面均与 CGE 模型的特点相符合，所以，使用 CGE 模型研究外国直接投资相关问题应该十分适合。但是，外国直接投资在要素分配、价格机制、供需机制、生产机制等方面均对开放经济下的单国 CGE 模型产生多方面复杂冲击，本书通过分析外国直接投资在开放经济模型中的作用，将经济体各生产部门中的外资部分分离出来形成单独的经济主体，使这一问题得到初步解决。然后，在此基础上分析模型的生产结构和需求结构，构建 FDI—CGE 模型的方程体系，对由于分离生产部门中外资部分而产生重要变化的主要方程予以说明和解释。随后对模型的宏观闭合条件的选择问题进行了研究，最终选择凯恩斯主义的宏观闭合条件，即模型允许劳动力、资本要素失业和自由流动，投资驱动储蓄，所有机构税率固定，政府储蓄内生，实际汇率固定，国外储蓄和贸易平衡内生。

构建 FDI—CGE 模型之后，本书的一项重要工作就是为模型的运行准备基础经济数据和相关弹性参数、份额参数等。在这一部分，本书通过对《中国投入产出表》、《中国财政年鉴》、《中国资金流量表》、《中国海关统计年鉴》、《中国经济普查年鉴》以及商务部提供的《利用外商直接投资行业结构》、《外商直接投资产业结构》、《主要行业参考数据》、《中国吸收外资几项经济指标》、《中国外商投资报告》、《投资中国系列报告》等数据进行整理后，构建了模型所需的社会核算矩阵，然后使用待定系数法及无偏估计方法等并对模型中的资本存量、生产弹性、份额参数等重要数据和特征参数进行了估算。

在问题研究部分，本书首先依据研究内容设定了信息技术制造业外国直接投资对内资企业投资效应和溢出效应的模拟方案，然后使用所构建 FDI—CGE 模型进行模拟。一方面对 2010 年前后的宏观背景进行基期模拟，另一方面采取不同的政策条件冲击观察政策对外资企业和内资企业的影响。在对当前状况进行基期模拟和冲击模拟并对结果进行分析后,本书发现:基期模拟的初期阶段内资企业资本存量增长率明显较高,甚至高于外资企业增速,但后期增速表现为下滑趋势;在冲击模拟结果中,内资企业每一期的资本存量增长率均有较高水平,并且一直保持上升趋势,每一期的增长率都高于外资企业,显示出外国直接投资对产业内的国内投资部分有着较为明显的挤入作用,并且这种挤入作用有不断加大的趋势;在当前以及之后一段时期内,信息技术制造业的外国直接投资对内资企业产生的生产力方面的溢出效应将一直保持在正、负效应临界点之外,即以正溢出效应为主,但是,离临界点并不远;外国直接投资对于内资企业的就业水平的提高也有着相当程度的溢出作用;信息技术制造业内的外国直接投资对于内资企业劳动报酬起到激励和带动作用。在针对外资企业进行的实际税率提升32%的政策模拟结果进行分析后发现:虽然对外资企业实际税率的上升可能带来短期的严重后果,但是,由于我国对外资吸引力的增强,不会出现外资全面撤出我国的现象,短期内反而给内资企业带来发展机遇;但内资企业由于创新力缺乏不得不在相当时期内仍从属于外资企业,继续长期依赖外资企业产生的溢出效应。所以,对外资实际征收税率的提高应当逐步进行,而不能一蹴而就。

本书从问题相关的各研究领域的不足之处入手,展开对信息技术制造业外国直接投资对内资企业投资效应和溢出的研究,并得出了相应研究结果。但是,本书仍存在着一些不足之处,主要体现在两个方面:一是模型对生产规模报酬不变生产函数的使用未将技术内生入模型;二是由于外国直接投资相关的许多重要数据无法获取而采取估算导致模型模拟结果精确性受到影响。这两方面也是今后继续研究的方向。

关键词:信息技术制造业　外国直接投资　CGE 模型　投资效应　溢出效应

目　　录

第一章　绪论 ··· 1

第一节　研究背景与问题的提出 ····························· 1
一　外国直接投资的宏观背景 ································ 1
二　外国直接投资的产业背景 ································ 3
三　问题的提出 ··· 5

第二节　选题意义 ··· 7
一　现实意义 ·· 7
二　理论意义 ·· 8

第三节　研究范畴界定与方法 ································ 8
一　研究范畴 ·· 8
二　相关概念及界定 ·· 9
三　研究目标与方法 ·· 11

第四节　研究思路与主要内容 ································ 12

第五节　主要创新 ··· 13

第二章　相关文献综述 ·· 15

第一节　外国直接投资理论的演变 ························ 15
一　垄断优势理论 ·· 15
二　比较优势理论 ·· 16
三　市场内部化理论 ·· 17
四　国际生产折中理论 ··· 18

第二节　外国直接投资对东道国的影响 ··················· 20
一　外国直接投资的产业投资效应 ·························· 20
二　外国直接投资的溢出效应 ································ 23

第三节 CGE 模型研究综述 ……………………………………… 32
　　一　CGE 模型的理论研究 …………………………………… 32
　　二　CGE 模型的应用研究 …………………………………… 35
　　三　FDI—CGE 模型研究 …………………………………… 41
第四节 信息技术产业研究综述 ……………………………………… 43
第五节 现有研究的不足与本书切入点 ……………………………… 46
　　一　我国信息技术制造业研究 ……………………………… 46
　　二　外国直接投资研究 ……………………………………… 47
　　三　CGE 模型 ………………………………………………… 48
　　四　CGE 框架内研究信息技术制造业外国直接投资问题 …… 49

第三章　CGE 模型中的 FDI 效应分析 …………………………… 50

第一节 CGE 模型对 FDI 问题的适用性 ……………………………… 50
　　一　投资效应与溢出效应分析 ……………………………… 50
　　二　投资效应与溢出效应的 CGE 适用性分析 ……………… 52
第二节 已有 FDI—CGE 框架与标准 CGE 框架分析 ……………… 54
　　一　Petri 框架分析 …………………………………………… 54
　　二　标准 CGE 模型的结构体系分析 ………………………… 58
第三节 标准 CGE 框架中的外国直接投资 ………………………… 62
　　一　开放经济体基本框架 …………………………………… 62
　　二　外国直接投资在开放经济体中的作用分析 …………… 65
第四节 本章小结 ……………………………………………………… 68

第四章　FDI—CGE 模型方程体系与宏观闭合选择 ……………… 69

第一节 FDI 影响下模型基本结构变化 ……………………………… 69
　　一　生产结构变化 …………………………………………… 69
　　二　需求结构变化 …………………………………………… 71
第二节 FDI 在模型方程体系中的反映 ……………………………… 72
　　一　产品价格 ………………………………………………… 72
　　二　生产和贸易模块 ………………………………………… 73
　　三　机构模块 ………………………………………………… 74
　　四　系统约束模块 …………………………………………… 76

五　动态模块 …………………………………………………… 76

　第三节　模型宏观闭合的选择 ……………………………………… 76

　　一　宏观闭合问题研究 ………………………………………… 76

　　二　模型的宏观闭合条件 ……………………………………… 80

　　三　模型闭合条件的选择 ……………………………………… 83

　第四节　本章小结 …………………………………………………… 85

第五章　数据基础与相关参数 …………………………………………… 86

　第一节　社会核算矩阵编制 ………………………………………… 86

　　一　社会核算矩阵 ……………………………………………… 86

　　二　编制中国社会核算矩阵 …………………………………… 88

　第二节　参数估计方法准确性和有效性的提高 …………………… 93

　　一　产业资本存量估计准确性的提高 ………………………… 93

　　二　CES 函数弹性参数估计方法的有效性研究 ……………… 96

　第三节　内、外资企业生产函数弹性参数的估计 ………………… 100

　　一　数据准备 …………………………………………………… 100

　　二　相关参数的确定 …………………………………………… 103

　第四节　阿明顿弹性和 CET 替代弹性的确定 …………………… 104

　第五节　对所估计和选择参数的敏感性分析 ……………………… 106

　第六节　本章小结 …………………………………………………… 106

第六章　信息技术制造业 FDI 的投资效应与溢出效应 ……………… 108

　第一节　模拟方案与模拟结果 ……………………………………… 108

　　一　模拟方案的设定 …………………………………………… 108

　　二　模拟结果 …………………………………………………… 110

　第二节　投资效应的结果分析 ……………………………………… 114

　　一　现象分析 …………………………………………………… 114

　　二　外国直接投资的外部效应分析 …………………………… 115

　　三　对内资企业投资影响的结论 ……………………………… 116

　第三节　溢出效应的模拟结果分析 ………………………………… 117

　　一　内资企业劳动生产力变动分析 …………………………… 117

　　二　内资企业就业与工资水平变化分析 ……………………… 119

第四节　政策模拟结果分析……………………………………122
　　一　模拟结果初步分析…………………………………122
　　二　政策建议……………………………………………124
第五节　本章小结……………………………………………126

第七章　FDI撤离背景下的投资效应与溢出效应模拟………127
第一节　我国FDI撤离的基本背景…………………………127
第二节　FDI撤离问题的已有研究…………………………128
第三节　不同规模FDI撤离情景的模拟分析………………130
　　一　数据补充与更新……………………………………130
　　二　基期模拟……………………………………………130
　　三　不同规模FDI撤离情景模拟趋势分析……………131
第四节　数据包络分析………………………………………134
　　一　生产可能集与生产前沿面…………………………134
　　二　生产前沿面的确定…………………………………135
　　三　技术效率的界定与计算……………………………135
第五节　基于数据包络分析的内资企业劳动生产率分解分析……137
第六节　结论与启示…………………………………………139

第八章　总结及展望………………………………………………141
第一节　主要工作与结论总结………………………………141
第二节　对FDI撤离问题的研究……………………………143
第三节　研究不足及展望……………………………………144

附　　录……………………………………………………………145

参考文献……………………………………………………………164

第一章 绪论

第一节 研究背景与问题的提出

一 外国直接投资的宏观背景

经过改革开放以来30多年的快速发展，我国经济发展已经到了从注重数量扩张转向质量提高的关键时期。在我国经济持续30多年的发展中，经济总量的年增长率一直保持在9%以上。迄今为止，我国经济总量已稳居世界第2位，外汇储备居世界第1位，贸易额居世界第2位，用20年的时间使10多亿中国人的收入增长4倍，成为世界经济版图中的重要一极。这些成就证明了我国采取边际性的增量改革和"试验推广"方式推进经济转轨模式的成功。在促成这一成就的众多因素之中，学术界的一个共识是外国直接投资（Foreign Direct Investment，FDI）的持续进入是使我国经济转轨成功的重要因素之一。从1992年开始的新一轮改革开放，使得发达国家和地区对我国的投资持续流入，且规模不断增大，给我国经济发展带来不论是深度上还是广度上前所未有的影响。2002年，外商直接投资甚至超过美国，成为世界第一大直接投资引进国。截至2011年年底，我国实际使用外资金额1057亿美元，累计10483.81亿美元。始终居于发展中国家引进外国投资最多的地位。但是，外国投资在宏观和具体产业这两个不同层面上的经济效果却不尽如人意，这在信息技术产业表现得尤为突出。

在宏观层面上主要表现为外国直接投资有显著的经济增长效应、较强的资本形成效应、较高的就业促进效应。从图1-1所示的外国直接投资占GDP的比重可以看出，在近20年的外国资本流入过程中，我国的经济获益匪浅；外国直接投资的本质仍然是生产要素——资本，所以，必然会有一部分成为东道国的固定资产投资，以成为其资本积累和资本形成，进而促进东道国经济增长，如图1-2所示，我国固定资产投资资金来源中外国资本的比重不断上升，并占有重要地位；在就业效应方面，如图1-3所示，外国直接投资企业具有较强就业吸纳能力，而且就业一直保持较高的增长率。

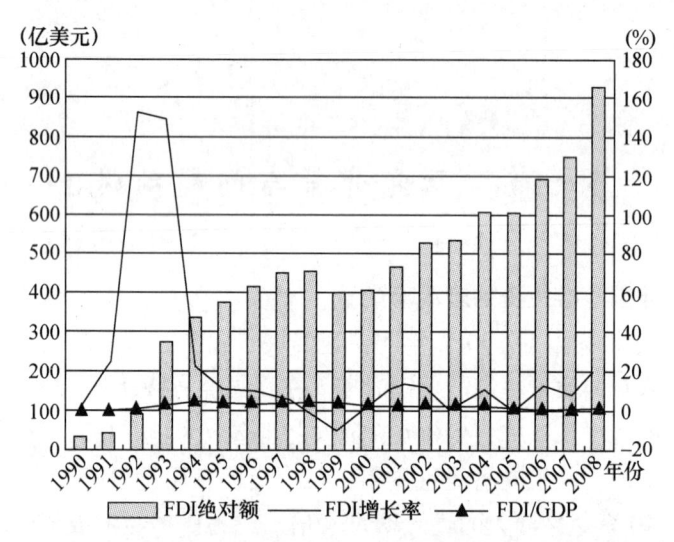

图1-1　1990—2008年我国吸收外国直接投资与占GDP比例概况

资料来源：根据2011年《中国统计年鉴》对外贸易专题整理。

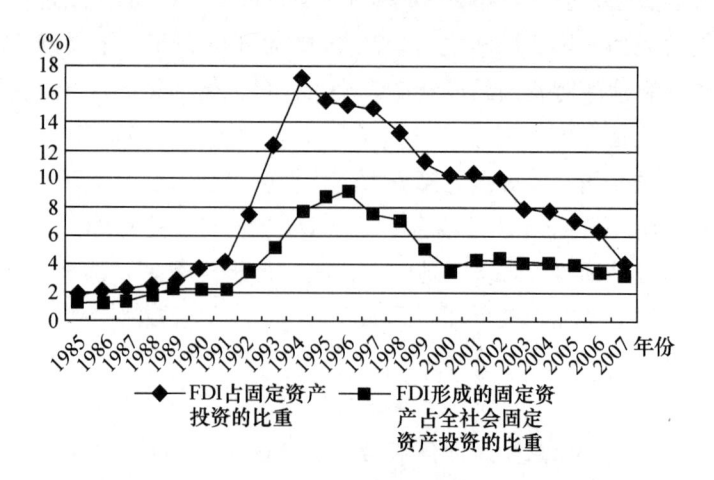

图1-2　外国直接投资对我国固定资本形成的贡献曲线

资料来源：根据2011年《中国统计年鉴》的固定资产投资专题整理。

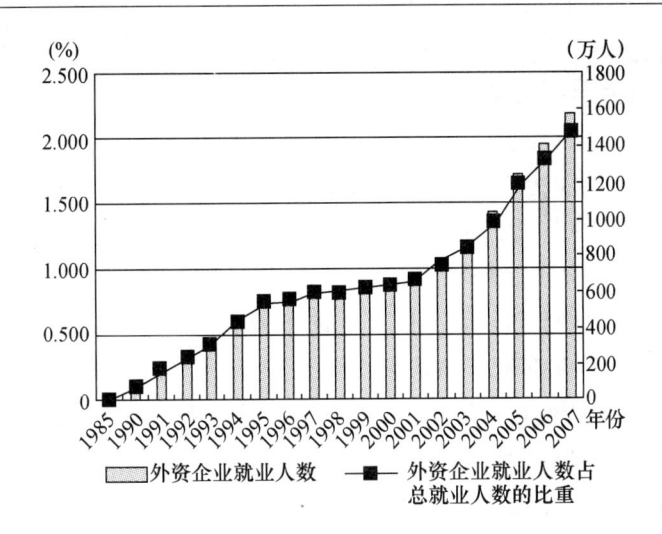

图1-3 外国直接投资企业吸纳就业人数变化

资料来源：根据2011年《中国统计年鉴》的就业和职工工资专题整理。

二 外国直接投资的产业背景

在具体的产业层面上，外国直接投资带来的效果并不乐观，虽然它可以带来产业的增长，奠定良好的发展基础，却并不一定能够使东道国企业得到健康、安全、自主的成长。下面对信息技术制造业，这一典型的对外国直接投资依赖性较高产业的现状进行梳理。

（一）信息技术制造业总体现状

我国改革开放30多年来产业发展中的一个奇迹便是我国信息技术制造业从几乎忽略不计到一跃成为我国重要的支柱产业之一。据《环球时报》消息[①]，2011年，全世界超过50%的彩电、70%的移动通信终端以及90%的计算机产品由我国生产。多年来，我国信息技术制造业一直在快速增长，截至2010年，信息技术制造业企业单位数达到14838个，工业总产值达到54970.67亿元，占国内工业总产值的7.8%，销售收入为5.52万亿元，年均增长24%，规模上仅次于美国，就业人员总数达到772.75万人，年均增长16.4%，新增固定资产达到4016亿元，信息技术产品出口超过2000亿美元，占全国的出口总额的1/3，全球总额的15%。

从上面的总体数据可以看出，在至少绝对名义额上我国已成为信息技

[①] 《环球时报》2012年2月29日第11版。

(二) 信息制造业资本结构

1. 信息技术制造业吸收外国直接投资的状况

中国在过去的 20 年里一直积极吸引外资，加入世界贸易组织以来，中国吸引外资进入一个新的成熟稳定的发展阶段，利用外资持续增长，排名直线上升，结构日益优化，来源相对集中，总体运行良好。根据商务部资料，2010 年，中国实际吸收外商直接投资 1057 亿美元，年均增长 10.35%。根据商务部发布的外商直接投资主要行业参考数据[1]，2006 年之前信息技术制造业在总外商直接投资中的分配额一直居于第 1 位，2006 年开始由于房地产业的兴起，信息技术制造业的投资额开始居于第 2 位。信息技术制造业历年国内、外投资情况如表 1-1 所示。

表 1-1　　信息技术制造业历年实际利用国内、外投资情况　　单位：亿元

产业		2002 年	2003 年	2004 年	2005 年	2006 年	2007 年	2008 年	2009 年
信息技术制造业	外资	881.4	525.3	584.3	622.29	637.58	592.1	586.9	490.0
	内资	205.6	158.1	567.1	735.3	1040.4	1205	1745	2079

资料来源：笔者整理于商务部发布数据及历年《中国统计年鉴》。

从表 1-1 中的数据可以看出，信息技术制造业多年一直是外商直接投资最为集中的领域，在 2004 年之前，国内在这一方面的投资一直落后于国外企业，这使得国内企业的技术与资本存量实际上均落后于外资企业，在 2004 年之后，国内的相关投资开始高速进入，但这并不能在短时间内改变外资企业在这一领域的主导地位。从表 1-2 整理的趋势变化中，我们可以看到信息技术制造业中的外国投资比例逐年下降。

表 1-2　　信息技术制造业历年吸收国内、外投资额占比情况　　单位:%

产业	2002 年	2003 年	2004 年	2005 年	2006 年	2007 年	2008 年	2009 年
信息技术制造业	81.1	76.9	72.7	69.2	65.8	64.6	59.9	46.2

---

[1] 具体数据见 www.fdi.gov.cn。

2. 信息技术制造业内、外资企业经济指标对比

前面的数据从动态角度显示了外资直接投资进入信息技术制造业的过程，下面继续从内、外资企业经济指标对比角度展示两类企业在产业内的总体情况。

截至2010年，全行业容纳的外资总额超过1400多亿美元，外资企业数量达到17000多家，各项主要指标占全国的比重均在70%以上，外资已成为推动信息技术制造业发展的主导力量。信息技术相关产业之所以成为外商投资额最多、增长速度最快的制造业领域，其原因主要有两个方面：一是中国市场的迅速增长及巨大的市场潜能，中国市场已经成为跨国企业全球战略的重要组成部分，中国巨大的市场吸引跨国企业展开激烈的争夺。二是中国国内廉价劳动力资源。

从上面的分析可以看到，我国信息技术制造业虽然已经是我国支柱产业之一，但并不意味着我国是一个信息技术强国，仅能称为一个信息技术大国，我国在信息技术方面距离信息技术强国还有相当远的距离。整个产业存在着核心技术缺失等致命原因，使得整个产业实际上是受制于人的，虽然产业规模宏大，但是，对于我国来说，效益并不高，我国企业很难与大量进入的外资企业直接竞争，所以，实际上，我国信息技术制造产业大而不强。

三　问题的提出

信息技术制造业的发展历程表明：外国直接投资对于宏观经济的积极影响并不意味着也能对所有的产业均产生正面影响。实际上，经济全球化背景使得信息技术制造业的国际产业分工变得更为精细，跨国公司正是这种新型国际产业分工的主要投资对象，在它们的影响下，外国直接投资作为产业转移的主要载体，将我国的信息技术制造业作为重点进入的领域。然而这一载体向我国转移的技术和产业并不是最先进和最前沿的，而是以梯度①进行的，这也是全世界2/3的信息技术产品为我国生产，但我国却仅能成为此种"世界工厂"的重要原因。并且在这种转移中，国际产业分工主动权并不在我国，跨国公司始终牢牢地掌握高技术产业和领域的最高端部分，并建立严厉的知识产权体系，防止其先进技术流入我国，同时产业价值链关键环节的控制权也在跨国公司手中，从图1-4中可以看到，

---

① 这种梯度有区域梯度、技术梯度等。

信息技术制造业中外资企业部分在总产值、主营收入方面一直在整个产业中占据支配地位，即便在每年的投资额逐渐减少的情况下，其支配地位仍然未受到影响，所以，我国的信息技术制造业始终处于国际分工体系的从属地位，缺乏成长的自主性。这使得在具体的产业层面深入研究外国直接投资对于信息技术制造业内资部分的影响，探寻信息技术制造业中外国投资与国内投资的相互作用，并寻找有利于提高我国信息技术制造业自主性和健康成长的政策很有必要。

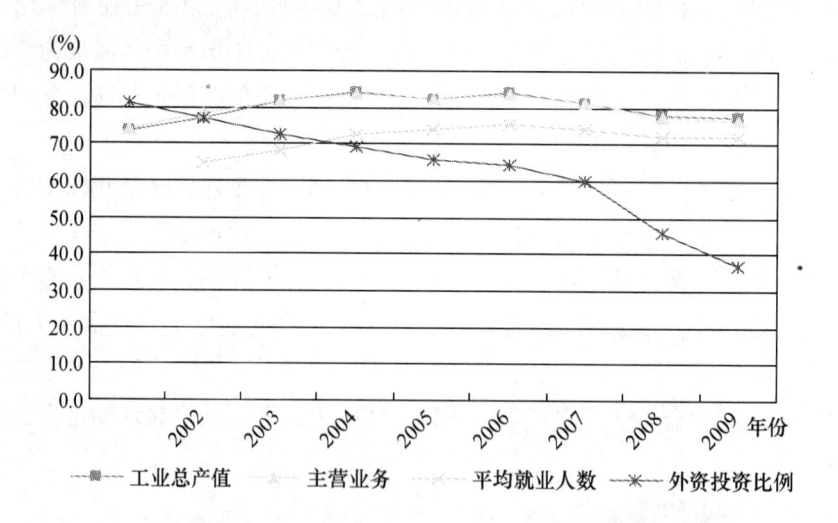

图 1-4　信息技术制造业中外资部分主要经济指标占全产业份额情况

从图 1-4 中可以看到，信息技术制造业外国直接投资企业在投资额比例出现显著下降情况下，其总体盈利指标及资产问题仍然占据行业近 80% 的份额。同时，我们也发现另外一个值得关注的现象，我国信息技术制造业领域具有影响力的创新现象出现的频率越来越高，比如，高性能国产通用 CPU 的问世、芯片制造领域获得的突破、超级计算机的计算能力在 2010 年以来屡次达到世界领先水平、使用国产通用 CPU 超级计算机的问世、集成"北斗系统"的导航芯片研发成功等，使得我们开始注意信息技术制造业领域的"溢出"效应，即一直以来，信息技术制造业领域的外国投资企业是否对内资企业产生了明显的"溢出"效应，哪些方面产生了"溢出"，影响这种"溢出"的因素主要有哪些，又有什么样的发展趋势，在我国当前的经济状况下，这些又与外国直接投资和国内投资之间有什么样的关系，如何影响这些趋势和关系。这些问题正是本书期待回答的问题。

第二节 选题意义

一 现实意义

就现实意义而言，我国信息技术制造业在全世界占据着重要的地位，是一个信息技术制造业大国，但并不是一个信息技术制造业强国，信息技术的高端领域仍然掌握在外国企业的手中，并且这些技术壁垒并未有放松之势，例如，我国推出的手机无线通信标准和无线局域网安全标准在国际电联的评审过程中遇到重重阻力，便是有力证据。我国提出信息化与工业化融合发展的战略规划，将信息化作为经济社会发展的重要推动力，而信息技术制造业是这一战略目标赖以实现的物质基础。这一物质基础的主导权的缺失使得我国除仅在产业下游的低端就业容量等方面有所收获外，很难得到更多份额。随着世界信息技术的进步，信息技术制造业在低端生产方面有着逐渐被机器人生产替代的趋势①，这使得其作为吸收低端就业容量的功能也会逐渐消失。

所以，在我国当前的宏观经济状况下，尽早探索并理清信息技术制造业中外国直接投资与国内投资的相互作用，降低外国直接投资对国内投资的不利效应，提高利用外国直接投资的效率和质量，帮助提高内资在信息技术制造业的实质话语权，逐步实现其对信息技术制造业上游关键环节的掌控，将极大地促进我国进一步挖掘信息技术制造业对国民经济的推动作用，改善高端技术领域长期被"卡脖子"的现状。同时，信息技术制造业对于经济增长质量的提升有着重要作用，即便在外资主导的情况下也会对通过广泛的适应性和高渗透力促进其他产业的升级和发展，间接提高生产要素品质，提高经济活动的效率和质量，这已在学术界以及整个社会形成广泛共识。如果我国能够进一步实现对信息技术制造业的主导权，将能够更好地提高对外国直接投资的利用质量，使其释放出更多的收益进入我国经济体，提高经济发展的质量，进一步深层次促进经济社会发展，而不是将绝大多数收益汇出我国。

---

① 《鸿海机器人大军将耗资千亿》，《香港商报》2011年8月8日。

二 理论意义

关于外国直接投资对国内投资产生"挤入"、"挤出"效应的问题，以及外国直接投资企业对国内投资企业产生"溢出"效应的问题，在国内外已有较多研究，但这些研究或者从宏观角度和针对少数跨国企业的微观角度展开，在中观层面，即产业层面的研究不多见，尤其将我国信息技术制造业作为研究对象置入宏观经济环境中的相关研究和成果也不常见。而本书通过构建纳入外国直接投资因素的可计算一般均衡（Computable General Equilibrium，CGE）模型模拟当前我国的宏观经济状况，然后在这一宏观环境中，通过设定不同的环境冲击或者政策变量来观察和研究信息技术制造业中外国直接投资与国内投资的相互作用和影响，以及外国直接投资企业对国内投资企业的各种"溢出"作用，则显得具有一定的理论探索和创新意义。

另外，在 CGE 模型的相关研究中，由于多种原因，将外国直接投资以及东道国的外资企业经济活动显性地纳入模型中的相关成果并不多见，应用于我国的相关成果也鲜见，本书在这方面所进行的尝试和努力将进一步丰富这一研究领域。

第三节 研究范畴界定与方法

一 研究范畴

关于外国直接投资的相关问题一直是学术界研究的一个热点领域，问题的研究主要从跨国公司视角和东道国视角两方面展开。从东道国视角展开的主要研究内容如图 1-5 所示，包括外国直接投资的区位选择、特征研究、经济效应、政府管制等主要领域，其中，经济效应领域的研究主要包括经济增长、资本形成、溢出、贸易、就业、产业结构升级等方面，并分别从宏观、具体产业和企业三个层次展开研究。

本书的研究范畴主要界定于具体产业层面的外国直接投资的经济效应研究，即在信息技术制造业层面研究和检验外国直接投资对国内投资的影响、相互作用和发展趋势，以及外国直接投资对国内投资企业的溢出作用和发展趋势。通过将以上研究内容纳入一般均衡模型的研究体系，构建 FDI—CGE 模型来模拟外国直接投资对我国的影响。然后，对模型设定共同的变量冲击条件来探索影响和改变上述趋势的政策条件,以发现能够有效地提升我国信息技术制造业外国直接投资利用效率和质量的产业政策。

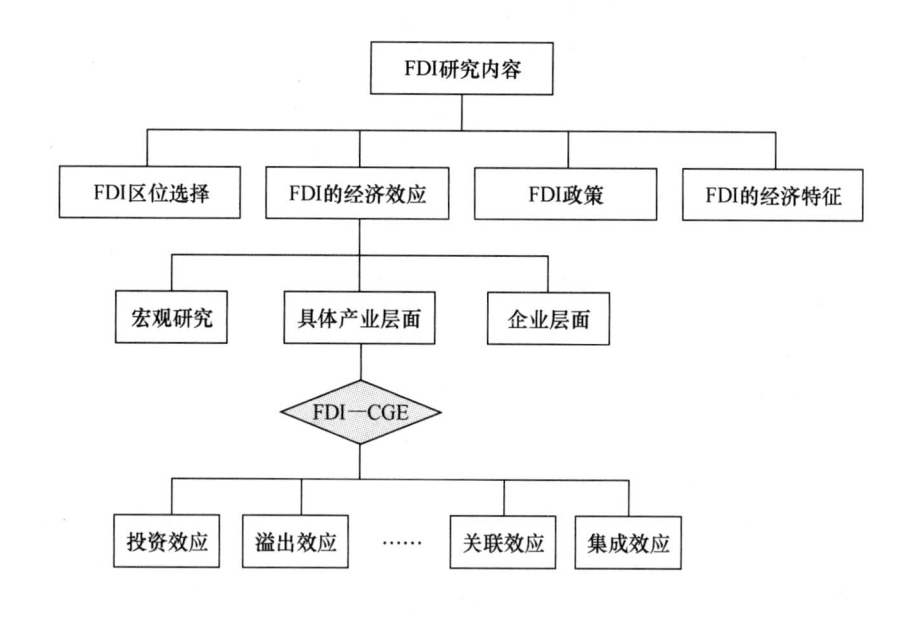

图 1-5 外国直接投资的主要研究内容

二 相关概念及界定

(一) 信息技术制造业的界定

按照我国目前的国民经济统计分类标准,我国信息技术制造业分属第二产业,信息技术制造业为其他所有产业以及整个社会的信息化行为提供物质基础,再由信息技术服务业为整个经济、社会提供软件、通信传输、互联网、咨询等信息技术应用的相关专业服务。

虽然信息技术制造业对经济社会发展的基础性作用和导向作用已为各界所公认,但其定义往往十分混淆,很多概念将信息技术服务业与制造业合在一起。关于定义的研究,美国经济学家马克卢普(F. Machlup, 1962)于1962年首次提出了"知识产业"的概念,将教育、R&D、通信媒介、信息设备和信息服务定义为知识产业。后来,波拉特(M. Porat, 1977)在此理论基础上发展了克拉克的三次产业分类法,将三大产业中所有与信息相关的生产和服务活动分离出来构成信息技术产业,即在除第一、第二、第三产业外设置信息技术产业,并于1977年提出了一套关于信息技术产业经济分析的基础概念和理论框架。

目前，学术界对于信息技术产业的表述非常多。本书为便于研究的开展，将研究的范畴划为信息技术制造业，同时，从我国特点出发，对照我国国民经济行业分类标准，将国家统计局发布的《国民经济分类标准与代码（2002）》中信息技术产品制造业11个行业，即雷达行业、通信设备行业、广播电视设备行业、电子计算机行业、家用视听设备行业、电子测量仪器行业、电子专用设备行业、电子元件行业、电子器件行业、电子机电产品行业以及电子专用材料行业归为信息技术制造业。

（二）外国直接投资的界定

国际货币基金组织（IMF）给出了外国直接投资的定义，即外国直接投资是指一国或者地区投资者将资本用于他国或者地区企业的生产或经营，并掌握一定经营控制权的投资行为。其中，投资者主要是指对外直接投资者或者跨国母公司，他国企业则主要是被投资企业、分支机构或者分支企业。从这一定义可以看出，投资者对外所投资企业需要拥有一定的有效管理或者控制权是对外直接投资的核心，即投资者要在东道国企业的所有权中占有一定的比重。对于这一界定比重的标准，国际货币基金组织和经济合作与发展组织（OECD）委员会都认为，10%的普通股股票或者投票权可以用于衡量直接投资关系。在满足这一条件的情况下，子公司、联营公司以及分支机构等主体可以被纳入外国直接投资的概念中。其中，子公司是指外国投资者拥有其超过五成的企业控制权，或者对行政、管理等职能主体具有任免权的企业；当外国投资者拥有企业10%—50%控制权时，可称为联营公司；当外国投资者全部或者共同拥有某一企业的控制权时，可以称为分支机构，在特点上分支机构与主权国联系较为松散。在这些外国直接投资的被投资主体中，可能存在持股比例与控制权不相匹配的情况，即虽然持股很小却拥有绝对控制权，或者持股比例很高但没有什么发言权的情况存在。国际货币基金组织认为，大多数情况下，外国直接投资企业都采取的是在东道国建立分支机构或子公司的形式。

我国对外国直接投资也没有详细的内涵定义发布，由于本书在研究中构建的FDI—CGE模型依赖经济事实数据，其中，一系列外资数据均来源于中国官方统计机构发布或者通过发布数据估算，所以，本书对外国直接投资的界定遵从于官方统计机构对外资数据分类所使用的定义，即"外商直接投资是指外国企业和经济组织或个人（包括华侨、港澳台胞以及我国在境外注册的企业）按我国有关政策、法规，用现汇、实物、技术等在我国境内开办外商独资企业、与我国境内的企业或经济组织共同举办中外合资经营企业、合作经营企业或合作开发资源的投资（包括外商投资收益的再投资），以及经政府有关部门批准的项目投资总额内企业从境外借入的资金"。① 在实际采用数据时使用"外商投资"和"港澳台商投资"两类数据之和。

（三）产业投资效应与溢出效应的界定

对于外国直接投资对信息技术制造业的投资效应的研究，本书限定于两个方面进行：一是对信息技术制造业的外国直接投资对我国资本存量的影响；二是信息技术制造业的外国直接投资与国内投资之间的关系。前者可通过外国直接投资生产活动的变化影响国内投资，后者则研究外资与国内投资之间是互补关系还是替代关系。如果是互补关系则意味着外资促进了信息技术制造业的资本形成，对国内投资产生了"挤入效应"；如果是替代关系，则意味着外资对内资产生了"挤出"效应，阻碍该产业的资本形成。因此，外国直接投资的产业投资效应实质上对东道国的产业影响力起着一定的制约作用。

FDI 进入东道国某一行业后，必然需要利用当地原材料、劳动力等方面的成本优势，与当地的供应商建立比较紧密的联系，对于外资企业来说，对这些投入品的供应商提供技术服务和培训等方面的支持也就成为必然，从而对内资企业的生产效率产生影响。而对于行业内的内资公司来说，存在两方面的效应：一是可以与外资企业共同使用人力资本等，人力资本的流动使得外资企业的技术和管理经验等优势向内资企业转移。二是外资的进入必然使得行业内的竞争加剧。这种竞争一方面可以迫使内资企业运用新技术和管理方式带来生产效率的提高；另一方面这种竞争也表现在要素市场的竞争上，由于外资企业具备的培训、薪酬等方面的巨大优势而吸引大量高素质人才。所以，本书通过生产力、就业水平和工资水平三个指标来衡量溢出效应。

三 研究目标与方法

（一）研究目标

本书主要解决以下几个问题：

---

① 《中国统计年鉴》（2011）对外经济贸易专题中的主要统计指标解释。

（1）构建包含外国直接投资因素的 FDI—CGE 模型。

（2）信息技术制造业中的外国直接投资与国内投资之间存在什么样的关系，这种关系产生的效应有多大，是否在发生着变化，有什么样的变化趋势。

（3）信息技术制造业中的外资部分是否对内资企业产生了明显的"溢出"效应，如果有，则主要表现在哪些方面，有着什么样的发展趋势。

（4）采用什么样的政策可以改变这些趋势，会有什么样的影响。

（二）研究方法

本书主要应用一般均衡理论，通过构建容纳外国直接投资因素的 CGE 模型进行研究。CGE 模型是建立在一般均衡理论基础上的经济模型，通过把所有经济主体、所有市场纳入一个统一的分析框架中，同时考虑不同市场之间、具有行为最优化的多个经济主体之间以及经济主体与市场之间的相互联系，体现现实经济系统中各组成部分之间的普遍联系。

CGE 模型是一种机理性模型，具有坚实的微观经济理论基础，兼容了投入产出、线性规划等模型的方法，能对整个国民经济运行进行模拟，包括对东道国产业结构以及要素市场都会产生重要影响的外国直接投资等均可进行研究，并能为相应的政策效应分析提供一个总量与结构相结合的均衡分析平台，而且在这个平台上，可以与其他模型相结合，模拟出政策变化对国民经济各部门产生的最终结构性影响。因此，CGE 模型具有其他经济模型所不可比拟的优越性，所以，近年来，CGE 模型受到越来越多的关注。

使用 CGE 模型是对外国直接投资的相关政策变动及外部冲击效应进行模拟的一种有效工具，同其他分析工具相比，其最大的特点就是将国民经济各组成部分和经济循环的各个环节都纳入一个统一的框架下，并据此分析外部冲击产生后，经济体各部分经过不断反馈和相互作用后达到最终的均衡状态。

第四节　研究思路与主要内容

本书的研究从问题研究及背景分析、模型构建和问题模拟结果的研究与分析三部分展开（见图1-6）。第一部分从我国信息技术制造业外国直接投资的现状以及相关文献入手，找出分析外国直接投资的投资效应和"溢出"效应问题的现实和理论背景，并选定合适的模型框架。第二部分则主要是分析问题所需要的FDI—CGE模型的构建，主要内容是分析外国直接投资在CGE模型中的合理表达方式，然后构建模型的方程体系、组织和处理基础数据（Social Account Matrix，社会核算矩阵，SAM）、估计和选择模型需要的相关参数等。第三部分集中在问题领域，依据第一部分分析的结果和第二部分构建的模型，提出模拟方案，对信息技术制造业的外国直接投资对国内投资的投资效应和"溢出"效应进行研究。

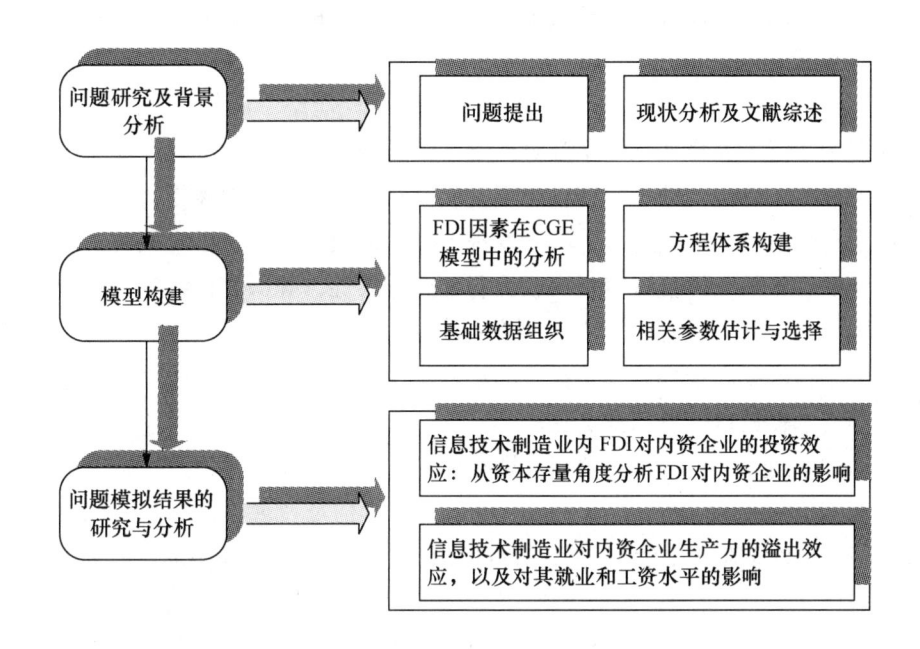

图1-6 本书主要研究内容与组织结构

第五节 主要创新

本书的创新主要体现在两个方面：一是在CGE模型方面；二是在外国直接投资对信息技术制造业内资企业影响的研究视角和相关结论方面。

在CGE模型方面，将外国直接投资因素显性地纳入一般均衡框架考虑，并构建开放经济体的 FDI—CGE 模型，在构建过程中，对我国各产业外资经济部分的资本存量和相关生产弹性参数等进行估计。由于外国直接投资本身具有的内涵较一般国内投资更为丰富，所需要的数据较为复杂，理论体系也比较松散，所以，此方面的研究在国内、外均较为少见，目前可查到的少数主要文献和成果均出自国外，仍存在很多不完善的地方。进行纳入外国直接投资的 CGE 模型研究，一方面可弥补国内相关方面研究的不足；另一方面利用 CGE 模型的非线性化方法，在我国宏观经济背景下模拟研究多年来外国直接投资对我国信息技术制造业的影响及未来的影响趋势，与以往线性为主的计量学研究方法相比具有重要意义。

在外国直接投资对信息技术制造业内资企业的投资效应和溢出效应研究方面：

（1）基于所构建的开放经济体 FDI—CGE 模型，从信息技术制造业内资企业资本存量变化的角度对外国直接投资的投资效应进行产业层面的研究，相比以往仅从投资变量角度变化分析问题反映的内涵更为全面。通过设定相应模拟方案进行冲击后发现：在当前及之后的一段时期内，内资企业对于外国直接投资表现出较为明显的敏感性，外国直接投资对产业内的国内投资部分有着较为明显的挤入作用，并且这种挤入作用产生的国内投资增长率要高于外国直接投资的增长水平，并且这种挤入作用有使内资企业资本存量份额不断提高的趋势。

（2）在对外国直接投资对内资企业总产出、就业水平以及工资水平冲击模拟后发现：在当前以及之后一段时期内，信息技术制造业的外国直接投资对内资企业产生的生产力方面的溢出效应将一直保持在正、负效应临界点之外，即以正溢出效应为主，但是离临界点不远；外国直接投资对于内资企业的就业水平和劳动报酬的提高也有着相当程度的溢出作用；随着内资企业资本存量份额的扩大，外国直接投资对内资企业的正溢出效应也会加大。

（3）在通过模拟提高外资企业实际税率的政策冲击之后发现：对外资企业实际税率的上升可能带来短期严重后果，但是，由于我国吸引外资竞争力的增强，不会出现外资全面撤出我国的现象，短期内反而给内资企业带来发展机遇；但内资企业由于创新力缺乏不得不在相当的时期内仍从属于外资企业，对外资的溢出产生长期依赖。所以，对外资实际征收税率的提高应当逐步进行，而不能一蹴而就。

第二章 相关文献综述

第一节 外国直接投资理论的演变

国际直接投资现象直到第二次战界大战后才为学术界广泛关注,之后各国学者在现代经济学假设基础上进行了大量研究和探索,并形成了多种现代国际直接投资理论体系。不同的理论派别提出了各种不同的理论观点,依发展脉络,主要有垄断优势理论、比较优势理论、市场内部化理论、国际生产折中理论等。

一 垄断优势理论

垄断优势理论最早由海默(S. Hymer,1960)在其博士学位论文中提出,在经过很多学者认同和补充后发展成为研究国际投资最早、最有影响力的理论。

海默提出的主要观点之一是,传统经济研究中完全竞争的前提假设对于国际直接投资研究是无效的,不完全竞争才是国际直接投资发生的基本前提。他认为,跨国公司是国际直接投资的主体,而美国跨国公司进行国际直接投资的直接动力是其所具备的一些特定竞争优势,这些优势能够使跨国公司对东道国企业产生不对称优势,从而可以在东道国扩张自己的垄断力。所以,不完全竞争才是此研究的基本前提和假设。随后,其导师查尔斯·P. 金德尔伯格(Charles P. Kindleberger,1969)对其理论进行了补充,进一步提出,只有当跨国企业得到高于东道国企业的利润时,才会对东道国进行投资。同时,市场的不完全竞争使得美国的跨国企业能够战胜东道国企业所具有的地理、信息以及熟悉消费者偏好等优势,从而继续拥有垄断优势。金德尔伯格将这些垄断优势分为四类:由于产品差异产生的市场不完全竞争优势、由于生产效率和要素来源产生的市场不完全部分优势、企业内外部规模经济带来的优势，以及由于东道国企业干预产生的竞争优势。通过利用这些优势，跨国企业能够绕过东道国关税壁垒，并获得其技术资产的全部收益。

其他学者也从多个角度对这一理论进行了进一步探索。约翰逊（H. G. Johnson，1970）的观点发展了知识资本的概念，他认为，"知识的转移是直接投资过程的关键"。对于跨国公司垄断优势的认识也区别于金德尔伯格的观点，他认为，跨国公司垄断优势主要是源于技术、管理理念、销售技能等知识资本，在东道国投资的企业可以低成本利用母公司的知识资本，而东道国企业则由于缺乏这些知识资本而居于相对弱势地位。理查德·卡维斯（Richard Caves，1971）将跨国公司的垄断优势集中于技术领域，他认为，跨国公司主要是利用其技术优势使产品在质量、包装、外形以及品牌方面形成对消费者的心理优势，从而形成其产品的不完全竞争优势。

垄断优势理论是使国际直接投资理论得以从国际贸易理论体系独立出来的开拓者，它通过引入不完全竞争理论假设而对这一领域的研究提供新的研究空间和思路，对第二次世界大战后世界上发生的大量对外直接投资行为提供了较令人满意的解释。但是，垄断优势理论也存在一些无法解释的理论死角，比如，对具有技术优势企业的对外投资行为、跨国企业对外投资中的区位选择问题、发展中国家的对外直接投资行为等，正是这些不足使得人们从不同角度重新思考这一问题。

二　比较优势理论

垄断优势理论是海默等以美国跨国企业的对外投资行为为研究对象形成的理论体系。同样，日本学者也对日本企业的对外直接投资行为进行了研究，主要代表人物是日本学者小岛清（Kiyoshi Kojima，1977），这些研究也引起了学术界的广泛关注，并称为"小岛清"模式。这一理论主要研究视角源于国际分工中的比较优势原理。通过使用比较优势理论，分析日本企业的对外投资行为。小岛清认为，垄断优势理论仅从微观经济因素出发分析问题存在着先天的缺陷，弥补这一不足就必须再从宏观角度考虑国际分工问题。基于国际分工原则，小岛清分析了美国对外直接投资与日本对外直接投资的不同。他指出，美国具有比较优势的制造业是对外直接投资的主要力量，而正是制造业的大量对外直接投资才导致美国的出口下降，从贸易理论角度看属于贸易替代类型的投资；而日本则有着明显的不同，日本对外直接投资分为两种类型：一种是资源开发型；另一种是在本土推动竞争优势的制造业，而由于东道国大都为发展中国家，所以此类制造业在东道国往往仍然具有比较优势。由此可看到，日本的对外直接投资符合比较成本和比较利润相对应原理，投资与贸易相互补充，投资促进贸易，贸易也相应地促进了投资效率的提高。这也是为什么美国出现贸易逆差，而日本一直是顺差大国的主要原因。

比较优势理论的核心内容实际上也可称为阶梯性产业转移，即将在本国的相对落后或者已落后，但是，在东道国仍然具有比较优势的低阶梯产业，通过对外直接投资转移到东道国，而在本土则继续发展具有更高比较优势的产业。依照此规律进行的对外直接投资不会出现美国所出现的负面情况，反而会使本国一直保持比较优势。

从国际产业分工的宏观视角，小岛清仍将对外直接投资置入贸易理论体系，通过将贸易区分为贸易创造和贸易替代两种类型，对日本一直以来对外直接投资行为进行了很好的解释，也对亚洲在20世纪七八十年代出现的所谓"雁行模式"进行了较好的说明，而恰恰这一时期的日本对外直接投资又以资源导向、劳动力成本导向和市场导向等为主要特征。但比较优势理论仅能回答发达国家对发展中国家的投资行为，对发生在发达国家之间的直接投资行为则无法解释。并且这一理论将发展中国家永远置于产业发展的底层，成为发达国家的奴隶，只能让发展中国家对发达国家的战略行为产生抵触。

三 市场内部化理论

市场内部化理论由巴克雷和卡森（Buckley and P. M. Casson，1976）以及卢格曼（Rugman，1981）提出，这一理论的主要贡献在于，在继承垄断优势理论的市场不完全竞争前提下成功地融入科斯的内部化理论，并应用到国际直接投资研究，从而形成国际直接投资的内部化理论。"内部化"的核心目标是消除外部交易成本，这种外部交易成本源于外部市场所带来的交易障碍。他们认为，市场不完全竞争的来源并不仅仅是规模经济、寡头控制或者关税壁垒等原因，而是市场失效以及产品特殊性或者垄断的存在等。"中间产品，特别是知识产品市场是不完全的，它与最终产品市场的不完全同样重要。"这两个市场中所出现的部分失效和垄断主要是由于多方面因素的大量不必要干预所致，从而使得跨国企业的交易成本增加。他们认为，知识产品可以产生高额回报，但是，获得其全部收益却面临很大的风险，并且由于前期研发的高额投入使得这一风险的控制更为重要，而消除风险的最佳办法，就是通过人为控制将市场内部化到企业中。卢格曼认为，通过将市场内部化入企业以替代外部市场，然后企业内部利用调拨价格对市场进行润滑，使其如同外部市场一般有效运行。

通过市场内部化，可以使跨国企业规避多方面的干预，降低外部市场不确定性带来的风险而使企业收益最大化。主要表现在：资源转移成本最小化；通过统一协调经营活动保证长期稳定的上下游供需关系；消除外部市场交易的不确定性；可形成中间产品市场垄断；规避政府交易监管和干预以及合法逃避税负等。

市场内部化理论在研究跨国企业产品、企业国际分工与生产等方面的组织形式的基础上对跨国企业的特征进行分析，成功地解释了大多数情况下的国际直接投资行为发生的动机以及跨国企业国际运作中的许多现象，得到很多学者的赞同和支持。

四 国际生产折中理论

国际生产折中理论由英国经济学家邓宁（J. H. Dunning，1977）提出，这一理论吸收了国际直接投资领域不同理论的主要观点，在国际产业分工理论、垄断优势理论和金融理论主要观点基础上融入区位理论，最终形成了区位优势理论。区位理论的融入使得整个理论体系更为丰满，对众多国际投资现象更有说服力。在综合这诸多理论的主要观点之后，邓宁认为，跨国企业所拥有的所有权优势、内部化优势和区位优势是驱动其进行国际直接投资的主要原因，即所谓的 OIL（Ownership – Internalization – Location，OIL）模式。

所谓所有权优势，实际上是垄断优势理论中所提出的跨国企业所拥有的各种不对称的垄断优势。跨国企业拥有相对于东道国企业所没有的或者可预见时期内无法得到的无形知识资产和规模经济优势，一方面指由于其在生产技术领域或者原材料获得领域保持的所有权优势；另一方面指企业拥有的知识、品牌、管理等交易性无形资产的所有权优势。邓宁继承了约翰逊（H. G. Johnson，1970）对知识资本观点的坚持，他也认为，知识资产的所有权优势是这些优势中的核心因素，跨国企业在知识资产方面拥有的所有权优势是推动其进行国际投资的决定性因素。

国际折中理论基本上吸收了内部化优势理论全部核心观点，并将其作为企业保障所有权优势的主要手段。对于企业市场内部化的理由仍然归结为，企业为了避免外部市场的不确定性对企业收益产生的风险而人为将其所拥有的优势尽量保持在企业的内部。对于外部市场的不完全性因素，也确定为关税壁垒、政府行政政策干预和信息不对称等结构性和自然性因素，这些不完全性会在很大程度上使企业拥有的所有权优势消失，而内部化措施则可能消除这些不利因素，保障其依靠所有权优势获得最大租金收益。

邓宁将区位优势理论加入使整个理论体系变得更为灵活，更有包容性和解释力。投资领域的区位优势主要是指东道国的行政政策和多方面投资环境等相对优势对跨国企业的投资意志产生的吸引力，主要包括地理位置、生产要素价格、基础设施、政府优惠政策等方面。如果跨国企业认为东道国对其投资所具有的区位优势增加到一定程度时，就会实施其投资行为；然后，根据当地优势特点设置特定的部门结构和生产特征。

国际生产折中理论相对于其所融入的各个理论更具有广泛性，但它并不是对各种国际直接投资理论的简单综合，它从微观的跨国企业行为到宏观的国际生产分工进行了理论体系再生的整合，从跨国企业国际生产的宏观层面讨论微观层面的所有权优势、内部化优势，再整合中观层面的东道国区位优势对跨国企业国际直接投资行为的影响。尤其是对区位优势理论的引入，成功地弥补了以往理论无法对其他国家对美国所进行的直接投资行为进行解释的缺陷，得出区位优势正是美国成为第一大外国直接投资接受国的主要原因。

从上面的阐释可以看到，国际折中理论能够对各种国际直接投资的理论予以兼容，并形成一个较为完备的综合体系；从各个层面均涵盖了推动跨国企业实施直接投资动机的决定因素；可以用于分析各种类型的国际直接投资行为，包括发达国家与发展中国家各个流向的直接投资行为。所以，国际生产折中理论是迄今最为完备的国际生产投资理论体系，能够对跨国企业的国际经济活动做出最令人满意的解释。

但是，从这些理论我们始终可以看到一个影子，即始终站在跨国企业利益最大化的角度分析问题，跨国企业利益最大化是这些理论分析的出发点，解释和说明跨国企业的直接投资行为是其研究的主要目的。而对于外国直接投资的接受方，东道国的行为机制以及对东道国经济的影响几乎没有任何的涉及，尤其是外国投资对东道国国内的投资行为产生的效应——这一重要的直接影响都没有提及。但是，通过这些理论我们可以对跨国企业的投资行为有根源性认识,对于在东道国产生的溢出效应来源也有了清晰了解。下面从东道国的角度继续对外国直接投资产生的投资效应和溢出效应进行阐述。

第二节 外国直接投资对东道国的影响

在从东道国角度进行的研究中,国内外学术界得到的一个基本共识是外国直接投资给发展中国家带来了先进生产技术以及管理理念,为发展中国家减少对前期知识资本的巨额投入带来积极意义,同时间接地使发展中国家的产业结构升级、就业水平以及工资水平得到提高。简言之,一方面外国直接投资缓解了发展中国家发展经济所需资金不足的压力,对整个经济体和产业产生了不同层次上的投资效应;另一方面促进了东道国整体生产技术水平、就业及工资水平的提高,对整个经济体产生了多方面的溢出效应。

一 外国直接投资的产业投资效应

国内外关于外国直接投资对东道国产业效应的间接效应的研究比较少见,主要集中于其与国内投资关系方面,产业投资影响方面的研究则不多见。

在外国直接投资与东道国国内投资关系的研究方面,主要对国内投资产生的挤入或者挤出效应的研究。所谓对国内投资的挤入或者挤出效应,是指由于外国企业的投资行为导致的外来资本流入增加而对东道国国内企业的投资行为产生促进或者阻碍作用。当外国直接投资流入量增加一个单位后,使东道国国内的总体投资量(国外与国内投资数量的和)的增加额小于一个单位,即意味着外国直接投资对东道国的国内投资产生了阻碍作用,将其投资挤出了投资领域;当外国直接投资的流入量增加一个单位后,使东道国国内的总投资额的增加额大于一个单位,即意味着外国直接投资对国内投资产生了促进作用,挤入了国内投资;同理,当外国直接投资的增加额与东道国总投资的增加额相同时,则说明外国直接投资的影响为中性。

关于外国直接投资对东道国内投资产生挤入、挤出效应的理论研究方面,联合国贸发会的跨国公司与投资司在2000年出版的《世界投资报告》(1999) 中的研究是目前公认较为权威的成果,这份报告对挤入、挤出效应在东道国发生的机制进行了分析,并得出相应结论。其主要观点分为两种情形:

一种是当外国投资企业在资金缺乏的东道国融资再投资时,必然会推高东道国国内贷款融资利率水平,从而可能导致东道国国内部分企业无法得到融资机会,继而被挤出;如果外国投资企业在东道国进行投资的资金来源于国外融资渠道,则必然会使得东道国国内的投资总额增加,而增加的数量也必然弥补由于其国内高利率下无法进行的那部分国内投资额。当东道国国内企业在其国内无法获得所需的融资机会或者融资成本很高时,外来资本的流入显然增加了金融市场对投资机会的供给,从而东道国国内企业由于金融因素而被挤出的可能性就会变小。但是,这也需要对外来资本流入的总量进行判断,如果外来资本的流入相对于东道国国内的金融市场规模很大,则会导致东道国货币与外来资本间汇率的上升,从而对东道国出口造成不必要压力。

另一种是外国直接投资与东道国国内投资对投资机会的争夺也会导致国内投资的挤出。这种情形发生在外资进入东道国国内企业已有较高竞争程度的行业,由于此行业本已有较高竞争性,而跨国企业所具备的所有权优势很可能会将本由国内企业获得的投资机会挤出,即这类外资的进入加剧了本已激烈的竞争,利用其优势地位剥夺了国内企业的投资机会,因为如果没有这类资本的介入,这些投资机会应立即或在将来属于国内企业。但是,如果外国直接投资将东道国原本没有的新产品和新服务引入东道国,则很可能由于关联效应而挤入东道国国内投资。

当代金融发展和金融压抑理论的奠基人罗纳德·麦金农在分析外国直接投资与东道国国内投资的关系时指出,东道国国内的资本市场是产生挤出效应的最重要原因。他认为,"如果东道国国内的融资市场已经趋于失效的边缘,就会使得来自国外的金融资源成为东道国最渴望获得的礼物,但由于外来资本在东道国国内的经济体系中面临着远超过国内企业的风险,所以外来资本往往成本高昂。而且更为重要的是,东道国国内的企业虽然拥有投资机会,但由于无法得到资金而拱手将投资机会让出,甚至十分廉价地让给外国企业"(Ronald I. Mckinnon, 1988)。所以,从金融压抑的角度判断,东道国国内的融资途径的缺乏或者金融市场的低效是外国直接投资能够成功挤出东道国国内投资的原因之一。

英国经济学家格里芬（K. Griffin，1970）也从另一个角度提出自己的观点，他认为，外国资本的流入可能会挤出东道国国内投资的原因在于：一方面，外国资本的流入势必造成东道国国内消费方面的支出大幅上升，从而促使其放宽对进口的限制（比如我国在2002年加入世界贸易组织），对其国内的储蓄产生输导，继而使得国内投资来源减少；另一方面，外国资本的流入势必对东道国国内资本的投资产生强有力竞争，而国内投资在面临外来资本时往往处于弱势。格罗斯曼等和赫尔普曼（Gene M. Grossman and Elhanan Helpman，2003）研究外国直接投资对东道国国内投资影响时采用了不同寻常的分析视角和方法，他应用职业选择模型来分析外国资本对东道国雇员工资的影响，他发现外资流入对东道国工人的工资收入产生推动作用，从而降低了国内企业对投资机会的预期利润，因而降低了企业家扩大产生的可能性，促使国内投资意愿降低。由此得出外资对国内投资意愿产生的来源企业家的形成产生了压制作用，从而挤出了国内投资。

除关于外国直接投资对东道国国内投资产生挤入或者挤出效应的理论研究外，此领域的实证研究在国外学者中也颇为盛行，产生了大量实证研究成果。早期的案例研究主要来自对加拿大的研究，卡维斯和鲁珀（Richard Caves and Grant Reuber，1964）以加拿大1949—1961年的外商投资季度数据为基础进行了计量分析，他们发现外资投资与加拿大的固定资本形成有着明显的因果关系，一美元的外国投资可以导致2—2.5美元的固定资本形成增加。三人同时还发现，外国投资对加拿大国内的固定资本形成有着持续和动态的影响，并且与其经济的繁荣和萧条成正比关系。在以加拿大为蓝本的研究中，诺兹（M. S. Noorzoy，1979）的研究结果与科维斯和鲁珀（1964）有较大的不同，他们的分析表明，外国投资对加拿大固定资本形成的效应只有27%—40%。

据目前可查的研究成果，在具体产业的中观层次研究外国直接投资与东道国国内投资关系的实证研究较少，仍然只有以加拿大为研究对象的一些研究成果。何亚斯和保利（W. Hejazi and P. Pauly，2002，2003）的研究发现，加拿大的对外直接投资和国内投资在产业层面上没有关联性，而外国投资则对国内的资本形成有促进作用，但这种促进作用与不同产业和资本来源的国别有着较大程度的差异。还有一些研究将外国直接投资和国内资本作为主要因素构建模型进行了研究，比如，德赛等人（M. A. Desai，C. F. Foley，J. R. Hines，2005）构建的产业前后向关联的局部均衡模型中跨国企业可以同时选择国内和国外的要素投入，通过分析不同类型的生产函数研究国内、外不同来源的资本的互补关系。纳瓦雷提等人（Navaretti，Giorgio Barba，Castellani，Davide，2004）也构建了与德赛等类似的模型，但研究对象从加拿大变为意大利。他们分析了意大利的外国直接投资对产品和要素市场的影响及关联效应，发现关联效应主要发生在跨国企业和东道国企业的供求关系中，并且会对国内企业的生产产生正溢出效应，从而抵消要素市场的挤出效应。可以看出，纳瓦雷提等人的研究可归为水平外国直接投资的影响，而对资本存量等方面没有考虑。

国内研究方面，对外国直接投资与产业层面国内投资影响的关注度也较低。王永齐（2005）对国内固定资产形成中外国直接投资在总体和产业层面上进行了分析，发现如果从全国总量水平上看，外资没有对国内投资产生挤出效应，但在产业层面上存在相对挤出效应，且外国资本进入的行业一般都是相对挤出效应大的行业。冼国明和欧志斌（2008）基于我国八个行业2003—2006年的面板数据，在其构建的理论模型的基础上对外国直接投资对我国国内投资的挤入、挤出效应进行了实证研究，以及相关的资本进入壁垒对该效应的影响，其结论认为，外国直接投资在总体上对我国国内投资产生了显著的挤入效应，但在壁垒较高的产业不存在显著的挤出效应，在壁垒较低的行业相反。

二 外国直接投资的溢出效应

（一）基于不同理论基础的研究

1. 从产业组织理论角度的研究

小泉纯一郎和笠佩基（T. Koizumi and K. J. Kopecky，1997）首次建立了关于外国直接投资溢出的研究模型。他们使用一个局部均衡模型分析了在跨国企业内部由母公司向子公司的技术转移。模型中技术溢出被假设为外国公司拥有资本量的增函数，外国技术向本地的溢出被认为是"自动的"，并且跨国企业的专有知识被当作公共物品。结果表明，两个具有相同生产函数的国家从不同的时间路径到达不同的均衡状态。其创新之处在于，通过将技术的溢出效应大胆引入传统的国际资本流动模型，从而修正了原有理论的某些结论。

芬德雷（R. Findlay，1978）研究了外国直接投资与后进地区的技术变化的关系。先进地区的技术进步率被假定按照一个固定的速率增加，后进国家的技术扩散速率被假定决定于两个因素。首先，按照吉尔斯申克龙

（Alexander Gerschenkron，1962）的假设，即在欠发达地区与工业化国家之间的发展水平越不一致，追赶的速度越快，范德雷提出假设认为落后地区的技术发展速度是与发达国家地区之间的技术差异的增函数。对于给定数量的外资存在，本地公司与外资公司之间的技术差距越大，溢出效应越强烈。其次，芬德雷按照阿罗等（K. J. Arrow and F. H. Hahn，1971）的研究范式，认为技术扩散和传染病的扩散类似，人员的接触越密切，技术创新的扩散就越有效率。在此基础上范德雷分析了外国公司技术和本地企业技术的相对增长速率的决定机理，以及在稳定状态下各种参数发生变化给本地企业技术进步带来的影响。然而，这个模型没有解释决定由"先进地区"向"后进地区"技术溢出的力量有哪些。

达斯（S. Das，1987）用一个寡头垄断理论中的价格领先模型分析存在竞争的情形下从母公司到国外子公司之间的技术转移。分析假定本地公司从跨国企业学习到了技术并且因此变得更有效率。这种本地公司的效率提升被认为是外生性的，并且对于它们而言是无成本的。模型还假定本地公司的效率提升速度与跨国企业分支机构的活跃程度正相关，外国公司活动规模越大，本地公司从中获得学习机会的概率越大。

布洛斯特罗姆等人（M. Blomstrom and J. M. Wang，1992）在一个博弈模型框架内考察了跨国企业的内部技术转移问题，在模型中跨国企业内部的国际技术转移是通过外国子公司和东道国公司之间的相互作用内生发展的。模型也遵从了范德雷提出的技术差距和溢出效应之间存在正向联系的假设。他们还假定跨国企业子公司能意识到技术扩散的成本，另外，当地厂商也能意识到溢出的存在。无论跨国企业子公司还是当地企业，都可以通过其投资决策影响溢出水平，跨国企业对新技术的投资越多，技术溢出越多；当地企业对学习的R&D越多，其吸收溢出的能力越强。事实上，由于溢出促进了当地企业的技术进步，缩小了技术差距，从而减少了跨国企业子公司的利润。跨国企业子公司为了维护其产品的"技术比较优势"，被迫引进或开发新技术，以恢复其市场份额和利润，结果又导致新一轮的溢出，即所谓的溢出正反馈。同理，当地厂商的学习行为也存在着这种效应。

虽然上述理论研究对于外国直接投资溢出效应的研究进行了有益的开拓，但是远未形成完整的理论体系。首先，从现实角度来看，国际技术转移通过两条途径发生：一条是从跨国企业母公司向子公司展开的直接性的技术转移；另一条则是由于跨国企业子公司技术的外部性而向东道国公司产生的间接性的技术溢出。在过往的研究中，虽然也有不少学者对第二条途径进行了研究（S. Das，1987；J. M. Wang and M. Blomstrom，1992），但绝大多数模型仍然是围绕跨国企业向其子公司的直接性技术转移而出现的，这些模型普遍认为，外资子公司向本地公司的技术转移是自动发生的，东道国一方的生产效率为外资存在数量的增函数。这些前提和假设没有考虑跨国企业与东道国企业间技术溢出的正反馈关系，尤其是对东道国企业在这一过程中的主观能动性完全忽略，这使得这类模型难以获得足够的解释力。

其次，在吉尔斯申克龙的假设中，跨国企业与本地企业之间的技术差距与跨国企业的技术溢出成正比，即差距越大，溢出的可能性就越大，这一假设在所有模型中被普遍应用。然而，很多现实证据并不支持这一假设。例如，坎特威尔（J. Cantwell，1989）分析了8个欧洲国家在1955—1975年的数据，却发现技术的溢出只有在本地公司和外资公司的技术差距接近的时候才明显，差距大时反而不显著。

2. 从经济增长理论角度的研究

在索洛（Robert M. Solow，1956）的传统新古典增长理论中，随着物质资本收益率下降，技术变化是一个外生变量，外国直接投资不能影响一个国家的长期经济增长速度。在忽略国际要素流动情况下，这些理论预言拥有同样性质和技术的国家将会变得收入水平一致，并且增长水平将会趋同。国际要素流动进一步强化了这种预言，资本将从富足国家流到稀缺国家。在这种环境下，长期均衡将使资本劳动比率和要素价格完全一致，这与我国目前劳动力报酬提高的状况有着一致性。

在新增长理论出现以后，通过许可证贸易方式的技术转移受到人们普遍关注，学者们对此进行了大量研究（P. Krugman，1979）。然而，外国直接投资同样可以通过溢出效应导致东道国生产力提高，这一点没有受到足够的重视。尽管这个领域中的研究很少，经济增长理论的进步还是开拓了一个新的研究领域，促使人们研究外国直接投资在推动长期经济增长中所起的作用。

王建业和布洛斯特罗姆（Jianye Wang，M. Blomstrom，1996）建立了一个两国动态模型来研究经济增长和资本运动的相互作用，在模型中两个国家间存在完全的资本流动，人力资本在决定物质资本的回报率当中起着重要的作用，并且因此影响国际资本流动的规模和方向。模型中同样包含了吉尔斯申克龙以及芬德雷（1978）关于技术溢出的假设，即在欠发达国家的技术溢出速度是当地外资数量的增函数。在资本可以自由流动的前提下，模型预测发达国家与欠发达国家间的收入差距会随着欠发达国家中的人力资本和技术扩散的增加而缩小。这表明来自发达国家的外国直接投资对发展中国家具有非常有益的作用，外国投资促进当地技术变化，并因此使收入增长的速度增加。华尔兹（U. Walz, 1997）将外国直接投资包含到一个内生增长模型中，其中跨国企业在经济增长和专业化方面扮演关键角色。他扩展了格罗斯曼和霍尔普曼（1991）关于贸易性国际技术溢出概念，并将其应用到外国直接投资。研究认为，跨国企业在欠发达国家的生产活动提高了当地的潜在创新效率，跨国企业的活动带来的知识溢出使低工资国家的创新变得有利可图，因此促进外国直接投资的政策会导致东道国经济更快增长。

这些运用经济增长理论的模型主要集中于研究跨国企业从母公司向子公司的技术转移。由跨国企业子公司向当地公司的技术溢出同样被认为是自动发生的，并且与在东道国的外国直接投资成正比。虽然上述模型在解释外资技术的扩散速度方面具有某些优势，但是，技术溢出是自动发生的，这一默认假设仍然是一个有待研究的问题。

（二）基于不同研究方法的研究

1. 运用计量经济方法展开的实证研究

关于外国直接投资溢出效应的计量经济研究以卡维斯（Richard Caves 1974）和格罗博曼（S. Globerman, 1979）为先驱。虽然后来学者不断将他们的实证模型细化和扩展，但基本方法相似：在一个由生产函数模型推导出的回归方程中，本地企业的劳动生产力作为因变量，外国直接投资同许多其他环境、产业以及企业特征变量一起作为解释变量，研究外国直接投资是否对本地企业的劳动生产力产生影响。如果检验结果对外国直接投资变量的系数给出了一个统计学意义上显著的正的估计值，则认为发生了正面的溢出效应。同时，根据其他特征变量系数的估计值，可以判断相关因素对技术溢出的影响。

从计量经济角度展开研究是国外学者针对外国直接投资溢出效应的主要研究方法，相关的文献很多。虽然有关各国直接投资溢出效应的实证研究纷繁杂乱，但是，国内外的研究结果都可以按研究的结论分为支持正溢出效应的研究和不支持正溢出效应的研究予以分别考察。

（1）支持正溢出效应的研究。卡维斯（Richard Caves，1974）分别检验了加拿大和澳大利亚的外国直接投资溢出效应。他选用两个国家在1966年制造业的行业横截面数据，发现在加拿大制造业中，当地企业的利润率与行业内的外资份额正相关，而在澳大利亚制造业中劳动生产力与行业内的外资份额也呈正相关。由此他认为，在加拿大和澳大利亚制造业中存在着外国直接投资的正溢出效应。格罗博曼（1979）采用加拿大制造业1972年的横截面数据进行的实证研究也得出了相同结论。

布洛斯特罗姆和珀森（M. Blomstrom and H. Persson，1983）选用墨西哥1970年的行业横截面数据，将劳动生产力作为技术水平的评价指标，同时选用行业资本密集度以及劳动力绩效作为影响特征变量，实证得出了存在正溢出效应。布洛斯特罗姆和沃尔夫（M. Blomstrom and E. Wolf，1994）选用墨西哥1965—1984年的行业时间序列数据，检验了某些特定产业内外资的进入对当地企业生产力的影响。结果表明，当地企业的生产力水平与跨国企业子公司的生产力水平存在趋同现象，同时，当地企业生产力水平提高速度与行业内的外资份额呈正相关关系，从而也得出了存在正溢出效应的结论。

布洛斯特罗姆（1986）又将研究重点放在溢出效应的产生机理上。他选用墨西哥1970—1975年的行业横截面数据，重点考察了行业竞争和市场份额因素对溢出的影响。结果发现，溢出效应是存在的，但并非是外资进入导致行业内的技术转移增加，而是竞争加剧导致当地企业效率提高。克科等（A. Kokko and Tansini，Zajian，1996）对乌拉圭也进行了类似研究，他的研究结论同样支持竞争是导致溢出效应发生的重要途径的观点。他认为，跨国企业与当地企业的生产力水平是由双方相互作用所决定的，跨国企业能对当地企业的生产力水平产生正面影响；反之亦然。

刘夏明等（Liu Xiaming and P. Siler et al.，2000）考察1991—1995年英国制造业的行业面板数据，发现在英国制造业也存在明显的外国直接投资正溢出效应，同时他们还发现在技术差距比较小的行业里溢出效应更加明显。与克科的观点相类似，他们认为，这是由于在技术差距较小时，当地企业具有较高的吸收能力所导致的。吉尔马等（S. Girma and K. Wakelin，2001）选用英国制造业在1988—1996年的企业面板数据，进一步研究了参与外国直接投资的不同国家对溢出效应的影响。检验结果表明，参与外国直接投资的国家不同，产生溢出效应也不同，如日本企业的外国直接投资溢出效应最大，而美国企业的外国直接投资溢出效应则很小。他们认为，这是由于美国企业所使用的技术相对比较陈旧导致的。

陈涛涛（2003）采用我国84个四位代码行业的数据，引入了"内外资企业能力差距"的概念，将"企业规模"、"资本密集度差距"以及"技术差距"等行业特征要素一同作为影响外国直接投资行业内溢出效应的行业因素，采用了科维斯（1974）、格罗伯曼（1979）和布洛斯特罗姆（1983）的建模方法进行了经验研究，研究结果表明，当内外资企业的能力差距较小时，有助于溢出效应的产生。陈涛涛和宋爽（2005）使用同样的模型和数据，分别对"行业的对外开放度"、"对外资企业进入形式的限制"和"合资企业中外方所持比例"三方面政策要素对行业内溢出效应的影响进行了研究，结果表明，前两个因素对内资企业吸收外资企业的溢出效应有积极效果，但"外资企业中外方所持比例"对溢出效应影响并不显著。

严兵（2005）采用产业面板数据的分析方法，将外资作为一个独立的生产要素纳入内资企业的生产函数中，实证结果表明，内外资企业之间的技术水平差距对溢出效应有较大影响。在技术水平差距较大的行业以及外资企业外向型程度较低的行业中，外资产生了显著的溢出效应。严兵（2005b）在另外一个采用我国工业部门的相关数据的研究中，立足于克科（1994）的建模思路，参考布洛斯特罗姆和珀森（1983）的建模方法，构造了联立方程模型，结果表明，外资在我国工业部门各行业产生了显著的溢出效应。此外，内外资企业之间的相互竞争对二者的生产效率有着明显的促进作用。

（2）不支持正溢出效应的研究。艾肯和哈里森（Aitken and Harrison, 1999）选用委内瑞拉制造业1976—1989年的企业面板数据，发现在该国全国范围存在普遍的负溢出效应。与艾肯和哈里森的研究类似，哈德和哈里森（M. Haddad and A. Harrison, 1993）曾对摩洛哥制造业1985—1989年间的企业和行业面板数据进行考察，也没有发现存在明显的正溢出效应。

德里菲尔德（Nigel Driffield, 2001）运用英国制造业1989—1992年的行业面板数据，研究了跨国企业通过投资和产出以及R&D的溢出效应。德里菲尔德没有发现任何投资、产出以及R&D能带来溢出效应的迹象。

但是，他发现了当地企业的生产力增长速度要快于跨国企业子公司。德里菲尔德认为，这表明竞争对当地企业生产力水平的提高具有重要的作用。哈里斯和罗宾逊（R. Harris and C. Robinson，2004）选用1990—1998年英国制造业的企业面板数据进行了研究，分别对三种溢出效应进行了检验，即行业中存在外资、地域内存在外资以及产业上下游存在外资的三种情况所导致的溢出效应。其中，第一种是行业溢出效应，第二种是集聚导致的溢出效应，第三种是行业间的溢出效应。检验结果表明，这三种溢出效应都不明显，不过，第三种行业间的溢出效应相比前两种明显。

巴里等（F. Barry, H. Gorg and E. Strobl, 2003）考察爱尔兰制造业1990—1998年的企业面板数据，发现存在大量的负溢出效应，他们将其归咎于当地企业与跨国企业之间在劳动力市场上的过度竞争。巴里欧斯等（Salvador Barrios and Eric Strob, 2003）考察了西班牙制造业1990—1994年的企业面板数据，同样，在总体上没有找到任何正溢出效应存在的证据，不过在以出口为主的当地企业中，发现了显著的正溢出效应的存在。他们的解释是，以出口为主的企业需要参与国际竞争，使用的技术相对比较先进，技术吸收能力也相应较强，因此能够从跨国企业的溢出效应中获益。

乔兹等（Joze P. Damijan, Mark S. Knell, Boris Majcen and Matija Rojec, 2002）对8个转型经济国家（保加利亚、捷克、爱沙尼亚、匈牙利、波兰、罗马尼亚、斯洛伐克和斯洛文尼亚）制造业1994—1998年的企业面板数据进行了考察，结果发现上述国家制造业都不存在明显的溢出效应。在深入研究当地企业吸收能力以后发现，罗马尼亚存在正溢出效应，捷克和波兰却存在负溢出效应，而其他国家则不存在明显的溢出效应。

吕世生、张诚（2004）以天津市五大行业103家年销售额在1000万美元以上的企业为研究对象，采用1997—2002年的时间序列数据，参照哈迪达和哈里森（1993）以及艾肯和哈里森（1999）研究摩洛哥与委内瑞拉所做的回归方程，加入了吸收能力变量，回归结果表明，天津的外国直接投资溢出效应十分有限。此外，提高企业技术吸收能力的R&D对企业生产力的促进作用远大于创新性R&D；同时还发现当地企业R&D投入越高，与外国直接投资企业的技术差距越小，溢出效应越显著。

范飞龙（2005）针对上海市开展实证研究，将外商直接投资的外溢效应因素内生到生产函数模型，重点考察资本挤出效应、管理溢出效应和溢出效应，结果表明，在金融市场上，跨国企业投资对上海企业具有一定的"资本挤出效应"；而跨国企业投资对上海经济的溢出效应、产业关联效应并不显著；管理溢出效应虽然统计检验显著，但整体效应非常微弱。

2. 从案例角度展开的实证研究

作为计量经济研究的重要补充，案例研究历来受到外国直接投资溢出效应研究领域的重视，其研究结果相当丰富。本书主要从示范与模仿、厂商间的前向后向联系以及人力资本流动三条途径案例研究的成果。由于从竞争途径产生的溢出效应难以直接观察，一般采用计量经济的方法进行研究，以案例方式展开的研究非常少见。

（1）前后向联系产生的溢出效应。跨国企业通常拥有技术或信息上的优势，当其子公司与当地的供应商或客户发生前向或后向联系时，当地厂商可能从跨国企业子公司先进的产品、工序技术或市场知识中"免费搭车"，于是就发生了溢出效应。跨国企业子公司可能会向当地供应商或客户收取一定的费用，但在大多数情况下，它们不可能攫取当地厂商从中获得生产力进步带来的全部利益。

对后向联系的实证分析主要参见拉尔（Sanjaya Lall，1980）等人的研究。拉尔认为，跨国企业在以下五种联系中促进了溢出的发生和发展：一是帮助未来的供应商建立生产性设施；二是为改善供应商产品的质量或促进其创新活动提供技术帮助或信息服务；三是提供或帮助购买原材料和中间产品，提供组织管理上的培训和帮助；四是通过发掘新客户帮助供应商从事多样化经营；五是除了上述源自跨国企业子公司和当地厂商合作而发生的技术溢出外，跨国企业先进的质量水平、笃实的信誉和高效的市场分销技术也大有可能成为技术溢出的潜在来源。布拉什（Brash，Donald T.，1966）在研究通用汽车公司对澳大利亚当地供应商影响时，特别强调跨国企业进行严格质量控制的重要性，他认为这种质量监控对供应商生产水平的提高具有特殊意义。

由上述研究可见，当地价值含量水平似乎成为后向联系的决定因素之一。鲁珀等（Reuber et al.，1973）经过详细调查发现，1970年被调查的跨国企业子公司购买的商品和劳务价值总量的1/3是由当地企业提供的。事实上，当地购买的比例取决于子公司的市场取向、母公司的国籍、东道国的政策及其当地潜在供应商的技术能力。一般来说，当地市场导向的子公司比出口导向的子公司从当地购买更多的商品和劳务；欧洲跨国企业比美国或日本的跨国企业更多地依赖于当地市场；拉美和印度的跨国企业子公司不得不从当地购买较多的投入要素，而远东的则相对少些。

与后向联系相比，有关前向联系的实证分析要少得多。迈克李斯和麦克唐纳（Dermot Mcaleese and Donogh Mcdonald，1978）认为，爱尔兰前向联系的发展趋势几乎与后向联系不差上下；他们宣称，虽然许多跨国企业都是以出口导向为起点，但是当地市场的重要性也在日益增加。艾肯和哈里森（1999）认为，来自前向联系的溢出在大多数行业都很重要。事实上，与跨国企业的前向联系比后向联系对当地企业更有益处，因为前向联系有助于尽快形成当地的生产体系，开发其制成品市场。值得注意的是，在大多数情况下，技术的国际扩散还会引起另一种层次的前向联系。如资本内含型技术的国际扩散，如果只是从产业联系的角度来衡量，起码促进了技术引进国当地有关技术设备维修业务的发展；如果从更为广泛的意义上分析，还可能促进当地 R&D 产业的进步。

（2）劳动力流动产生的溢出效应。理查德·卡维斯（Richard Caves，1986）发现，由日本向美国、欧洲的企业经理人员流动加速了专门管理技能的传播。20 世纪 80 年代后期，日本兼并了许多美国金融公司，向经纪人公司、商业银行和其他服务公司支付了大笔美元，目的在于获取全球性程序交易、股票指数套利和国际证券交易的产品技术。显然，有关产品技术主要内含于专业化的人力资本之中。卡维斯认为，跨国企业对当地雇员的培训是形成东道国技术溢出的基础。这种培训面向各个层次：从最简单的生产性操作人员到监管人员，从高级技术人员到上层经理人员，几乎都有受训机会。培训方式很多：既有现场指导，也有专家讨论会，甚至派往海外接受正规教育。显然，当雇员由跨国企业子公司流向其他企业或自创企业时，其在跨国企业子公司受雇时所学的各种技术也随之外流，溢出效应随之发生。

Chen（1983）在一份有关香港技术转移研究中发现，在香港制造业中，外国企业的最大贡献不在于所谓的新技术和产品的生产，而在于对各个层次工人的培训。格申伯格（Gerschenberg，1987）曾就跨国企业在肯尼亚培训和传播经营能力的情况做过调查。他从 41 个制造业厂商的 72 个中高级经理的详细履历中发现，跨国企业为经理们提供了大量的培训。调查表明，在现有当地私人或国有企业曾经受训过的经理人员中，大多数曾任职于跨国企业子公司，经理人员的流动，大大加速了专有经营管理技术的扩散。

(三) 基于不同实证对象的研究

研究外国直接投资溢出效应的计量经济研究从研究对象的规模看，主要着眼于国家、地区或者城市，从研究数据看，一是宏观经济数据，如GDP；二是产业数据；三是企业数据。主要有以下研究手法：（1）以整个国家的经济数据为对象的实证研究；（2）以整个国家的企业数据为对象的实证研究；（3）以整个国家的产业数据为对象的实证研究；（4）以一个区域（省或者经济圈）的企业数据为对象的实证研究；（5）以一个区域（省或者经济圈）的产业数据为对象的实证研究；（6）以一个城市的产业数据为对象的实证研究；（7）以一个城市的企业数据为对象的实证研究。

前面已经分析，支持"正溢出"的实证研究大多采用国家或区域的行业数据，而支持"负溢出"的实证研究大多采用国家或区域的企业数据。针对信息技术制造业的研究尚不多见。

第三节 CGE 模型研究综述

CGE 是在整个国民经济范围内进行外部冲击和宏观政策模拟的有效工具。通过建立 CGE 模型将现实经济模拟再现，然后根据冲击或政策影响外生变量的改变，使经济系统达到新的均衡状态，体现到对应经济变量的变化上，观察仿真后的经济系统的变化，以评估冲击的影响和政策的效果，从而为政府决策提供直接、明确的依据。以这种实验室式的实验方式来进行经济系统的冲击和政策模拟，既经济快捷，又科学有效。

一 CGE 模型的理论研究

均衡理论是经济学理论的核心之一，也被认为是经济学的主要成就之一。其思想源于亚当·斯密著名的"看不见的手"的论断：个体的最优化行为通过市场价格机制得到反映，从而实现整个社会资源的最优配置。瓦尔拉斯（L. Warlar）在 1874 年发表的《纯粹经济学要义》中正式把这样的均衡思想拓展到整个经济领域，而不只是某个商品的局部均衡，并用一组方程式表达出来，从而使得理论上全面、准确地刻画经济系统成为可能。然而瓦尔拉斯的理论过于抽象，也缺乏严密的证明，使得一般均衡理论距离具体应用非常遥远。此后许多经济学家沿着用方程组表达经济体系的思路继续研究，其中列昂惕夫的投入产出模型最为著名，也获得了巨大成功和广泛的应用。阿罗和德布鲁（K. J. Arrow, G. Debreu, 1954）在拟凹的生产函数和消费函数条件下，假设经济主体之间可以交换资源禀赋，利用角谷不动点定理证明了存在一组均衡价格，使得瓦尔拉斯均衡配置帕累托最优。麦肯兹（L. W. McKenzie, 1959）在更一般的条件下，利用布劳沃（Brouwer）不动点定理证明了均衡的存在性。阿罗等（1971）对瓦尔拉斯均衡解的存在性、唯一性、最优性和稳定性进行了较为全面的总结。

斯卡夫（Scarf, 1967, 1973）将解的存在性、最优性和稳定性理论与CGE模型进行连接，设计了一套针对特定均衡模型的求数值解的收敛运算法则，但效率不太高，无法在解决大规模问题时快速收敛。因此，牛顿—拉普森（Newton – Raphson）方法与欧拉（Euler）算法被广泛应用于CGE方程组求解。

斯恩（Stern, 1963）指出，在一个新古典生产模型的封闭经济中，同时实现指定水平的实际投资和公共消费以及按边际产出来支付要素价格和维持要素全部就业是不可能的。为了使CGE模型有解，CGE模型必须封闭。这时，就要在各个目标之间进行折中，根据不同的取舍，分别称为凯恩斯CGE模型、新古典CGE模型、约翰逊CGE模型和科多润CGE模型。CGE模型闭合规则可以从两个角度理解：一方面是为了解决模型中变量个数与方程个数不一致问题而进行的取舍；另一方面反映的是建模者个人理论的偏好及对所解决问题的理解进行的设定。正如泰勒和利西（L. Taylor and F. Lysy, 1980）讨论的，宏观闭合的选择会在很大程度上影响政策模拟的分析效果。闭合规则从机理上可以分为两类：一类是Walrasian CGE模型所依赖的新古典闭合规则（Neoclassical Closure）；另一类是Macro CGE模型所依赖的其他闭合规则，如新凯恩斯（强迫储蓄）闭合规则（Neo – Keynesianor Forced Savings Closure）、约翰逊闭合规则（Johansen Closure）、卡莱基安（Kaleckian）闭合规则、可借贷资本的闭合规则（Loanable Funds Closure）等。德库位等（B. Decaluwe and A. Martens, 1988）认为，在CGE模型的构建和模拟中，恰当的闭合选择仍然是基本问题。

李彤和翟凡（2007）认为，一般均衡模型的建模与仿真求解其数学本质是非线性规划问题求解，可以归结为线性最优化算法的实现。班德拉（Bandara, 1991）按算法将CGE区分为三大学派：一是世界银行学派，代表人物阿德尔曼、罗宾逊和德维斯①等，方法是规划求解；二是耶鲁派，代表人物肖恩、威莱，方法是不动点算法；三是约翰逊派，代表人物是约翰森、维森特等，则沿袭约翰森线性求解技术。

从经济开放性来看，可以认为 CGE 模型分为封闭经济 CGE 模型和开放经济 CGE 模型。由于封闭经济 CGE 模型不用考虑国际因素而只单纯考虑国内市场供求关系，相对比较简单。但是，由于现实生活中，完全封闭的经济体是不存在的，因此封闭 CGE 模型通常作为 CGE 学习的入门模型，如詹姆斯·A. 杨克（James A. Yunker, 1998）介绍的外壳模型、张欣（2010）介绍的简单 CGE 模型、胡舒（N. Hosoe, 2004）解释的基本模型、C. Bhringer 和 T. F. Rutherford（2002）演示的"$2 \times 2 \times 1$"模型、张晓光（2009）介绍的"$1 \times 2 \times 2$"模型等。

从时间维度可以将 CGE 模型分为静态模型和动态模型，动态模型是在静态模型基础上加入静态模型所不能体现的使经济发展的动力因素，如储蓄偏好对投资的影响，生产资本的积累，劳动力的增加，科技进步导致的生产力提高等。动态模型可以很好地将 CGE 与内生经济增长理论结合起来，用以追踪经济体在外部冲击下的动态走势。CGE 模型的动态方法主要有：跨期动态（Inter-temporal Dynamic）和递归动态（Recursive Dynamic）两种。其中跨期动态模型也叫完全动态模型，需要对将来各期价格进行预测，从而全局性影响生产和消费行为，如 S. Devarajan 和 D. Go（1998）、C. Bohringer 和 H. Welsch（2004）、H. Fawcett（2003）、Jorgensen 和 Wilcoxen（1990）等的工作。而递归动态是逐期进行假设，主体在短视情况下进行决策。因此，后者对数据要求不高，更容易实现。世界粮农组织（International Food Policy Research Institute, IFPRI）的瑟洛（J. Thurlow, 2004）基于 Hans Lofgren 和 Rebecca Lee Harris（2002）的标准 CGE 模型，在 J. Thurlow 和 D. E. N. Seventer（2002）的非静态 CGE 模型的基础上引入资本和劳动力的动态递归，从而将其扩展为动态模型，并成为 IFPRI 后续相关应用研究的模型基础，Diao 和 Nwafor（2010）、P. Dorosh 和 J. Thurlow（2009）等。

从研究聚焦的对象来分，可以将 CGE 模型分为单对象模型和多对象

---

① Dervis, K., J. de Melo, *General Equilibrium Models for Development Policy*, Cambridge University Press, 1982.

模型，其中单对象模型的研究对象为一个国家或区域，具有完整的活动/商品等账户设置，而把对象以外的区域简化为一个账户，如 Aarrestad（1978）、K. Anderson 和 A. Strutt（1998）、Keshab 和 Bhattarai（2005）、J. M. Horridge 和 B. R. Parmenter（1998）、曹永凯（2006）、胡宗义和刘亦文（2010）等。多对象模型主要研究多个国家或区域之间的相互关联和互动，如 Bohringer 和 Welsch（2004）、Groenewold 和 Hagger 等（2003）、Burniaux（1991）、Kim（2002）等。

二 CGE 模型的应用研究

CGE 作为应用经济学的一个分支，在国家宏观经济政策模拟和经济环境冲击分析中得到了广泛应用，并有许多成功的案例。鉴于 CGE 应用范围非常的广泛，班德拉（J. S. Bandara, 1991）根据不同的应用目的，将 CGE 模型分为贸易政策问题、收入分配问题、外部冲击及结构调整问题和财政政策问题四大类。徐卓顺（2009）则将 CGE 应用研究分为：宏观公共政策、微观产业政策、国际贸易政策、其他经济改革及经济发展政策等。此外，还有许多学者对 CGE 应用进行了不同分类，难以一一叙述。由于国内外各种领域的学者在不断地将 CGE 模型应用到全新的问题、全新的领域的研究之上，因此要想准确地将所有 CGE 应用归类非常困难，本书只罗列一些具有代表性领域的应用研究。

（一）国际贸易相关问题研究

在全球化时代大背景下，贸易摩擦成为学者和官员关注的重要领域。美国普渡大学 GTAP 小组开发的"全球贸易分析项目"（Global Trade Analysis Project, GTAP）模型，是一个主要用于全球贸易政策分析的多国 CGE 模型，也是规模最大的贸易自由化 CGE 模型。随后的很多贸易 CGE 模型都受到 GTAP 极大的影响。目前世界各地的许多国家的 CGE 模型都直接或间接地采用澳大利亚 Monash 大学 CoPS 中心开发的 ORANI 模型的框架。

Whalley（1986）建立多区域 CGE 模型，将世界分成 13 个主要贸易区，系统研究了贸易自由化对不同地区的影响，对非关税壁垒、关税减让、贸易自由区的建立和贸易战等问题进行了分析。B. Eichengreen 和 L. H. Goulder（1992）对美国消除关税和非关税壁垒对贸易的影响进行模拟。R. Boyd、K. Krutilla 和 W. K. Viscusi（1995）研究了美国和墨西哥之间的减少关税对其贸易及经济的影响。Devarajan 和 Robinson（2002）研究了《北美自由贸易协定》（North American Free Trade Agreement）对美国和墨西哥双边贸易的影响。亚当斯等（Adams F. Gerard and I. Park，1995）建立了一个动态 CGE 模型用于分析东盟（Association of Southeast Asian Nations，ASEAN）自由贸易区（ASEAN Free Trade Area，AFTA）的建立对东盟及世界其他国家的影响，模型纳入宏观不均衡的特征。

Diao 和 Somwaru（2003）将中国全境划分为七个区域，在高度细化 CGE 框架中构建其详细的农产品模型。这个框架允许评估中国加入世界贸易组织后对国家、区域水平的影响，分析各省农业市场间内在联系。也评估了我国加入世界贸易组织后国家、区域生产和贸易结构调整。F. Zhai 和 T. Hertel（2005）分析了中国加入世界贸易组织后多边贸易的解决对各类居民的影响和对提高农村教育支出的影响。王直、王慧炯（1997）通过动态 CGE 模型分析了中国加入世界贸易组织对世界劳动密集产品市场和美国农业出口的影响，认为如果美国解除对从中国进口劳动密集型产品的数量限制，并以此换取中国对美国食品和农产品进口的开放，对中美双方都有利。王直（Zhi Wang，Edward G. Schuh，2002；Zhi Wang，2003）分析了中国加入世界贸易组织及形成大中华贸易区的影响。张福强等（Fu–Sung Chiang et al.，2004）分析了中国台湾地区加入世界贸易组织后农业可能受到的冲击。彭德斌（2009）建立了一个关于电子信息产品 TBT（技术性贸易壁垒）影响的 CGE 模型，模拟了 TBT 对我国电子信息产品出口以及对其他产业的影响，结果显示电子信息产品 TBT 对我国经济发展危害巨大。

关于人民币升值方面，徐卓顺（2009）以 2005 年《中国统计年鉴》数据为基础建立 CGE 模型分析人民币升值对我国制造业的影响。胡宗义、刘亦文（2009）运用动态 CGE 模型分析人民币国际化对中国经济的影响，研究不同人民币国际化程度下的经济走势。仿真结果表明：人民币国际化对贸易条件的改善、就业及产业优化都具有正向作用。刘凤娟、王耀中（2007）详细考察了人民币汇率稳步升值对中国对外开放（进口，出口、对外投资、引进外资等）和经济增长（产业发展、GDP 增长等）的影响。魏巍贤（2006）通过 CGE 模拟得出人民币的大幅度升值对中国经济整体不利，而小幅度升值影响甚微的结论。建议既要避免大幅度升值，又可适当扩大汇率的浮动范围，缓解人民币升值压力。张葆君、胡宗义（2008）通过动态 CGE 模型仿真人民币不同升值方式下 CPI 的走势，认为人民币升值后原材料价格将大幅下降，能有效抑制当前通货膨胀并防止其进一步扩散；不会造成投资紊乱，短期内将温和刺激就业。

（二）税收政策相关问题研究

应用 CGE 研究税收政策的相关问题，主要集中在根据税收政策对产业发展、居民福利、经济状况影响来讨论税种的作用、合理性、有效性等，从而为评估税收改革方案，优化税收制度，促进经济、社会发展提供决策建议。哈伯格（A. C. Harberger，1959，1962）较早建立了一个静态理论模型，用以研究税收对经济的影响，并认为政府对公司税收增加几乎完全来自资本回报的减少，因此，征税抑制了资本积累。而肖文和惠利（J. B. Shoven and J. Whalley，1972）构造了一个两部门和两类居民（"富人"与"穷人"）的美国含税静态 CGE 模型，并发现开征资本利得税将导致两类部门产出下降，同时虽然征税导致社会整体福利水平轻微下降，但改善了"穷人"的福利水平。巴拉达等（C. Ballard，D. Fullerton，1985）较早地专门论述了通过 CGE 模型评估税收政策的影响。佩雷拉和肖文（A. M. Pereira and J. B. Shoven，1988）的 CGE 模型研究了美国税改法案及税收整合政策对效率及资本形成的影响；阿帕德（M. P. Upadhyaya，1995）建立了区域 CGE 模型来评估华盛顿政府一系列税收政策可能对经济的影响，结果显示，削减商业税将有利于促进经济发展。科什拔·巴塔莱（Keshab Bhattarai，2005）衡量了加纳进行税收改革对资源重新分配及对经济演进的影响。

程凌、张金水（2008）针对我国 2008 年 1 月 1 日实行统一的企业所得税税率，构建动态递推 CGE 模型，分析税收政策变化所带来的影响。研究结果表明，新政策在当年对除政府财政盈余外的其他经济变量冲击不大，在递推期内降低了投资，提高了消费，有利于促进中国经济增长方式转变。萧艳汾等（2005）利用模型分析中国间接税税率调整，间接税向直接税转化，间接税调整对储蓄、投资的影响等改革措施的宏观经济效应，并借此提出一些可供选择的税改方案。胡宗义和刘亦文（2008）利用递归动态 CGE 模型进行税改仿真，研究结果表明：在短期内两税合并的确会对部分产业产生一定负面冲击，也会降低政府税收，但对各地区的产出却呈正向冲击；长期来看两税合并最终有利于我国产业的优化发展，有利于促进经济社会的全面发展。胡宗义和刘亦文（2009）运用一个中国 CGE——MCHUGE 模型，分别在短期和长期的时间框架下，分别从能源强度、宏观经济以及产业结构三个方面考察征收生态税的影响。

段志刚、冯珊等（2005）建立静态 CGE 模型分析广东省几种所得税改革对经济和社会造成的影响，结果表明，适当降低企业所得税率并调整个人所得税负的居民间分布，有利于地区经济的增长并促进社会整体福利效应的提高。饶呈祥、范平（2008）专门分析了交通非税收入对社会整体福利水平存在影响，可能带来较高的边际福利损失，结果显示导致了资本要素净收益的降低，降低了社会整体福利水平，导致各个产业的税基均发生变化，进而影响到所有税种的税收收入。

（三）人口及劳动力相关问题研究

此类问题通常需要借助动态 CGE 模型考虑人口减少、老龄化及劳动力迁移等问题对经济发展和福利改善方面带来的影响。

瑟洛等（J. Thurlow, S. Morley, 2009）构建多区域 CGE 模型，使用递推动态法对资本和劳动力进行累积，并在考虑劳动力移居、人口增长率、生产力等变化情况进行政策模拟，以为秘鲁欠发达地区发展提供政策建议。莱森科瓦等（P. McGregor and K. Lisenkova et al., 2010）构建动态 CGE 模型分析苏格兰人口老龄和人口减少对经济的影响。德什等（2009）使用动态 CGE 模型模拟改善乌干达北部区域贫困状态的政策，认为如果下个十年中农业生产力没有明显提高，坎帕拉居民移出和都市引领为中心的增长不足以明显减少北部地区的贫困情况。詹姆斯·杰斯科等（James A. Giesecke and John R. Madden, 2006），以及莱森科瓦等（K. Hermannsson and K. Lisenkova et al., 2010）试着通过增强当地劳动力技能和知识转换影响评估高等教育供应机构。法格和马坎（A. Faggian and P. Mccann, 2009）认为，越来越多的工作需要集中在熟练工移居和聚集经济，以及导致的任何溢出效应上。李洪心（2004）用 GAMS 建立一个可用于中长期预测和政策模拟的 CGE 系统，研究封闭经济现行社会保障体系下中国人口老龄化会给国民经济和人民生活水平带来的影响，以探讨现有养老金系统改革能达到的经济与社会效益。翟凡、李善同（1999）基于对未来人口、劳动力的增长和部门水平上技术变化的估计，运用递推动态多部门模拟了 1995—2010 年中国经济增长和产业、就业和贸易结构的变化趋势。

（四）资源、环保相关研究

关于能源方面的 CGE 应用有瑞典的（L. Bergman, S. Lundgren, 1990）、挪威的（S. Longva, O. Olsen, 1983）及荷兰的（M. Finus, E

C. Ierland、R. B. Dellink，2006）等。在较少的区域能源—环境—经济应用分析中，德斯布塔基等（K. A. Despotakis and A. C. Fisher，1988）使用 CGE 模型研究了加利福尼亚经济受能源价格的影响，康拉德等（K. Conrad and M. Schroder，1993）评估了居民福利在两种抑制碳排放政策下的影响，李和罗斯（P. C. Li and A. Rose，1995）研究了宾夕法尼亚增加碳税的影响。布林格（C. Bohringer，1998）研究了如何结合自下而上法和自上而下法建立 CGE 模型分析能源问题。伯格曼（L. Bergman，1988，1991）总结了应用 CGE 模型进行能源政策分析的方法，并分析了能源政策对经济增长的影响。巴塔查亚等（S. C. Bhattacharyya，1996）进行了 CGE 能源应用方面文献的专门整理。对于相关问题研究主要可从以下几个方面进行：

（1）通过征收环境税（如碳税、污染税等）或增加减排补贴方式减少对资源的过度开采和依赖，如贺菊煌和沈可挺（2002），于娟和彭希哲（2007），C. Bohringer 和 H. Welsch（2004），R. Boyd、K. Krutilla 和 W. K. Viscusi（1995）等。

（2）用相关产业产出锐减方式模拟政府对相关产业的强制限制措施或资源的枯竭，如 Aarrestad（1978）的工作。

（3）通过资源价格上升方式减少对能源的过度消费和过度依赖，如胡宗义和蔡文彬（2008）、李科和马超群等（2008）、Boyd 和 Doroodian（2001）、De Santis（2003）等。

（4）通过资源的减少和污染的增加评估居民健康和福利所受的损失，如 A. C. Fisher 和 K. A. Despotakis（1989）、M. Finus 和 E. C. Ierland van，R. B. Dellink（2006）等。加德米（Ghadimi，2006）提出一个优化损耗 CGE 模型作为研究石油经济的定量模型，大致描绘了一个以发达经济体能源/资源为主的区域完整的能源—环境—经济分析系统模型框架，阐述了作为这个建模框架核心的动态优化折耗 CGE 模型的理论结构和数学框架，可以用来分析拥有大量可枯竭能源矿藏区域由能源—环境—经济互动产生的复杂经济发展主题。康纳等（Connor, Zhai F.，2003）新开发一个中国两区域（广东省和中国其他地区）CGE 模型进行碳税对健康和农业产出影响的研究。其他相关研究还有 Anderson and Strutt（1998）、Conrad 和 Klaus（1993）等。

(五) 其他研究

将金融领域纳入 CGE 模型，可以使 CGE 模型涵盖范围更加广泛，模拟手段更加丰富，分析的问题更加贴近现实。如德卡鲁等（B. Decaluwe and F. Nsengiyumva，1994）构建了一个以 1987 年数据为基础的卢旺达实际金融 CGE 模型来检验关于金融手段与实体经济的关联。纳斯佩达（C. W. M. Naastepad，2002）为建立多时期实际金融 CGE 模型通过更多地关注信用而不是货币来分析印度相关金融政策对国家的宏观影响。周建军、王韬（2003）对金融 CGE 模型研究做了初步整理，总结了实现的技术难点，并展望了未来的应用前景。陈立（2006）构建了辽宁省开放经济动态金融 CGE 模型，并分析了利率提高对区内经济可能造成的影响。徐继峰（2008）专门构建了金融 CGE 模型来模拟农业信贷政策对国民经济各行业和经济主体的影响。

博赫林格等（C. Bhringer and A. Lschel，2004）提倡将 CGE 模型作为衡量政策对可持续发展三个维度影响的方法学工具：环境质量、经济表现（总效率）和公平。史密斯和雅各等（M. Yago and R. D. Smith et al.，2002）认为，在国民健康和经济繁荣之间存在正相关关系。海德等（E. A. Haddad et al.，2011）开发了一个空间 CGE 模型分析巴西港口基础设施对地区经济的冲击和影响。罗斯等（A. Rose and S. Y. Liao，2005）认为，CGE 模型是一个进行灾难影响分析的新兴方法，因为它能对输入短缺和市场条件改变行为反应进行建模。Diao 和 Alpuerto（2009）实用 CGE 模型分析了高致病性禽流感（Highly Pathogenic Avian Finluenza，HAPI）的暴发对尼日利亚经济的影响。Diao（2009）使用动态 CGE 模型定量化分析 HAPI 对加纳整个经济的影响，将 HAPI 的暴发模拟为对家禽业需求或供应量的冲击。

李丽和陈迅（2009）利用动态 CGE 模型，通过投资动态机制与价格内生化，考虑资源限制及生产要素间的替代性，以逐年递归动态求解方式进行产业结构预测。彭思思和祝树金（2010）利用中国 CGE 模型（CHN-GEM）对 2009 年中央预算中大幅增加的财政科技投入对中国经济的短、长期影响做了定量分析。

朱孟楠和郭小燕（2007）借助 CGE 模型研究了开放经济条件下国际资本流动的经济增长效应，认为国际资本净流出对宏观经济的冲击比国际资本净流入大得多，在增进我国总产出，增加居民、政府收入和储蓄的同时，也导致实际汇率贬值和通货膨胀压力加大。

三 FDI—CGE 模型研究

通过对众多 CGE 模型的研究发现，我们绝大多数模型都没有显性表达外国直接投资因素，虽然一些 CGE 模型模拟了国际资本的流动，但由于在建模中必须处理国家储蓄和投资的差别，所以外国直接投资并没有成为这些模型关注的焦点，而是将其作为进口和出口差异研究的一种补充。一些 GTAP 模型（T. W. Hertel，1997）的相关研究将多个国家置入同一个区域中研究外国直接投资问题，他们将区域中各国家的超额储蓄部分置入一个国际资本池中，然后将这些资本投入到缺乏储蓄的地区。而有的模型对这些储蓄的分配仅仅使用转换函数来实现，有的模型则基于对风险的识别或者投资回报率（Walmsley，2002）来进行资本的分配。Lejour 等（2006）的模型中使用国际资本池机制，即地区储蓄与投资的差额流入国际资本池，缺乏储蓄的国家通过提高资本回报率来吸引外国资本。麦克宾和威尔科（W. J. McKibbin and P. J. Wilcoxen，1999）则假定金融资本在部门和地区间可以完全流动，而实体资本一旦进入经济体则被固定。虽然有一些模型可能会提高国际资本的流动性来减少地区间回报率差异，但它们并没有显性表达外国直接投资的双边流动以及外国直接投资壁垒，布朗斯和斯特恩（Brown and Stern，2001）对这类模型以及它们的变化进行了述评。

目前关于外国直接投资在 CGE 模型中的研究并不多见，可以总结为两条主要路径：一种是基于 P. A. Petri（1997）建模思路将外国直接投资显性表达，另一种则明确受到马库森（J. R. Markusen，2002）知识资本思想的启发。依照这两条途径，国外关于将外国直接投资纳入 CGE 模型问题的研究也有两个分支：一个是基于 Petri 框架所进行的研究，另一个是受马库森（2002）知识资本模型的启发而展开的研究。其中基于 Petri 框架的研究分支由于与传统 CGE 模型思路最为接近而相对较为深入和广泛。

1997 年，Petri 在一篇未发表的论文中提出将外国直接投资置入 CGE 模型框架之中，并提供了基于 APEC 六国国家背景而建立的完整多国 CGE 模型，成为此问题研究的鼻祖。这一框架模型中的一些主要思想后来被应用在其他 CGE 模型当中，如澳大利亚生产力委员会的 FTAP 模型（K. Hanslow，T. Phamduc and G. Verikios，2000）和 MIRAGE 模型（M. H.

Bchir, Y. Decreux, J－L. Guerin and S. Jean, 2002), 但是, 这些模型均对 Petri 的原框架做了少许改动。Petri 的框架中首先扩展广泛使用的 Armington 假设——它通过对企业的所有国和生产属地来对生产力进行分类, 这一假设被用在后来几乎所有纳入外国直接投资因素的 CGE 模型当中; 在消费决策阶段, 消费者首先确定跨国企业的国籍, 其次决定生产是否发生在其所在国, 然后在原产地与进口之间做出选择, 不同情况的产出之间的替代性也不同; Petri 还将外国企业与本地企业分离处理, 不同企业有着不同的需求函数和生产函数, 其中的一个主要区别是外国子公司通过技术和中间投入流与其母公司关联; Petri 的另一个贡献在于其对国际资本的分配, 他将资本分配首先在产业部门间进行, 然后再在地区间分配, 资本在同一地区的同一产业间具有更多的流动性, 这一点与马库森 (2002) 的知识资本模型不谋而合。除此之外, Petri 的研究遵循了大多数 CGE 模型的建模套路, 但其使用了优化的资本分配在产业和地区间不完全替代框架。其模型的一个主要缺陷在于, 他仍然假定规模报酬不变的完全竞争, 这对于外国直接投资最倾向于流向的产业来说, 这一假设对于研究外国直接投资流逐渐增长的冲击效应是不符合事实的。

另一个将外国直接投资纳入 CGE 模型的开拓性研究来自马库森, 在其著作《跨国企业及其国际贸易理论》中, 他和他的同僚对这一研究给予了一个总揽。他们将跨国企业的贸易与投资决策加入到一般均衡模型框架之中, 因为他们认为, 跨国企业提供了超过 50% 的外国直接投资资金流, 所以跨国企业的决策对理解外国直接投资流向是非常重要的。其模型的基本思想是: 跨国企业决定是向外国市场出口货物、服务还是建立外国子公司, 这一决策依赖目标市场容量、距离、运输成本以及外国直接投资壁垒, 或者出于成本优势将一部分生产能力进行外包。在这两种情况下, 跨国企业所要的是保持对生产的有效控制, 而不是与外国公司的某种关系。这有两个关键原因: (1) 跨国企业拥有特殊的知识或者资本, 将这些知识或者资本转入外国生产者具有一定的困难; (2) 这些知识和资本是跨国企业竞争力和利润的来源, 他们不愿意与他人分享。

马库森将其思想在一个包括几个跨国企业的两模型中进行了阐释。国外投资的决策依赖几个特征, 但是, 除去设定的所有简化假设, 其模型仍然复杂难以求解。他通常通过模拟来评估外国投资决策要素的重要性。马库森模型高度的复杂性是其模型难以在大规模 CGE 模型中推广的主要原因。另外，对于两国外国直接投资、产业部门资本存量、总部与子公司特定知识和资本转移等数据的难以获取也是一个重要原因。马库森、卢瑟福和特拉（J. R. Markusen, T. Rutherford and D. Tarr, 2005）将知识—资本模型应用到一个单国的 CGE 模型中，但是由于数据问题，这一模型无法进行校准；考普汉（Copenhagen Economics, 2005）也在一个多地区模型中使用马库森的框架来分析欧盟成员国之间的直接服务问题，他们设定了欧盟 25 国和世界其他地区 7 个产业，实证基于 OECD 的跨国企业数据对自由化的贸易与外国直接投资影响分别进行了模拟。

综合上述分析，目前纳入外国直接投资的 CGE 模型和框架多为多国模型，多国模型对于模拟有限国家之间的资金流动有着一定优势，但是无法全面反映一国对源于世界各地、持续流入的外国直接投资冲击所带来的各方面经济效应。同时，从数据获取难易度来看，某一国外国直接投资的相关数据就已经难以获取，对于多国的数据获取也难免受到更大局限，且不同国家的数据统计口径也有较大的差异，基础数据经过多重的换算与处理会产生较大程度的失真，这也会对模拟结果的可靠性和真实性产生不可避免的负面影响。这些因素驱使我们在纳入外国直接投资因素的单国 CGE 模型方面进行一些有益的尝试——构建中国 FDI—CGE 模型，在尽量获取翔实的数据的基础上全面地反映外国直接投资流入对我国经济增长的影响。

综上所述，当前国内外对于 CGE 的研究主要集中在模型研究和应用研究上，尤以应用研究为主，模型研究较少。其中，关于纳入外国直接投资因素，考虑外国直接投资影响或者效应的研究较少。

第四节　信息技术产业研究综述

国外关于信息技术产业投资的早期研究有如下研究成果。美国的查尔斯（J. Charles, 1983）早在 1983 年就已经讨论过相关问题，他在信息经济增长理论基础上建立计量经济模型测量信息技术产业与经济生产力的相互作用和关系，在具体问题讨论中，对信息技术产业规模与经济生产力之间的相互关系进行讨论，并得出了正面结论；杜拉卡和哈拉姆（Ruby Dholakia and Brai Harlam, 1994）对美国的经济发展与信息基础设施能力进行计量经济学分析后也得到了正向的结论，即美国的信息基础设施与国民经济发展存在着明显的相关作用；穆哈默德（M. G. Mahmood, 1998）的研究得出了相左的结论，对信息技术投资对企业生产力的影响进行了研究，结论认为，信息技术投资与企业的产品性能、生产力等有一定程度关联，并且与国家的税收增长存在着正相关关系，但是结论却表明信息技术投资对其他经济方面的影响并不明显。

进入 21 世纪后，国外的相关研究开始注意不同区域或者国家间的信息技术投资效应的差异。德文和克莱默（Dewan and Kraemer, 2000）将信息技术因素纳入生产函数研究其对 GDP 的影响，他们整理了 36 个 OECD 国家 1985—1993 年的数据进行关联分析，讨论信息技术投资对发达国家和发展中国家经济增长影响的差异，结果发现发达国家和发展中国家的信息技术投资结构存在明显不同，信息技术对于发达国家发展的贡献要大于发展中国家；史崔特普勒斯和邓宁（Theophanies Stratopoulos and Bruce Dehning, 2000）以及加斯特等（Christopher Gust, Jaime Marquez, 2003）对 13 个主要工业国家 1992—1999 年的信息技术产业以及经济数据进行了分析，其结论认为，信息技术产业及其扩散对美国经济增长起到了加速作用，但对其他的工业化国家却没有同样大的作用。汉森（D. W. Hansen, 2001）在美国经济评论发表论文，对美国 1995 年信息技术产品价格下降进行了研究，认为美国经济获得增长复苏的基础是信息技术产业中半导体业的发展，即认为信息技术产业对于美国经济的增长质量有着重要的影响；贾拉娃和普吉拉（J. Jalava and M. Pohjola, 2002）通过对信息技术以及经济发展的经验数据进行统计研究后认为：信息技术的生产使用是 20 世纪 90 年代美国经济得到高速发展的主要原因，然而，这些作用对于其他国家的贡献却远不及在美国强烈。他们以芬兰的相应数据为例进行了举例，同期，芬兰的信息技术对总产出增长的贡献从 0.3%一直增长到了 0.7%，但是并没有体现出在美国所表现出的劳动生产率加速的趋势；约根森等（Dale W. Jorgenson and V. Khuong, 2005）研究了信息技术投资对于 G7 工业国和主要新兴发展中国家 14 个主要经济体经济增长的冲击，研究发现，从整个世界经济 1995 年以后经济增长信息技术投入的贡献率比生产率提高带来的增长高出近 3 倍，单位资本产出的增加主要是由于单位资本投入而不是生产率提高贡献的，美国在信息技术投资方面的单位资本产出高出世界总体水平近 4 倍。幸元桥（Kazuyuki Motohashi,

2007)通过分析20世纪90年代日本和美国的经济数据,发现1995年后信息技术产业投资使日本GDP增长显著上升,同期信息技术产业对全要素生产率提高的贡献也非常显著,但是,非信息技术产业方面的劳动力投入以及生产率增加却与美国有着明显的差距。

我国学者对于信息技术产业与经济增长质量的关系也非常关注,徐升华和毛小平(2004)的观点可以对这些研究的结果进行总结。他们在索洛技术进步度量模型基础上计算了信息技术、劳动力投入和资本投入对中国信息产业增长的贡献度,得出我国仍属粗放经济发展模式,随后又测度了信息技术产业对经济增长的拉动作用,得出中国信息丰裕度系数的对数每增长一个单位,则GDP指数对数增长0.257个单位,证明了信息技术产业对经济增长有较强的影响。王宏伟(2009)将国内产业分为信息技术产业和非信息技术产业两大部门,然后使用一个两部门模型来测度信息技术产业对我国经济增长的贡献,虽然信息技术产业的外溢作用和相对边际要素生产力均较高,但对整个经济的全部作用参数的估计值仅为0.285,所以他们认为,信息技术产业对整个经济的带动作用并不像大家想象的那样高。邓常春(2003)关注了印度的信息技术产业中的软件业的影响,并以此为标杆分析了印度信息技术产业的发展对经济增长的影响,其结论认为,信息技术产业首先会对经济增长做出直接贡献,其次可以间接地促进经济发展,这是因为信息技术产业也对传统产业产生了正面的冲击,提高了传统产业的生产效率,增强了传统产业的活力。在各产业关联影响方面,唐敏(2008)利用我国2002年投入产出表数据考察了信息技术制造业和服务业对于第一产业、第二产业和第三产业的影响力、感应度及直接消耗与完全消耗关系,其研究结果认为信息技术产业可以作为新的经济增长点,同时促进了对传统产业的生产力提升,提高了劳动生产效率,对产业结构优化起到了一定作用。巩雪(2009)构建了我国信息技术产业与经济增长的计量经济模型,通过计算和研究发现,在任何状况下经济增长率与信息技术产业增长率之间都存在着互为格兰杰因果关系,当经济增长率较高时这种因果关系更为显著。在信息技术产业对产业结构的影响方面,信息技术产业对于其他产业的影响力大小是一个有分歧的问题,如陶长琪(2001)通过定量计算信息技术产业与其他产业的关联程度后认为,"信息化对第二产业影响最大,其次是第三产业,再次是第一产业"。而汪斌、余冬绮(2004)的研究结果则有差异,除对第二产业的影响有共识外，他认为，"信息化对第二产业增长的贡献率最大，其次是第一产业，对第三产业的带动比较弱"等。

通过对上面国外对于信息技术产业投资与经济增长质量的主要研究分析发现，这些对于信息技术产业投资对经济增长质量影响的研究结论基本都是正面的，即认为有助于提高经济增长的质量，具体方面的研究出现一些较为一致的结论，即信息技术投资对不同国家产生的效应是不同的，并且差别较大。比如信息技术产业投资对美国、美国之外的发达国家、发展中国家的作用差别非常大，美国在信息技术产业方面的投资收益率远超过世界平均水平，虽然发展中国家对于信息技术产业的投资比例也很高，也对经济产生了一定的推动作用，但是其收益并没有达到与发达国家一样的程度，并且发达国家存在着较大差距。我国相关研究主要集中在信息技术产业经济增长的影响上，比如产业结构、对传统产业的帮助等方面，并没有关注与我国信息技术产业投资相关的一系列问题，忽略了我国信息技术产业中外商直接投资的推动和支撑作用，外国直接投资对于整个产业以及产业外的溢出，与国内投资之间的相互作用等。这些研究对于我国信息技术产业的一些具体特征没有足够关注。

第五节 现有研究的不足与本书切入点

一 我国信息技术制造业研究

从前面对信息技术产业与经济增长关系的研究以及我国信息技术制造业的现状来看，我国学者对于信息技术产业的研究大都建立在国外研究基础上，并且内容涵盖不明确，而且将国外研究所默认的研究背景引入对我国的研究中。比如，经济学家对于信息技术对美国经济增长的研究中，其背景源于美国是信息技术的起源国，信息技术对于美国是一种自发性的技术进步，外来资本的推动因素影响很小，从而其得出的信息技术对于经济增长影响的结论适合美国国情的结论。而很多学者在引用这一类结论研究我国问题时将美国的国情背景引入进来，忽略了我国信息技术制造业现状特征，信息技术制造业的原生存量是非常有限的，现有的巨大规模基本是依靠发达国家的外国直接投资而逐渐建立起来的，对我国经济所产生的影响基本是通过外国直接投资产生的技术扩散及溢出推动技术进步，同时促进人力资源质量提升。另外，从我国信息技术制造业中外资企业占全国比重可以看到，信息技术制造业在我国所占有的庞大产出规模中有65%—72%的部分是外国直接投资企业，外国直接投资企业的生产产品超过50%的比重是用于出口的加工贸易，其规模与技术进步溢出对我国经济增长产生的影响更为复杂。所以，研究我国信息技术制造业外国直接投资对内资企业的投资效应以及溢出效应问题，离不开对外国直接投资的研究，这是一个揭露问题本质的重要方面。

从前面的叙述可以看到，以往的研究中发现信息技术制造业外国直接投资的作用并不是持续的，而是存在着阶段性，对内资企业在不同的阶段分别存在溢出效应和替代效应，具体表现为巨大的外部规模经济效应转化为内部规模经济效应。然而，这一研究结论对于我国信息技术制造业的研究有多大程度的参考价值，是完全套用国外的研究成果，还是立足于我国国情进行研究，其结果是显然的。我国是发展中国家的基本情况，以及政治、经济、社会环境与发达国家的巨大差异，使我们不得不立足于我国信息技术制造业的具体特征进行研究，这是得出适合我国结论的唯一途径。

二 外国直接投资研究

虽然目前关于外国直接投资对发展中国家的研究非常多，在这些研究中，主要是从宏观层面或者微观层面进行研究，缺乏对具体产业进行的中观层面研究。并且在研究方法上的典型思路都是：由其所支持的经济理论建立生产函数，并以此模型推导出计量回归方程，然后以所研究地区或者产业、企业的劳动生产率作为因变量，外国直接投资和其他变量一起作为解释变量，研究外国直接投资是否对研究地区或者产业、企业的劳动生产率产生影响，依据计量检验结果中外国直接投资变量系数和其他变量系数的估计值判断相关因素对技术溢出的影响。即研究外国直接投资相关问题的主要方法是计量经济学方法，从这一方法所得出的研究结论构成了当前关于外国直接投资对东道国经济影响的主要观点：外国直接投资推动了东道国技术进步、外国直接投资对东道国技术进步产生推动作用以及没有负溢出效应等，甚至有一些针对同一对象的不同研究中出现截然相反的结论。众多研究基于同一种研究方法，却得出很多种不同的结论，使得我们不得不对这些研究进行进一步的分析。我们发现，在计量经济学方法思路下，研究方法的设计、对象的不同以及数据范围的选择等，均可对检验结果产生重大影响。并且限于计量经济学研究方法的特点，在进行外国直接投资研究时往往侧重于某一视角或者对象（比如技术差距、人力资源溢出、示范效应、产业组织、水平或者垂直溢出等，以及在企业、产业、地区、国家等）进行研究，将研究所涉及的因素限定于模型内，即对研究的前提和假设有着较强的依赖，研究结果所产生的原因必定包含在计量模型所设定的有限因素中，这意味着其仅能对前提和假设进行检验，而难以通过模型发现和探索未知的原因，难以避免带有片面性和局限性。

由于各种现实的原因，使用案例法进行的外国直接投资研究主要从几个有限角度开展，比如示范与模仿、厂商间的前后向联系以及人力资本流动等。通过对案例的细致研究虽然可以直观发现一些现象并寻找规律进行分析，但其主要缺点在于无法直接观察由竞争产生的溢出效应和规律，而竞争机制正是市场发展的主要推动力量，基于竞争机制进行的研究相对其他研究更有普遍性。所以，使用案例法进行的研究在对象上更侧重于微观层面的研究，所得到的结论难以得到中观和宏观范围内的推广和验证，同时这些结论基本以定性为主，缺乏定量指导。

三　CGE 模型

CGE 模型的基础理论——一般均衡理论是得到学界广泛认同的经济学研究的主要成果之一，在世界范围内的 CGE 模型研究相对比较成熟。在 CGE 模型中，可以通过对宏观闭合的设定来模拟经济体的宏观经济特征；也可以对经济体的经济结构进行设定；从时间维度既可以静态地模拟经济体某一时刻经受冲击后的结果，也可以通过动态方式展开研究冲击的长期影响；不同产业经受的各种政策环境可以在模型中设定和冲击，其产业内纵向和产业间横向的经济影响以及人力资本、税收、进出口贸易等诸多因素均可得到被冲击后的定量结果。CGE 模型的这些特征可以更大程度避免对外国直接投资研究中出现的片面性和局限性。

但是，从对 CGE 模型的理论和应用综述部分的分析发现，CGE 模型理论已经比较成熟，CGE 模型的应用研究涵盖国际贸易相关问题、税收政策相关问题、人口劳动力相关问题、资源环保问题、金融领域研究等经济体运行的主要方面，在宏观经济研究方面的实证应用也涉及经济研究中的几乎所有方面，相对于其各种研究浩瀚的研究资料，使用 CGE 模型对于外国直接投资对东道国产业经济影响的相关研究却非常少见。而至少从外国直接投资本身具有的产业性特征、经济体中不同产业部门以及对投入产出市场的影响来看，从技术和理论角度显然适于使用 CGE 模型进行研究，但是，从对外国直接投资的研究文献中却很少见到相关研究，在国内的研究也一直没有见到。而对外国直接投资的几乎所有视角、对象都可以一起纳入CGE模型进行相对更为全面的研究，这种在整个经济体中对外国直接投资涉及的技术进步、人力资源、知识资本等诸多因素同时考虑的研究可以最大限度避免研究的片面性和局限性。

四 CGE框架内研究信息技术制造业外国直接投资问题

从前面三个方面的分析可以看到，从研究对象上看，我国信息技术制造业的相关研究虽然较多，但是，大都忽略了一个重要因素——我国的信息技术制造业基本上是依赖外国直接投资才得以发展到今天的庞大规模和引世界瞩目的成就，这一点极大地影响了关于我国信息技术制造业对经济增长影响的研究结论。同时，已有研究大多采用线性计量经济模型进行研究，而外国直接投资与内资企业之间的关系并不一定是线性关系，往往表现出一些非线性的特征，所以也可能是目前很多的实证研究得出的结论模棱两可的重要根源之一。所以，本书将研究的重点放在利用CGE模型的非线性特征，在CGE模型框架内研究信息技术制造业外国直接投资对于行业内内资企业发展的影响研究，影响角度包括从资本存量视角进行的内资企业投资效应研究和从生产力、就业水平以及工资水平进行的溢出效应研究。这一研究内容，无论从CGE模型、外国直接投资，还是以往对我国信息产业的研究方面，都是空白的。

综合上述分析，我们认为，过往的相关研究在方法和对象上忽略了一些重要因素，一方面少有从行业研究角度的成果，未注意到信息技术制造业在我国的兴起几乎完全是在外国直接投资推动下发展而来的；另一方面并未将外国直接投资置入非线性经济模型中进行研究——比如，CGE模型中研究其在中观层面对信息技术制造业的系统性经济影响力；而且CGE模型的研究中也缺乏对外国直接投资因素的深入研究。

第三章 CGE模型中的FDI效应分析

从前面的讨论中知道，外国直接投资并不是一种单纯的投资行为，尤其对于发展中的东道国来说，其内涵远比一般的国内投资丰富得多，它代表了相对于发展中国家更为先进的生产力，并为东道国的内资企业带来投资效应和溢出效应。但是，CGE模型并不考虑外国直接投资，或者仅将其作为普通投资对待。这些做法忽略了外国直接投资所具有的丰富含义，不能反映外国直接投资对于内资企业产生的投资效应和溢出效应，所以必须对这一问题予以重新讨论和修改，以确定外国直接投资及外资经济在模型中的特征和作用，更为清晰和有效地分析外国直接投资对于东道国经济产生的多种影响。本章即在CGE的框架内完成对这一问题的分析，为后续工作奠定基础。

第一节 CGE模型对FDI问题的适用性

一 投资效应与溢出效应分析

外国直接投资进入东道国后，将对当地企业产生多重影响。

（一）对当地企业的投资效应

1. 对东道国产业内上游内资企业的需求效应

外国直接投资进入东道国后，其相对强大的购买力和创新力量会创造或者持续扩大对东道国上游国内企业中间投入以及服务的购买需求，从而为东道国国内企业带来更多的发展机遇，促使其增加投资、扩大生产；或者由于外资企业的强大竞争优势，使得东道国国内企业在这种竞争优势下无力发展而产出减少，从而导致其对中间投入需求的减少；或者当东道国国内企业为外资企业供给的中间投入难以达到其所需标准和等级时，也会导致外国企业减少对当地企业的购买需求。这些负面效应和正面效应一般都同时存在，当正面效应为主时，则可能导致国内企业增加产出和投资；反之，则减少产出，压缩投资。

2. 对于东道国产业内下游企业也会产生多种影响

由于外资企业的进入加剧了东道国市场的竞争程度，所以相应产业的下游国内企业由于竞争而在中间投入品方面的投入成本得到一定程度降低，下游国内企业生产成本的降低直接增加了其利润率，继而会因此增加投资扩大生产规模，以实现利润最大化。但是，这里存在的一个问题是，外国直接投资的进入而导致的下游国内企业对中间投入品的成本下降可能会带来投资的减少，因为从理论上讲，在追求利润最大化这一基本前提下，下游国内企业完全可能以中间投入品来替代资本，这意味着外国直接投资的进入也可能导致下游国内企业投资的减少。

(二) 对当地企业的溢出效应

1. 外国直接投资企业会对产业内的上游国内企业产生溢出效应

我们知道，外国投资企业可以通过对中间投入品和服务的购买来对东道国的上游国内企业产生影响，从而影响其投资意愿。另外，上游国内企业与外资企业的联系会促使其从垂直渠道得到外资企业的先进生产理念和生产技术，从而推动技术进步，提高其生产效率和产品质量。而且由于外国直接投资企业依靠其专利、专有技术和管理经验而实现其垄断优势，显然不会将这些优势分享给同类竞争对手，并且会采取从法律到生产制度方面的各种保密措施严防技术泄露。但是，东道国对外国投资企业的当地供应商会从与外国投资企业的联系中得到知识转移，由于产生溢出效应而提高其生产效率。

2. 外国直接投资企业对产业内的下游国内企业带来溢出效应

对于东道国来说，外国直接投资企业的进入往往意味着新产品和服务的进入，即外国直接投资企业通常会将一些对于东道国来说新的中间投入品和服务引进东道国。这样，东道国产业下游的国内企业就很有可能从上游外国投资企业得到使其生产效率或者产品质量大幅提高的中间投入品和服务。也就是说，下游国内企业由于环境限制而得不到或者需要付出昂贵代价进口才可以获得的一些技术含量高的中间投入品，在外国直接投资企业进入后可以得到或者较低成本获得，还可以得到外国直接投资企业所承诺的各种相关服务。从这一分析可以看到，处于外国直接投资企业产业下游的国内企业具有更强的合同地位，所以其获得溢出效应的可能性更大。

（三）要素市场溢出效应

在罗伯特·芬斯特拉和戈登·汉森（Robert C. Feenstra，Gordon H. Hanson，1997）提出的外购假说中，他们从需求角度分析后认为，发达国家投资将劳动密集型生产转移至发展中国家，然后从发展中国家采购此类产品，从而使得东道国对熟练劳动力的需求上升而提高整体就业水平，工资水平也相对上升。即外国直接投资增加了东道国劳动力的需求，并因此推动其工资水平的上升。对墨西哥的相关数据进行的经验检验支持了他们提出的假说。结果同时还显示，在外国直接投资企业集中的地区，劳动力工资增长的50%源于外国直接投资的增长。在我国的一些研究中也得出了类似的结论。[①]

一些研究的结果表明，外国直接投资也会对东道国产业内的工资水平产生工资溢出效应。因为一般而言，外资企业可以提供相比东道国国内企业更高的工资水平，这种工资溢价产生人才竞争以及示范效应，迫使东道国企业也提高工资来抵抗竞争，即外资企业对内资企业的工资溢出效应。一般认为，外资企业愿为相同技术水平的劳动者提供更高的劳动力价格的原因在于外资企业拥有的先进生产技术，使得其员工的边际劳动生产率远高于内资企业，实际上这一优势使得外资所提高的工资水平显得微不足道。当然，由于外国直接投资企业相比国内企业的特殊性，还存在一些其他原因，比如东道国政策和母国的压力、劳动力的情感偏好、外资企业抑制技术溢出、外资企业吸引高素质的劳动者，等等。

从上述讨论可以看到，外国直接投资进入发展中东道国，一方面，将由于增加对熟练劳动力的需求而直接提升当地企业的工资水平；另一方面，相对于内资企业而言，外国直接投资企业支付工资溢价的行为在示范、竞争等机制作用下，会间接推动内资企业工资水平上涨。但是，如果当外国直接投资企业对东道国的同一产业内国内企业产生挤出时会发生什么情况，上述分析显然无法回答这一复杂的问题，而这种情况下外国直接投资对产业劳动力需求及其工资水平的影响是不确定的。

二 投资效应与溢出效应的 CGE 适用性分析

从世界范围来看，发展中国家外国直接投资相关问题领域的研究较

---

① 李雪辉、许罗丹：《FDI 对外资集中地区工资水平影响的实证研究》，《南开经济研究》2002 年第 2 期。

多，使用CGE模型分析经济问题也较为常见，但将外国直接投资纳入一般均衡机制构建CGE模型所进行的研究却非常少，尤其用于我国问题的模型更是难以见到。导致这一现象的原因是复杂的，对于东道国来说，外商投资企业同样也要在其市场上与其他企业进行竞争，不仅仅在产出市场竞争，而且在投入市场也面临同样的条件，比如劳动力和中间品的投入市场方面。更重要的是，跨国企业分支机构可以对东道国雇员及中间运输提供者转移先进的知识和无形资本，这就是所谓的外国直接投资溢出效应在多大程度上影响东道国国内企业的生产力的问题。所以，外国直接投资不仅是单纯意义上的资金来源，还与技术进步、人力资源、知识资本等方面有着千丝万缕的复杂联系。而且，显然外国直接投资对经济体中不同产业部门有着不同的影响，也影响投入与产出市场、消费倾向等。并且，我国对于外国直接投资的促进政策往往在不同地区有不同的产业倾向。从此可以看到，一方面，外国直接投资在要素分配、价格机制、供需机制、生产机制等方面对传统框架的CGE模型产生较大的冲击，一些基本的前提假设条件也自然受到冲击；另一方面，也正好说明CGE模型在分析外国直接投资问题及政策上是一个恰当的工具。所以，在CGE框架中合理处理外国直接投资所带来的变化，将其纳入CGE模型，不但在扩充研究方法方面显得非常有必要，而且在深入研究外国直接投资对我国经济产生多种影响的机制和途径等方面也是一个较好的思路。

而CGE模型所具有的严密理论联系、经济系统内相互作用的均衡机制、非线性关系、价格内生和混合经济机制、可进行情景分析和敏感性分析等特点，使得我们国内从系统工程角度全面研究宏观经济问题变得可行，尤其是其对混合经济体制问题的支持恰好适合对我国宏观经济发展的研究。

另外，由于外国直接投资对经济体不同产业部门有着不同影响，并且也影响着投入与产出市场，从这一角度看，CGE模型对于分析外国直接投资问题及政策来说也是一个恰当的工具。但是，由于不同产业部门外国直接投资作用不同，所以这些分析还需要继续深入，以涵盖其对经济结构的影响。在一些产业部门中，跨国企业对于国内市场相对重要，比如，在我国信息技术制造业中，消费者和生产商所需要的产品和服务更倾向于跨国企业，而不是跨境贸易方式。并且，往往促进外国直接投资的政策通常服务于特定产业部门而不是一般性措施。同时，跨国企业分支机构同样要与东道国市场上其他同行的国内及跨国企业进行竞争，不仅仅在产出市场竞争，而且在投入市场也面临同样的境况，比如，在人力资本和中间品的投入市场方面的竞争。更重要的是，跨国企业可以对东道国雇员及中间运输提供者转移先进的知识和无形资本，这就是外国直接投资溢出效应在多大程度上影响东道国国内企业的生产力的问题。外国直接投资对于东道国国内企业的投资效应和溢出效应主要体现在市场竞争、中间投入、产品生产、要素需求、要素价格等方面，而这些方面正是 CGE 模型分析的主要机制。

第二节 已有 FDI—CGE 框架与标准 CGE 框架分析

一 Petri 框架分析

1997 年，Petri 在为亚太经合组织的一次会议提交的论文中构建了一个包含外国直接投资的一般均衡模型框架。这篇论文虽然从未正式发表，却是一般均衡模型中研究外国直接投资问题的最主要参考论文，论文中提出的框架思想在之后研究得到了广泛的应用。

Petri 的框架中，首先将广泛使用的阿明顿假设进行了扩展：商品的生产通过对企业所属国家和生产地进行分类与合成，这一假设被后来所有包含外国直接投资的 CGE 模型所使用，也称为 Petri 假设。在消费方面，在消费决策树的第一阶段，消费者决定购买商品的国籍；第二阶段决定生产企业所在地是东道国生产还是国外生产；第三阶段在本国生产商品还是进口品之间进行选择。在这一模型中，跨国企业的分公司是完全替代的，同一地区不同跨国企业分公司的产品替代性次之。

Petri 在模型中将外国企业从当地企业中分离出来，即这两类企业的需求和生产特征不同。其中的一个主要区别是，外国企业与其跨国母公司通过技术和中间投入流动而产生联系。Petri 框架在其他方面的开拓还包括对资本的分配，即首先按产业部门，其次按地区进行资本分配，资本在不同地区的同一产业部门的流动性大于在同一地区不同产业部门的流动性。这一理论与马库森（Markusen，2002）关于跨国企业知识资本理论相一致。

Petri 模型框架的主要缺陷在于，其模型仍然假设规模报酬不变的完全竞争。这对于外国直接投资最倾向进入的产业部门来说，如果要充分估计增加的外国直接投资流的冲击效应，这一假设过于严格而且不符合实际情形。并且，Petri 在模型中使用不会吸收生产资源的方式来处理外国直接投资壁垒问题，即将外国直接投资壁垒处理为利得税的方式实现。

Petri 扩展的世界 CGE 模型的研究维度方面。一般情况下，需求包括产业维度、原产地以及目标产地等几个维度，而 Petri 在这些维度中加入了所有权维度。这一思想也同样应用到资本中，资本的分配不仅依靠产业和地区，也受所有权的影响。这些扩展显然增加了模型的复杂性与求解难度。另外，外国直接投资的相关数据往往很难获取，所以 Petri 模型仅包含六个地区和三个产业部门，这些相当有限的地区和产业部门数量大大减小了模型的复杂程度，他利用这一模型及相关设定来评估 APEC 地区不同的贸易自由化情景。通过美国和日本的双边产业部门外国直接投资流动数据和企业级调查数据来校准外国直接投资数据和外国子公司的生产。他发现了外国直接投资自由化机制对 APEC 地区贸易自由化进程的福利收益。

（一）FTAP 模型

FTAP 模型（K. Hanslow, T. Phamduc and G. Verikios, 2000）是 GTAP 模型（T. W. Hertel, 1997）的一个包含外国直接投资的动态版本，这个模型沿用了 Petri 框架的主要思想，但是，对于 Petri 假设则使用了不同顺序的偏好结构。在他们的模型中，消费者首先决定商品在哪里生产，然后再决定生产企业所有权的地区。在相关的文献中，他们认为，这一修改更为简洁并接近现实，尤其更适合于模拟水平外国直接投资，而不是垂直外国直接投资，所以可称为修改的 Petri 假设。

关于外国直接投资的供应方面，虽然 FTAP 模型扩展了各种投资组合、土地及自然资源等要素，但基本与 Petri 相一致，即由不同类型的财富来源进行不完全的转换来决定。每个经济体的投资者首先在其所在国将财富在投资组合、实物资本、土地和自然资源进行区分，这一选择由一个半弹性的 CET 函数确定，即实物资本收益率的 1% 的增长会使债券的实物资本比率增加一个百分点。债券，意味着对债券回报率的完美国际套利。但是，资本对于不同国家都有着不同的内涵，投资者选择要投资的部门，然后再决定是投资到国外的这一产业还是国内，最终选择到国外的某一特定的地区进行投资，这种在不同财富形式间的不完全转换反映了风险厌恶和信息获取不完全。

Petri 模型假定各个地区所有的财富都是固定的，而在 FTAP 中，当地区的土地和自然资源禀赋固定时，地区的资本存量可以通过时间而不断积累。通过这种资本积累方式，FTAP 模型提供了一种可以长期运行的贸易自由化可视图，从而可以反映自由化导致的地区收入和储蓄的变化，这将可以反映在各地区投资者得以不断积累的资本存量的变化上。

FTAP 模型将外国直接投资的建立和持续运营的壁垒也纳入模型，前者通过对资本的流动进行征税，后者则对企业的产出征税，两种税通过所有权进行分辨，这包含一种对外国企业的不利的境遇。这两种壁垒会不断产生租金，并且 FTAP 认为，这一块的租金归企业所有者所有。当这些所有者击败竞争者而幸运地克服障碍之后可以获得很高的回报。

Petri 模型处理外国直接投资的方式需要得到双边外国直接投资存量数据、生产水平数据以及外国直接投资企业的成本和销售结构，而估计这些数据的方法均与 Petri 其他部分的方法相似。APEC（1995）和联合国（1994）按来源、目的地和产业部门提供了有限的外国直接投资存量数据，通过这些数据可使用交叉熵法（RAS）估计和构建一个按来源、目的地和产业部门分配的外国直接投资双边矩阵，这些数据主要涵盖亚洲 19 个地区的三个产业部门。

外国直接投资存量数据用于估计外国投资企业的产出水平，同时，资本收入流可以通过外国直接投资存量乘以回报率进行估计。使用 GTAP 数据库中的产出资本回报率可用于估计外国直接投资企业的产出，外资企业的详细成本和销售结构假定与当地的国内企业相同。

哈丁等（P. Dee, A. Hardin and L. Holmes, 2000）提出的 CGE 模型模拟了全球"后乌拉圭"回合服务自由贸易，明确地合并了双边处理的外国直接投资。他们的主要目的是在参考即将到来的世界贸易组织多哈回合谈判中的农业和制造业自由化的情况下，评估服务贸易自由化的相对重要性。通过研究，他们发现了世界范围内的福利提升，虽然这一结论主要针对非 OECD 国家，但是，服务贸易带来的收益与消除现有的农业与制造业贸易自由方面的障碍是一样的。这一结论主要源于 OECD 国家向新兴国家，尤其是中国不断增加的外国直接投资流。

（二）密歇根模型

德鲁塞拉·布朗和罗伯特·斯特恩（Drusilla K. Brown and Robert

M. Stern，2001）也使用了修改的 Petri 假设将跨境服务贸易和外国直接投资相关联系和数据纳入密歇根模型，这一需求体系的优点在于跨国企业面向某一特定市场建立外国工厂，由于提供服务而使得消费者和生产者建立联系。但是，外国企业同时也会对其他地区市场出口。跨国企业在建立总部和国外工厂时会有固定的支出成本，其利润结算设定在跨国企业的总体层次，所以有可能一些工厂亏损而一些盈利。

资本可以在全球自由流动，但人力资本不可以。这是由于资本的自由流动程度可以通过外生设定。模型中加入了三种针对外国投资的壁垒：在当地落脚的固定支出成本的增加、投入资本的税负、对流动资本和人力资本的税负。布朗和斯特恩（2001）仅使用了第三种情况。

为了使模型的规模可控，密歇根模型设定了 19 个地区和三个产业部门，地区和产业结构与 FTAP 模型相同，外国直接投资的数据也由澳大利亚生产力委员会提供，外国直接投资壁垒由伯纳德·霍呼克曼（Bernard Hoekman，2000）提供的价格边际成本数据导出。对于最小价格边际成本国家来说，这一边际由生产的固定成本贡献，其他国家边际成本的超出则来源于外国企业在营运方面遇到的壁垒。

当模拟这一方面税率降低时，他们发现了在不同国家既可观又非常不同的福利变化（有负面的也有正面的），但是，这一总资本存量上的特定的增加既不缘于它们的模型，也没有基于任何的实证评估，仅仅遵从了这样一种直觉，即提升的资本回报随着时间的推移，可能会增加世界的资本存量。

（三）MIRAGE 模型

MIRAGE 模型是一个考虑并涵盖了大多数 Petri 模型特性的动态 CGE 模型，也包括垄断竞争因素，即由于成本调整的原因，企业的进入随着时间推移而变得隐蔽。由于已经完成和固化的资本是不可流动的，资本的分配可能是次优的，并且调整过程也是逐步的，所以，模型也对已经进入的资本和新的投资进行了区分。外国直接投资在一个最优化框架下进行分配，即最终投资是初始储蓄模式、资本存量和产业资本回报率的函数。他们在模型中通过两种不同的调节弹性来获取用于短期或者长期研究的模型。另外，这一框架允许他们辨别外国企业对东道国的褐地投资和绿地投资，这些投资增加了东道国企业及商品的数量。

使用这个外国直接投资模型框架来实验评估欧盟及其周边国家贸易自

由化的冲击。结论表明，外国直接投资产生的冲击与资本存量和企业数量直接相关，尤其是模拟中，在资本存量没有改变的情况下欧盟并没有经历任何重要的改变。出于直觉的考虑，他们对外国直接投资的技术溢出作用进行了验证：在这一特定情形下，在自由化后由外国直接投资流产生的福利提升非常可观。但是，他们表示对这一类型的生产力关联的实证证据不能够系统和健全地包含在标准模型中。

二 标准 CGE 模型的结构体系分析

世界粮农组织委托洛夫格伦、哈里斯和罗宾逊（Lofgran, Harris and Robinson, 2002）开发了一个主要基于发展中国家背景，并考虑绝大多数现实经济情况的静态 CGE 模型。由于这一模型可扩展性比较强，所以一般也被称为"标准静态 CGE 模型"（LHR 模型）。标准 CGE 模型中包括 55 个变量、44 个参数和 48 个方程，属于新古典模型，包含反映发展中国家的许多特点，同时提供了一个涵盖广泛而又可灵活扩展的 CGE 实用分析框架，得到了广泛的应用。在（Hans Lofgren and Rebecca Lee Harris, 2002）的程序文档中对其生产函数嵌套和市场商品流向进行了刻画，标准 CGE 模型的投入和产出决策与郝里哲和派拉蒙特（J. M. Horridge and B. R. Parmenter, 1998）描述的 ORANI 模型中的投入、产出决策类似，但是一直未见到其对整个经济体商品活动的完整描述。这里，我们将 LHR 所刻画的经济体商品活动的全貌通过图 3-1 LHR 模型商品活动概图进行简要的概括，以利于之后的分析。

图中实心菱形表示特定生产/转换函数，虚线连接线表示产品或价值的部分转换，实线连接线表示产品或价值的完全转换；

Q 代表在消费市场中的商品且该市场共有 n 种商品 $\{Q_1, \cdots, Q_n\}$；

F 代表生产要素且共有 m 种生产要素 $\{F_1, \cdots, F_m\}$；

A 代表厂商且该市场中共有 a 种厂商 $\{A_1, \cdots, A_a\}$；

A_i^j 代表厂商 j 产出的商品 i 的数量，$i = 1, \cdots, n; j = 1, \cdots, a$；

X_i 代表商品 i 的全社会总产出，$i = 1, \cdots, n$。

圆角虚线矩形框表示经济体的边界，矩形框内是开放经济体，矩形框外是 ROW（Rest of the World，世界其他地区），两者通过商品进、出口相互关联。该图主要描述了商品活动四部分内容：国内商品市场（图中标号①）、国际商品市场（图中标号④）、要素市场（图中标号③）和厂商生产活动（图中标号②），从而囊括了商品制造从原料采购、生产到最终被消费掉的全过程。

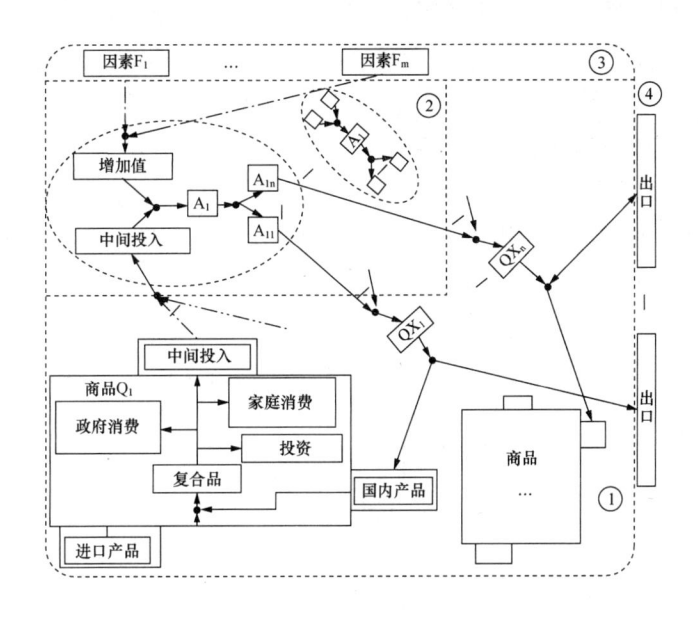

图 3-1 LHR 模型商品活动

虽然市场中商品活动比较复杂，包含成千上万的独立消费者和厂商，但是作为理性的经济主体而言，其行为又具有共性。因此，我们可以用某个代表性商品 Q 及其代表性生产活动 a 来描述整个商品生产和消费活动状况，如图 3-1 所示。开放经济体的商品市场中通常同时存在着国内品和进口品，且两者具有不完全替代性。为便于处理，常采用阿明顿（Armington）聚合将它们聚合为一种抽象产品，其聚合函数为：

$$QQ = \alpha^q \left[\delta^q QM^{-\rho^q} + (1-\delta^q) QD^{-\rho^q} \right]^{\frac{-1}{\rho^q}} \tag{3.1}$$

其中，α^q 表示阿明顿转换参数，δ^q 表示阿明顿份额参数，ρ^q 表示阿明顿指数。

将国内品与进口品的聚合看作市场行为，则在阿明顿转换函数约束下，求解聚合品成本最小的优化问题可以得到进口品与国内品的比例关系：

$$\frac{QM}{QD} = \left(\frac{PDD}{PM} \frac{\delta^q}{1-\delta^q} \right)^{\frac{1}{1+\rho^q}} \tag{3.2}$$

进行商品生产需要投入中间产品（原材料）和生产要素，由于中间投入品和生产要素特性差异较大，通常采用多层生产函数嵌套方法进行分别处理。LHR 模型生产函数如图 3-1 中标号②中椭圆形框所示，采用的是两层嵌套生产模型：底层生产活动中生产要素采用 CES 聚合，中间投入采用列昂惕夫聚合，顶层采用恒弹性替代聚合。由于 LHR 模型针对的是多投入多产出的情况，即一种产品可由多个厂商制造，一个厂商可以制造多种产品。因此生产函数顶层 CES 聚合成一个抽象的生产水平，而不是某个具体的产品，再将这个抽象生产水平比例分配到各产品的产出。整个厂商的生产决策过程如图 3-2 所示。

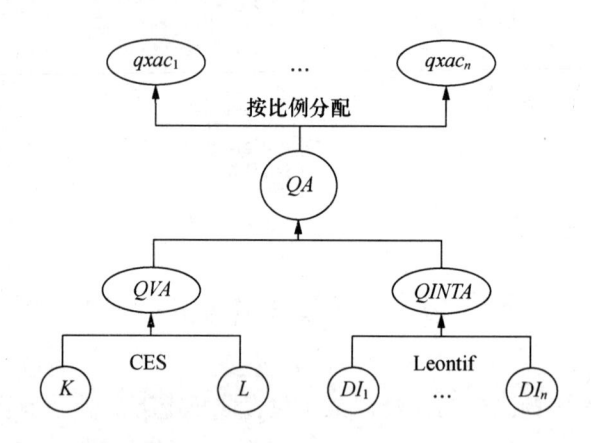

图 3-2　LHR 嵌套生产函数

设 QINTA 表示抽象的中间投入品，其列昂惕夫（Leontief）聚合为：

$$QINTA = Min\left\{\cdots, \frac{QINT_c}{\eta_c}, \cdots\right\} \tag{3.3}$$

其中，$C \in \{Q_1, \cdots Q_n\}$，$\eta_c$ 代表中间投入品的生产技术系数。在此生产函数约束下求解商品成本最小问题得到：

$$QINT_c = \eta_c \cdot QINTA \tag{3.4}$$

LHR 模型采用 CES 生产函数对生产要素进行聚合，设 $QF_f^{-\rho^v}$ 代表生产投入的要素，$f \in \{F_1, \cdots, F_m\}$，则其聚合方程为：

$$QVA = \alpha^v \left[\sum_f (\delta_f^v QF_f^{-\rho^v})\right]^{\frac{-1}{\rho^v}} \tag{3.5}$$

其中，QVA 是增加值，作为所有要素投入的产出，δ_f^v 为要素的份额参数且各要素份额参数之和 $\sum_f \delta_f^v = 1$，α^v 表示 CES 生产函数效率参数，

ρ^v 表示生产函数指数。

经过底层要素和中间投入品的聚合,在生产活动顶层只有两种投入:增加值和聚合中间投入。对于多产出生产而言,需要采用 CES 生产函数将所有投入转换为抽象生产水平,转换方程如下:

$$QA_a = \alpha \cdot [\delta \cdot QVA^{-\rho} + (1-\delta) \cdot QINTA^{-\rho}]^{\frac{-1}{\rho}} \qquad (3.6)$$

其中,α 为顶层 CES 生产函数效率参数,δ 为生产函数份额参数,ρ 为生产函数指数。同理,求解 CES 生产约束下的最优生产问题后得出:

$$\frac{QVA}{QINTA} = \left(\frac{PINTA}{PVA} \cdot \frac{\delta}{1-\delta}\right)^{\frac{1}{1+\rho}} \qquad (3.7)$$

其中 PVA 表示增加值价格,PINTA 表示聚合中间投入品的价格,两者都是抽象价格。在一般应用模型中,顶层生产函数中各产业采用列昂提夫函数(Leontief Function)或者部分产业采用列昂惕夫函数较为常见,所以 LHR 模型也使用了列昂惕夫函数为顶层生产函数,并通过函数选择使两者同时存在于 LHR 模型之中。采用列昂惕夫函数的生产形式如下所示:

$$QVA = \theta_v \cdot QA \qquad (3.8)$$

$$QINTA = \theta_{int} \cdot QA \qquad (3.9)$$

其中,θ_v 和 θ_{int} 分别为增加值和累积中间投入的生产系数。对于同一个厂商,只能是恒弹性替代生产函数或列昂惕夫生产函数形式中的一种。

通过将该抽象的生产水平比例分配到各产品的生产上,就实现了厂商多产出的生产行为。该比例产出方程为:

$$QXAC_c + \sum_c QHA_{h,c} = \theta_c \cdot QA \qquad (3.10)$$

其中,$c \in \{Q_1, \cdots, Q_n\}$,$QXAC_c$ 表示厂商生产某种产品的数量,$QHA_{h,c}$ 表示居民在生产活动中消费掉的商品 c 的数量,θ_c 表示生产该商品的生产份额且 $\sum_c \theta_c = 1$。从而表明厂商生产出的商品一部分在生产过程中被消费掉,另一部分进入商品市场。

考虑市场上不同厂商生产的同种商品是否具有完全可替代性,因此不能对其进行简单加总,也需要进行某种聚合。LHR 模型中采用 CES 聚合:

$$QX = \alpha^a \left[\sum_a (\delta_a^a \cdot QXAC_a^{-\rho^a})\right]^{\frac{-1}{\rho^a}} \qquad (3.11)$$

其中,$\alpha \in \{A_1, \cdots, A_a\}$,$QX$ 为全社会生产的同种商品进行 CES 聚

合后的聚合品数量，α^a 为该积聚生产函数效率参数，δ_a^a 为份额参数，且有 $\sum_a \delta_a^a = 1$，ρ^a 为 CES 聚合指数。在此约束下求解利润最大化问题得到：

$$PXAC_a = PX \cdot QX \cdot \left[\sum_{a \in A'}(\delta_a^a \cdot QXAC_a^{-\rho^a})\right]^{-1} \cdot \delta_a^a \cdot QXAC_a^{-\rho^a - 1} \quad (3.12)$$

其中，$PXAC_a$ 为厂商 a 所生产商品的价格，PX 为聚合品价格。

生产出的商品面临两种去向：投放国内市场和出口，在市场作用下达到最优分配。总产出、出口与国内销售三者通常满足 CET 转换函数约束关系：

$$QX = \alpha^t \cdot [\delta^t \cdot QE^{\rho^t} + (1 - \delta^t) \cdot QD^{\rho^t}]^{\frac{1}{\rho^t}} \quad (3.13)$$

其中，α^t 为转换参数，δ^t 为份额参数，ρ^t 为 CET 转换指数。在此约束下求解利润最大化问题得到出口与国内销售最优比例如下：

$$\frac{QE}{QD} = \left(\frac{PE}{PDS} \cdot \frac{1 - \delta^t}{\delta^t}\right)^{\frac{1}{\rho^t - 1}} \quad (3.14)$$

其中，PE 为商品出口价格，PDS 为商品的供应价格（或出厂价格）。作为国内销售的商品将直接进入国内品市场，在均衡条件下，如果需要计算交易成本，则供应价格与交易成本共同构成商品的需求价格（市场价格）；如果不计交易成本，则商品的供应价格等于其需求价格。

第三节　标准 CGE 框架中的外国直接投资

在前面对 Petri 纳入外国直接投资因素的 CGE 模型和世界粮农组织的洛夫格伦（Lofgren）、哈里斯和罗宾逊等人开发的标准静态 CGE 模型分析基础上，我们进一步分析外国直接投资在 CGE 框架中的地位和作用，为下一章构建中国 FDI—CGE 模型的基本框架结构奠定基础。

一　开放经济体基本框架

我国作为一个典型的开放经济体，一般均衡要求同时达到三类市场（产品市场、要素市场和资本市场）均衡和三类收入支出（居民收支、政府收支和国际贸易收支）平衡。按照一般的经济学研究思路，经济体可归纳抽象为三个基本组成部分：消费者、厂商和市场，则所谓一般均衡的实现就在消费者、厂商这两个抽象主体在抽象市场间的所有均衡。另外，由于经济体中存在着政府这一主体对其他主体和市场的监管作用，并与各主体发生关系，经济体与经济体外的世界也在发生着进出口、相互投资等相互作用，所以，经济体还包含政府和世界其他地区（Rest of World, ROW）两个特殊的主体参与经济运行。依此，可以将我国经济体描述为如图 3-3 所示的 5 个主要部分。

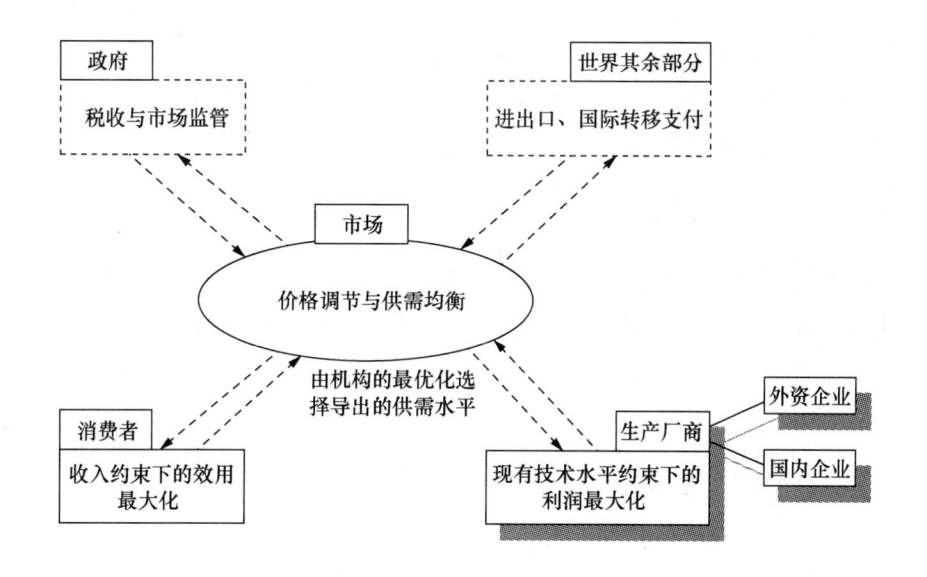

图 3-3　开放经济体结构

其中，市场是商品市场、要素市场和资本市场三者的整体抽象，各市场及市场间通过"无形的手"进行价格调节并实现供需均衡，在这一调节和实现均衡过程中，市场中存在以下几种基本经济行为：

（1）消费者通过在要素市场供需约束下出卖自身经济禀赋（劳动和资本）获得收入，然后根据收入以效用最大化为目标在商品市场进行消费。

（2）生产厂商依据竞争需求，分别从商品市场和要素市场购买原材料和雇用生产要素（劳动、资本等），然后根据其生产技术约束进行生产决策，以实现其成本最小化或利润最大化。

（3）政府作为一个特殊的经济主体，其经济行为主要体现在两个方面：一方面从市场经济活动中征税并对市场进行监管；另一方面政府也在商品市场中进行消费。政府通过这两种行为保障经济体的正常运行，历史上的大萧条以及数次重创世界经济危机中"无形的手"的失灵和政府宏观调控的巨大成效充分体现了政府主体在经济体中的重要地位。

（4）从严格意义上讲，开放经济体的外部世界并不是一个独立的经济主体，但是我们需要对经济体的边界进行界定，而 ROW 的存在恰好得以描述进口、出口、汇率等现实中无法回避的问题。将经济体作为一个整体，向 ROW 出口获得收入，从 ROW 进口实现支出，同时从 ROW 中携带先进技术、管理经验和理念的外国直接投资也流入经济体中。

（5）当各方参与下的三类市场在价格作用下同时达到供需平衡时，经济体达到一般均衡状态，即商品市场的商品供应等于消费需求，要素市场的要素供应等于厂商的要素需求，资本市场的储蓄供应等于产业的投资需求。

各个主体通过其基本经济行为和准则在经济体中扮演相应角色，各司其职，使经济体系统经过运行后达到一般均衡。此时，消费者、政府和经济体同时达到收支平衡，且要素市场、商品市场和资本市场同时出清（见图 3-4）。

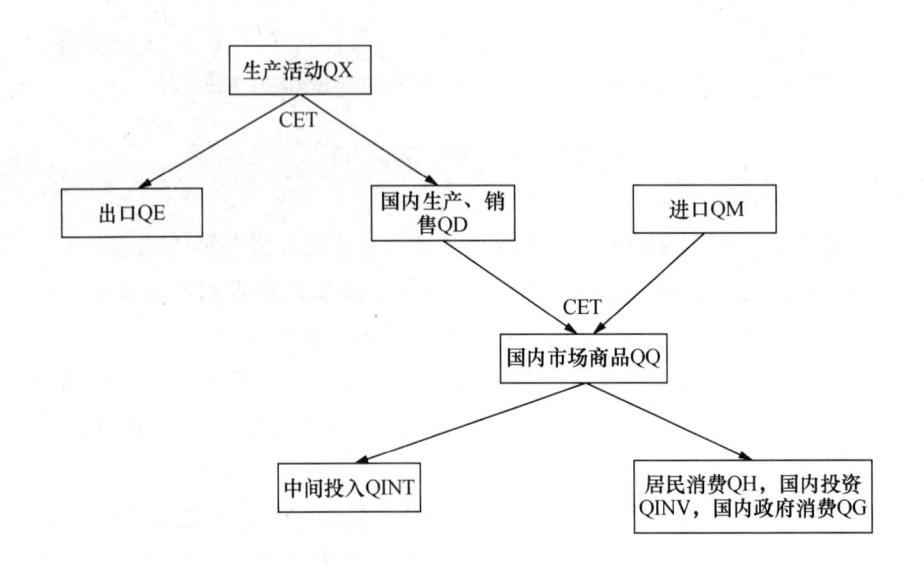

图 3-4 开放经济体的市场销售商品流通过程

在开放经济体模型结构中，商品分为国内生产出口、国内生产国内销售、市场上销售的进口商品三个部分，各个产业部门的活动和商品销售均由这三个部分组成。由图 3-4 可以看到，国内生产活动产出 QX 由出口部分 QE 和国内部分 QD 组成，国内销售商品由进口部分 QM 和国内生产部分 QD 组成。国内生产活动生产的商品 QX 在国内销售部分 QD 和出口部分 QE 中如何分配，会受国内价格和相对水平影响，这一分配关系遵守可能性边界，由恒转换弹性函数来表示，函数的参数大于 1，以使这一边界保持凸性（3.13）式。如图 3-5 所示，外凸的 CET 函数表示国内销售部分和出口部分互为替代品，但是不完全替代。在其优化的一阶条件（3.14）式下，给定总产量 QX，企业选择 QE 和 QD 的组合以实现收入最大化，同时国内部分和出口部分相对价格的变化影响国内销售和出口的相对数量。

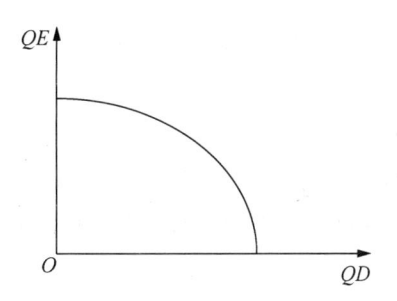

图 3-5　国内使用部分和出口部分分配的可能性边界

相应的，国内市场销售的商品总供应由进口部分和国内生产国内销售部分组成，两部分可以相互替代，不具有完全替代性，两者关系用满足"阿明顿条件"的 CES 函数来表示。在明晰开放经济体的基本框架基础上我们进一步对外国直接投资在开放经济中的作用和地位进行分析。

二　外国直接投资在开放经济体中的作用分析

从 CGE 模型所表达的一般的开放经济体框架可以看到，在传统的模型中一般没有将外国直接投资对经济体的作用在模型中予以直接的体现，即在模型中并没有外国直接投资角色的体现，这忽略了一直以来外国直接投资对于世界经济，尤其是对中国经济发展的重要贡献。

将外国直接投资的因素在 CGE 模型中予以体现首先需要对外国直接投资发生的基本条件进行分析。从外国直接投资的形成原因及决策为线索来看，有两个理论分支对外国直接投资进行了解释：基于传统国际贸易理论的外国直接投资理论和基于产业组织学说的外国直接投资理论。从第二章可以发现，前者将外国直接投资归为国际贸易行为而隐含于很多研究贸易问题的 CGE 模型中，从而难以对外国直接投资进行更细致的研究；而后者则紧紧抓住外国直接投资本身所具有的产业特性，这也与 CGE 模型理论基础能够较好地契合。在这一角度对跨国企业的研究中，一般认为跨国企业对外的直接投资，尤其是对发展中国家的投资，并不是通过资本转移追逐汇率差异谋求利润，而是依托其自身优势与东道国所具有的某种特定的特征结合产生的优势与东道国或者国际竞争对手进行竞争。跨国企业所拥有的技术、管理、营销、财务、原材料、品牌以及规模生产优势使其具有超越一般企业的垄断优势，从而具有对外直接投资的能力，而当其能够获取高于其所在地的利润时，这一能力就得到施展——对东道国进行直接投资。所以，我们从基于产业组织学说的角度对外国直接投资在开放经济体中的地位和作用进行分析。

以产业组织学说为基础的外国直接投资研究以邓宁（1977）提出的"折中"理论（Eclectic Theory）为主要代表，继而在其论文集《国际生产与多国企业》中继续对这一理论进行系统整理和阐述。书中将 H—O 要素禀赋论、垄断优势论和内部化理论进行整合，提出了跨国企业进行国际直接投资活动需要具有区位优势（Location Specific Advantages）、所有权优势（Ownership Specific Advantages）、内部化优势（Internalization Specific Advantages）三种优势，认为企业在这三种优势（Ownership - Location - Internalization，OLI 范式）的综合作用下进行国际直接投资决策。邓宁的这一理论形成了后来被广泛接受的国际生产折中理论。国际生产折中理论从跨国企业开展国际生产获取利润这个角度，讨论了所有权优势、内部化优势和区位优势三组变量对国际直接投资的作用，高度概括了各种直接投资理论，广泛涵盖了各种跨国经营活动，既可以用于分析发达国家的跨国公司，也可以分析发展中国家的跨国公司。由于这一理论力图解释跨国公司的整个国际经济活动，并创建了"一个关于国际贸易、对外直接投资和国际协议安排三者统一的理论体系"（J. Cleg）；所以这一综合型国际生产模式被人们广为接受。

从这一理论的观点出发，我们可以认为：外国直接投资只有在企业拥有特定的（Firm - Specific Asset，FSA）不可交易资产，使企业所有者在当地生产比从母国更具优势的资产（Sit - Specific Asset，SSA）时才会发生。进一步可以认为，外国投资企业的 FSA 一般在经济模型中体现为不可被其他企业复制，并实现规模经济的固定投资（比如技术、品牌影响力、管理体系及其他资产等），而 SSA 则表现为相对国内投资国外较低的流动成本或者在国外市场中遇到的运输成本和关税方面的成本节省。也有一些研究将 SSA 的概念进行了扩展，将生产过程的重新设置和分配也包含进来，比如将生产活动中的不同环节或者部分分配到要素密集投入更为低廉的地区。类似于运输成本和关税成本节省的外国直接投资称为"水平外国直接投资"，而导致生产成本降低，包括生产过程的分割等，称为"垂直外国直接投资"。

从上面对国际生产折中理论的简要概括和分析可知，将外国直接投资纳入 CGE 模型包含下面几层含义：

（1）东道国外资企业从其海外母公司资产中受益，所以其相关经济活动（需求和生产）要与东道国和母国的生产活动相区别；

（2）东道国外资企业子公司可能通过技术或者中间投入流与其母公司产生联系；

（3）外企子公司生产的商品可能与其他子公司生产的都是不同的，也与东道国企业或者其他母公司的子公司生产的商品不同；

（4）东道国的外国企业通过多种动态联系与东道国经济体相互作用，包括规模外部性、技术溢出以及不完全竞争市场上的策略交互等。

依据上面的含义，在开放经济体中，外国直接投资企业具有东道国国内企业所不具有的特殊生产和创造能力，它们从母公司所赋予的能力中获取利润，与母公司通过技术和中间投入品建立联系，生产与其他企业不同商品的一类独立经济主体。即需要在 CGE 模型中将外资企业独立作为一类生产主体从各产业部门的生产企业中分离出来，两类企业依据各自的技术水平和资源约束同时进行生产活动，同时承担在经济体中所应承担的角色，即外资企业与内资企业一样使用要素进行生产和竞争，雇用国内劳动力、向工人支付工资、向政府缴纳税费、参与进出口活动。经济体由于外国直接投资企业的参与和竞争，使得先进的技术、管理理念等进入国内并在产业内、外产生水平和垂直的溢出，从而使得经济体的产业结构、劳动力水平、资本积累等产生相应变化。

模型的主要目的在于捕获外国直接投资对经济体整体及产业的冲击作用，然后用于政策的模拟和分析。为了体现外国投资的持续流入对中国经济增长的推动作用，我们在模型中将各产业中的外资企业部分进行了分离，并详细确定了外国投资企业和国内企业在生产、投资和贸易方面的相互作用。

第四节　本章小结

本章主要对外国直接投资在 CGE 模型中的适用性问题进行了探讨，继而得出了适用结论。主要结论如下：由于外国直接投资对东道国不同产业部门有着不同的影响，并且也影响着东道国的市场竞争、投入与产出、需求、要素价格等方面，而这些方面正是 CGE 模型分析的主要机制，所以，CGE 模型对于分析外国直接投资问题及政策来说也是一个恰当的工具。当然，反过来也可以用于分析外国直接投资对产出及生产力的宏观经济影响。但是，由于不同产业部门外国直接投资的作用不同，因为实际情况中不同产业部门外国直接投资的作用程度有着显著的差别，一些产业部门中，外国直接投资企业对于国内市场可能更重要一些，比如我国的信息技术制造业，所以这些分析还需要继续深入。这一结论也支持了本书对我国信息技术制造业外国直接投资对内资投资效应与溢出效应研究的重要性。然后，对当前国际上主要的已有纳入外国直接投资因素的 CGE 模型进行了讨论，对外国直接投资在开放经济体中的作用进行了分析。

第四章 FDI—CGE 模型方程体系与宏观闭合选择

构建 FDI—CGE 模型是本书的一个主要内容,主要目的在于捕获外国直接投资对我国宏观经济及具体产业的冲击作用,然后再用于其对信息技术制造业产业投资效应和溢出效应的模拟和分析。这一内容也是区别于一般 CGE 模型的主要特征之一。

第一节 FDI 影响下模型基本结构变化

为了体现外国投资的持续流入对我国经济发展以及对信息技术制造业的投资效应和溢出效应,本书在模型中将经济体各产业中的外资企业部分进行了分离,即将各产业中受外国直接投资、直接作用的外国企业作为一个统一经济主体予以区分,并详细确定外国投资企业和国内企业在生产、销售、进出口贸易、投资、就业以及工资水平等方面的相互作用。下面首先对分离外企经济主体后模型的生产结构和需求结构进行分析,以奠定整个模型的生产和需求基础。

一 生产结构变化

基于前面的分析,在参考 Petri 的基本框架和 LHR 模型结构基础上,结合我们所要建立的开放经济体的单国 FDI—CGE 模型,外资企业与其母公司之间的联系发生于东道国与世界其余部分之间的货物贸易和直接投资之中。由于我国现在还没有完善的交易成本方面的统计数据,所以模型中暂不考虑关于交易成本的账户和计算。

总体如附图 1 中的嵌套结构所示。模型生产函数采用三层嵌套生产模型:底层生产活动部分对生产要素的使用采用恒替代函数(CES Function)进行聚合;中间投入部分采用列昂惕夫函数聚合,顶层又采用恒替代函数聚合；在生产过程中，一种产品可由多个厂商制造，一个厂商可以制造多种产品。因此，生产活动的顶层是使用恒替代函数 CES 将所有生产聚合成为一个抽象的生产水平，然后再将这个抽象生产水平按一定比例分配为各产品的产出。

从底层看，各产业部门中外企和内企的生产活动均通过规模报酬不变的生产技术实现，这一生产技术由中间品和增加值固定的投入产出系数来确定。其中，增加值为两种要素——劳动力和资本的不变替代弹性聚合。即给定部门 a 企业要素 $f_1 \in F$ 价格 PF_{f_1}，选择一个劳动力和资本的复合 $QF_{f,a}$，则企业在给定产出水平 QX 下的最小成本时为 $\sum_{f_1 \in F} PF_{f_1,a} QF_{f_1,a}$，转为 CES 函数形式则为：

$$QX_{f_1,a} = \left(\sum_{f_1 \in F} \delta_{f_1,a} QF_{f_1,a}^{-\rho_a} \right)^{\frac{-1}{\rho_a}} \tag{4.1}$$

则其一阶条件意味着：

$$QF_{f_1,a}^{-\rho} = \left(\frac{\delta_{f_1,a} PF_{f_1,a}}{\delta_{f_2,a} PF_{f_2,a}} \right)^{\frac{-\rho_j}{\rho+1}} (QF_{f_2,a})^{-\rho_a} \tag{4.2}$$

将（3.16）式代入（3.15）式，则可得到企业对要素 f_2 的需求：

$$QF_{f_2,a} = QX_{f_1,a} \left(\sum_{f_1} \delta_{f_1,a} \left(\frac{\delta_{f_2,a} PF_{f_1,a}}{\delta_{f_1,a} PF_{f_2,a}} \right)^{\frac{\rho_j}{\rho+1}} \right)^{1+\rho_a} \tag{4.3}$$

由于在国内的生产活动要体现外国直接投资的影响，则必须将所涉及的生产活动进行分离，通过将模型中生产活动的进行分为两类经济主体来完成——东道国企业和在东道国进行生产活动的外国企业，即一个产业部门可生产多种产品或者服务，但是各产业部门生产的产品和服务同时由两种类型企业进行生产——国内企业和外国投资的企业，这两类企业的生产活动均由潜在唯一的技术实现——通过生产函数的一系列弹性参数确定的生产力，外国投资企业和国内企业都通过购买国内中间品和进口实现中间投入的购买。

总而言之，模型中通过增加生产主体中企业的国别维度，并为其设定不同的生产活动特征反映外国直接投资的影响。另外，外国投资企业与母公司的联系也包含进来，这通过外资企业与其母公司的技术投入需求来确定，这样，外资企业技术特征由增加值、进口和国内中间投入三部分结构组成，这三部分均由固定系数来确定。所以要体现外国企业的增加值生产部分，则在（3.15）式和（3.16）式中加入企业的国别维度即可。在中间投入部分的生产方面，企业从两种来源选择投入进行最终产品的生产：国内企业复合品和外资企业复合品，使用 CES 生产函数对这两种复合品进一步进行复合生产。为了完善生产结构，各企业国内产品和服务的供给和需求必须相等，以实现市场出清。最后，增加值部分与中间产品部分再一次通过恒弹性替代函数复合为两类企业的最终产出，最终产出再通过常转换弹性（Constant Elasticity of Transformation Function，CET）函数将生产分为出口部分与国内消费部分。各产业部门中两类企业的产品和服务的价格由零利润条件决定，即生产总收益等于总成本。

二 需求结构变化

如附图 2 所示对需求结构的描述。总体上看，最终需求由消费和投资组成，并确定为总收入的固定份额，用嵌套的恒弹性替代（CES）函数分配这两部分对商品的支出，对商品的总需求再进一步分为对国内品和进口品的需求（包括中间需求和最终需求）。与 LHR 模型的主要区别在于由于生产企业类型的不同而产生不同类型的国内品和进口品，国内企业和外资企业各自生产和进口不同类型的产品，也产生了不同的生产需求和进口需求。

由于在生产活动中的生产主体分为国内企业和外资企业，模型中在需求方面也存在两种水平的不完全替代，各产业部门的产品和服务通过两类企业同时在国内生产和进口进入经济体，所以国内生产的产品和进口品遵从阿明顿假设（Armington，1969），是不完全替代的。即某国内企业或者外资企业对于国内生产品和进口品的分配方式由下式形成：

$$QX = \alpha^q (\delta^q QM^{-\rho} + (1 - \delta^q) QD^{-\rho})^{\frac{-1}{\rho}} \tag{4.4}$$

继而部门内的两类企业的国内产品和进口复合品再由恒弹性替代函数（CES）合成。最终，国内投资企业和外国投资企业的复合品分配给经济体内各主体，给两种类型的生产者作为中间投入品使用，给家庭私人消费者或者政府消费，或者作为两类企业的投资。同时，对于两类企业的复合产品对于其用户仍然是不完全替代的，前面各主体对不同的复合品通过另一个恒弹性替代函数再一次形成复合品，这一次的复合用于满足最终消费需求。

如前所述，各产业的国内企业和外资企业会通过恒弹性替代函数（CES）将两类企业生产的资本品聚合成自己所需的投资，而其对投资聚合品的需求则依赖各产业间的投资资本分配。如果某产业中的某企业的投资增加，则其对所有复合投资品的需求也会按比例增加，最终导致在其各自的价格弹性下对两类企业的国内生产品和进口品的需求也相应增加，尤其是对外企的进口投资品的需求会产生变化，在模型中，这部分就是由于外国直接投资而引起的进口。

为了能更真实地模拟外资企业的行为，外资企业的进口投资品与外企生产其他产品是分离的。模型中国内主体与世界其他部分的联系通过货物贸易和外国直接投资而建立，企业进口货物的供给定义为进口到岸价格的函数。各企业进口和出口品的国内价格相应由进出口活动的零利润条件决定，整个市场对于出口和进口也都均衡出清。

第二节 FDI在模型方程体系中的反映

通过对模型生产活动和需求结构的描述，本节开始构建FDI—CGE模型的方程体系，并对由于引入外国直接投资而产生不同于一般CGE模型的部分予以具体说明。由于模型基本结构继承于LHR模型，所以整个方程体系也沿袭美国研究流派的CGE数学表述的惯例，模型在企业、消费者、市场出清等各种函数的表述上和微观经济学理论相一致，函数表述尽量简洁。

在后面的数学方程中，内生变量用大写字母表示，外生变量用大写字母加上横杠来表示，参数用小写字母表示。商品和变量的数量用Q开头，商品价格以P开头，要素价格以W开头；下标c表示商品，i表示经济主体（机构），a表示生产活动，f表示要素，t表示生产主体类型（内企、外企）。模型中各生产部门均分为内资企业和外资企业，两类企业生产按照其生产力生产不同品质的同一种商品，两种商品可不完全替代。两类企业生产分为三层，先由国内企业和外资企业生产，使用CET合成，然后分别形成各自中间投入和增值两个投入，最后通过CES生产函数得到总产出。相关的消费、生产、价格、进出口以及主体间的相互关系均围绕这一生产模式展开，下面通过常见方法将模型分为四个模块，并将涉及外资企业活动的主要部分予以表述。

一 产品价格

国内总需求等于内资企业与外资企业的国内销售商品与进口。由前面的需求结构部分,内资企业和外资企业分别有其国内销售和进口需求,形成以国内需求价格支付的国内总开销。

$$PQ_c(1-tq_c)QQ_c = \sum_t PDD_{c,t}QD_{c,t} + \sum_t PM_{c,t}QM_{c,t} \quad c \in CD \cup CM, t \in TD$$
(4.5)

(4.6)式对内资企业和外资企业的产出价值进行了定义。每种内、外资生产的国内商品以生产者价格表示的市场价值等于两类企业国内销售部分与出口部分之和。

$$PX_cQX_c = \sum_t PDS_{c,t}QD_{c,t} + \sum_t PE_{c,t}QE_{c,t} \quad c \in CD \cup CM, t \in TD$$
(4.6)

(4.7)式定义内、外资企业的生产活动价格,即单位生产活动的收入。$\theta_{a,c,t}$ 为内资或者外资企业生产活动 a 生产 c 的产量。(4.8)式定义两类企业的总中间投入价格,由复合品价格和中间投入系数 $ica_{c,a}$ 决定,$ica_{c,a}$ 为单位总中间投入中商品 c 的投入。

$$PA_{a,t} = \sum_{c \in C} PXAC_{a,c,t}\theta_{a,c,t} \quad a \in A, t \in TD$$
(4.7)

$$PINTA_a = \sum_{c \in C} PQ_c ica_{c,a} \quad a \in A$$
(4.8)

在(4.9)式中表示了内资与外资企业生产活动的收入和成本,企业生产的税后收入分为增加值与中间投入两部分。根据(4.7)式和(4.8)式对 $PA_{a,t}$ 和 $PINTA_{a,t}$ 的定义,方程(4.9)中隐含了对 $PVA_{a,t}$ 的定义。

$$PA_a(1-ta_{a,t})QA_{a,t} = PVA_{a,t}QVA_{a,t} + PINTA_a QINTA_{a,t} \quad a \in A \quad t \in TD$$
(4.9)

二 生产和贸易模块

按照第一节对模型生产活动的描述。模型整个生产活动嵌套为三层,最上面的一层生产函数有中间投入和增值两个投入,第二层中间投入和增值分别由国内投资企业和外国投资企业合成,第三层每个生产部门只生产一种商品,但生产分别由内资企业和外国投资企业进行。(4.10)式、(4.11)式和(4.9)式形成CES生产函数达到优化的条件和总量平衡。

$$QA_{a,t} = \alpha_{a,t}^a (\delta_{a,t}^a QVA_{a,t}^{-\rho_{a,t}^a} + (1-\delta_{a,t}^a) QINTA_{a,t}^{-\rho_{a,t}^a})^{\frac{-1}{\rho_{a,t}^a}} \quad a \in ACES \quad t \in TD$$
(4.10)

$$\frac{QVA_{a,t}}{QINTA_{a,t}} = \left(\frac{PINTA_a}{PVA_{a,t}} \frac{\delta_{a,t}^a}{1-\delta_{a,t}^a}\right)^{\frac{1}{1+\rho_{a,t}^a}} \quad a \in ACES \quad t \in TD$$
(4.11)

在增值部分的生产投入为资本与劳动力，其价格用 $WF_{f,t}$ 表示。(4.12) 式、(4.13) 式描述这部分经济活动。

$$QVA_{a,t} = \alpha_{a,t}^{va} \left(\sum_{f \in F} \delta_{f,a,t}^{va} QF_{f,a,t}^{-\rho_{a,t}^{va}} \right)^{\frac{-1}{\rho_{a,t}^{va}}} \quad a \in A, t \in TD \quad (4.12)$$

$$WF_{f,t} \overline{WFDIST}_{fa} = PVA_{a,t}(1 - tva_{a,t})QVA_{a,t} \left(\sum_{f \in F} \delta_{fa,t}^{va} QF_{fa,t}^{-\rho_{a,t}^{va}} \right)^{-1} \delta_{fa,t}^{va} QF_{a,t}^{-\rho_{a,t}^{va}-1}$$

$$a \in A, f \in F, t \in TD \quad (4.13)$$

如前所述，中间投入部分的生产函数使用列昂惕夫生产函数，ica_{ca} 为中间投入部分的投入产出直接消耗系数，由投入产出表得到。(4.14) 式和 (4.15) 式描述了这种经济行为：

$$QINTA_{a,t} = inta_{a,t} QA_{a,t} \quad a \in ALEO \quad t \in TD \quad (4.14)$$

$$QINT_{ca} = ica_{ca} \sum_t QINTA_{a,t} \quad a \in A, c \in C \quad (4.15)$$

内外资企业国内生产活动的产出商品 $QX_{c,t}$ 最终形成在国内销售以及出口两部分，其替代关系由 CET 函数描述，(4.16) 式、(4.17) 式、(4.18) 式和 (4.19) 式描述了其经济关系及优化条件，$\alpha_{c,t}^t$、$\delta_{c,t}^t$、$\rho_{c,t}^t$ 分别为 CET 函数的转移参数、份额参数和指数：

$$QX_{c,t} = \alpha_{c,t}^{ac} \left(\sum_{a \in A} \delta_{ac,t}^{ac} QXAC_{a,c,t}^{-\rho_{c,t}^{ac}} \right)^{\frac{-1}{\rho_{c,t}^{ac}}} \quad c \in CX, t \in TD \quad (4.16)$$

$$QX_{c,t} = \alpha_{c,t}^t (\delta_{c,t}^t QE_{c,t}^{\rho_{c,t}^t} + (1 - \delta_{c,t}^t) QD_{c,t}^{\rho_{c,t}^t})^{\frac{1}{\rho_{c,t}^t}} \quad c \in CE \cap CD, t \in TD \quad (4.17)$$

$$\frac{QE_{c,t}}{QD_{c,t}} = \left(\frac{PE_{c,t}}{PDS_{c,t}} \frac{1 - \delta_{c,t}^t}{\delta_{c,t}^t} \right)^{\frac{1}{\rho_{c,t}^t - 1}} \quad c \in CE \cap CD, t \in TD \quad (4.18)$$

$$QX_{c,t} = QD_{c,t} + QE_{c,t} \quad c \in (CD \cap CEN) \cup (CE \cap CDN) \quad (4.19)$$

内外资企业国内销售产品也包括进口部分，国内生产和进口品替换关系由阿明顿条件来描述，方程如下：

$$QQ_c = \alpha_c^q \left(\delta_c^q QM_c^{-\rho_c^q} + \sum_t (\delta_{c,t}^q QD_{c,t}^{-\rho_c^q}) \right)^{\frac{-1}{\rho_c^q}} \quad c \in CM \cap CD, t \in TD \quad (4.20)$$

$$\frac{QM_c}{QD_{c,t}} = \left(\frac{PDD_{c,t}}{PM_c} \frac{\delta_c^q}{\delta_{c,t}^q} \right)^{\frac{1}{1+\rho_c^q}} \quad c \in CM \cap CD \quad t \in TD \quad (4.21)$$

$$QQ_c = \sum_t QD_{c,t} + QM_c \quad c \in (CD \cup CMN) \cup (CM \cap CDN), t \in TD$$

$$(4.22)$$

三　机构模块

根据前面对国外直接投资在 CGE 模型中影响及作用分析，本书经济主体的设定按传统分类包括居民、厂商、政府和国外,但对厂商主体进行了拆分,分为国内投资企业和外国投资企业,共五个经济主体。两类厂商的经济行为由生产贸易模块描述。对于政府,其行为有收税、消费、储蓄和转移支付。政府在生产和消费等领域征税,税收用于消费和对其他经济主体的转移支付,剩下的作为储蓄,模型中政府消费作为内生变量处理。

居民的效用函数采用 C—D 函数来描述。采用 C—D 函数的原因是:需求函数所需要的参数仅仅是每个商品支出在总收入中的份额,而这个参数可以直接从基础数据 SAM 中通过标定来获取。如果采用其他类型的效用函数,虽然在理论上可以较好地描述居民的经济行为,但是,在实际的参数估计的时候往往参数的选取并不稳健,使得模拟结果不尽如人意。本书的研究中,居民户不再细分,相对细分的居民户对各种商品的需求弹性具有较大差异,没有细分类型的居民户对效用函数的替代弹性不敏感。

下面继续对涉及外资企业的部分予以表述。国内每种要素 f 的总收入由方程定义,总收入中包括内资与外资企业部分。

$$YF_f = \sum_{a \in A} \sum_{t} (WF_{f,t} \cdot \overline{WFDIST_{f,a,t}} \cdot QF_{f,a,t}) \quad f \in F, t \in TD \quad (4.23)$$

模型假设居民消费在收入约束的条件下最大化效应,(4.28)式即为线性支出系统(LES)函数,即其花费在某种商品上的支出是居民总支出的线性函数,QH_{ch} 表示居民 h 消费市场商品 c 的数量,$\gamma_{c,h}^m$ 为居民 h 对商品 c 的基本消费,商品 c 则由内资与外资企业提供,$\beta_{c,h}^m$ 为边际消费份额。

$$PQ_c QH_{c,h} = PQ_c \gamma_{c,h}^m + \beta_{c,h}^m \left(EH_h - \sum_{c' \in C} PQ_{c'} \gamma_{c',h}^m - \sum_{a \in A} \sum_{c' \in C} \sum_{t} (PXAC_{ac't} \gamma_{ac'ht}^h) \right) \quad c \in C, h \in H, t \in TD \quad (4.24)$$

(4.25)式和(4.26)式表示政府总收入(YG)和总支出(EG)。YG 来自政府的各种税收,包括对内、外资企业以及国外转移支付等;EG 为政府消费及对其他机构转移支付和。

$$YG = \sum_{i \in INSDNG} TINS_i YI_i + \sum_{f \in F} tf_f YF_f + \sum_{a \in A} \sum_{t} (tva_{at} PVA_{at} QVA_{at}) +$$
$$\sum_{a \in A} \sum_{t} (ta_{at} PA_a QA_{at}) + (\sum_{c \in CM} tm_c pwm_c QM_c +$$
$$\sum_{c \in CE} \sum_{t} (te_c pwe_c QE_{ct}) + trnsfr_{gof,row}) EXR +$$
$$\sum_{c \in C} tq_c PQ_c QQ_c + \sum_{f \in F} YIF_{gov,f}, \ t \in TD \quad (4.25)$$

$$EG = \sum_{c \in C} PQ_c \cdot QG_c + \sum_{i \in INSDNG} trnsfr_{i,gov} \cdot \overline{CPI}, \ t \in TD \quad (4.26)$$

四 系统约束模块

模型的约束主要包括市场均衡、商品市场均衡、当前账户均衡以及投资—储蓄均衡,外资企业同样在这些约束之内。

(4.27) 式表示要素市场的均衡,即每种要素的总供给等于其总需求,在需求方由包括多种情况的要求需求。要素 f 的总供给 $\overline{QFS_f}$ 为外生变量,但模型所有的要素需求则是内生的。要素工资 (WF_f) 均衡变量,来保证 (4.27) 式的成立,与要素需求 (QF_{fat}) 呈反向变动。

$$\sum_{a \in A} \sum_{t} QF_{fat} = \overline{QFS_f} \quad t \in TD \tag{4.27}$$

(4.28) 式是当前账户均衡约束条件,包含账户中外资企业的出口部分。

$$\sum_{c \in CM} pwm_c QM_c + \sum_{f \in F} trnsfr_{row,f} = \sum_{c \in CE} \sum_{t} (pwe_c QE_{ct}) + \sum_{i \in INSD} trnsfr_{i,row} + \overline{FSAV} \tag{4.28}$$

五 动态模块

模型动态化重在反映出经济体在内部动力(储蓄投资转换、劳动力增加等)推动下经济动态变化的过程。所以,资本要素供应与劳动力供应前后两期的关联是实现模型动态机制的主要途径,设折旧率和劳动力增长率分别为 r 和 δ,从而得到资本和劳动力的动态递归方程为:

$$QFS(CAP)_{T+1} = (1 - \delta) \cdot QFS(CAP)_T + QINV_T \tag{4.29}$$

$$QFS(LAB)_{T+1} = QFS(LAB)_T (1 + r) \tag{4.30}$$

其中,CAP 代表资本存量,LAB 代表劳动力,t 代表模拟时间阶段。将 (4.29) 式与 (4.30) 式引入模型就完成了模型的动态化。折旧率和劳动力增长率都需要单独估算。其中折旧率的估算会在本书后面参数估计部分提及,劳动力增长率的确定借助《中国统计年鉴》公布的就业人员数据完成。根据各产业 2002—2009 年的就业人员数据计算得到。模型各参数及变量的说明及其校准推导方程见附录。

第三节 模型宏观闭合的选择

一 宏观闭合问题研究

第二章在对 CGE 模型的基本理论阐述中指出,CGE 模型的均衡体现为两个方面的均衡：一个是包含产品市场、要素市场和国际市场三个市场的均衡；另一个是政府和居民两个主体收支均衡，这两方面的均衡构成了整个经济系统的同时均衡。但是，按照这些均衡条件构建的模型并不一定能存在稳定的、唯一的均衡解，会存在过度识别的问题。根据瓦尔拉斯法则的一个重要结论：包含商品和要素的总共 $m+n$ 个市场线性相关，但其中只有 $m+n-1$ 个市场是独立的（张欣，2010），这意味着在已经有 $m+n-1$ 个市场出清的时候，最后一个市场会自动出清。因此，要保证 CGE 模型存在稳定和唯一的均衡解，就必须破坏一个均衡条件，但是无论破坏哪一个均衡条件，系统中的宏、微观相互作用和衔接问题都必须解决，即出现了模型的宏观闭合问题。

宏观闭合问题最早由斯恩（1963）进行了一个较为系统的讨论，他建立了一个包含 7 个方程的简单模型，通过对模型的分析，斯恩（1963）证明：当模型实现充分就业、要素价格按照边际生产率支付、居民消费为实际收入的函数和投资外生的条件下投资与储蓄相等的条件无法得到保证。同时，根据不同的宏观经济思想，斯恩通过对模型进行不同的调整，将宏观闭合分为储蓄驱动投资为主要特征的新古典闭合、投资驱动储蓄的金翰森闭合、劳动力市场不一定能实现均衡的凯恩斯闭合、以工资不一定能与劳动边际产出相等的新凯恩斯闭合（又称卡尔多闭合）四类。

虽然斯恩（1963）最早提出了关于宏观闭合问题的讨论，德卡鲁等（Deculuwe et al.）对模型产生唯一解的问题也进行了严格证明，但很多学者仍从不同经济学流派对宏观闭合问题提出见解，甚至每个流派都有自己的宏观闭合方法，换个角度来理解，即不同宏观闭合方法决定了模型所属宏观经济理论及对应经济政策。Dewatripont 和 Michela 认为，宏观闭合问题源于对模型所做的各种经济学假设，如果在模型中引入货币及动态因素就可以将其消除，但是这项工作仍然需要更深入的研究才能得到有意义的成果。

在对 CGE 模型的实际应用中，郑玉歆、樊明太（1999）认为，"闭合的基本含义，是指求解一个模型所需要的外生变量的确定及赋值，外生变量的不同选择以及模型闭合的不同选择反映了要素市场和宏观行为的不同假设"。狄克逊和里默（P. B. Dixon and M. T. Rimmer，2002）认为，"由于 CGE 模型的变量数多于方程数，其宏观闭合也就是选择哪些变量作为外生变量的问题"，"但作为工作原则，当价格设定为外生变量时，其对应的数量就应该设定为内生变量；反之亦然"（P. B. Dixon, B. R. Parmenter, J. Sutton and D. Vincent, 1982）。对这些已有的研究进行分析后，应该得出这样的结论：CGE 模型闭合的原因在于：（1）它一般不包含货币机制，资源配置通过相对价格而不是绝对价格来实现；（2）宏观闭合是 CGE 模型约束条件的一种表现，但是，这一结论仍然缺乏可信的支撑。

罗宾逊（2003）将闭合条件选择问题置入社会核算矩阵体系（SAM）中进行的研究认为，闭合条件的选择与 SAM 表中要素、政府、国外、I/S 账户的内外生设定相对应，其基本思想可以从如图 4-1 所示的四部门均衡中了解。在开放经济体中，外国消费者及生产者属于国外其他地方（Rest of World, ROW），金融机构在此被弱化为只是体现一般意义上的投资与储蓄的机构，不考虑其实际的金融业务，居民和企业为要素市场提供资本和劳动力。通过对图中四个经济主体（政府、外国消费者、金融机构和要素）均衡方程一对变量的内外生切换，将得到不同的闭合情形，即在经济主体均衡平衡的方程式左右两端各选一个变量，使其不能同时内生或外生，从而保证收支均衡方程始终成立，闭合规则的设定规则根据经济主体的收支平衡来进行。

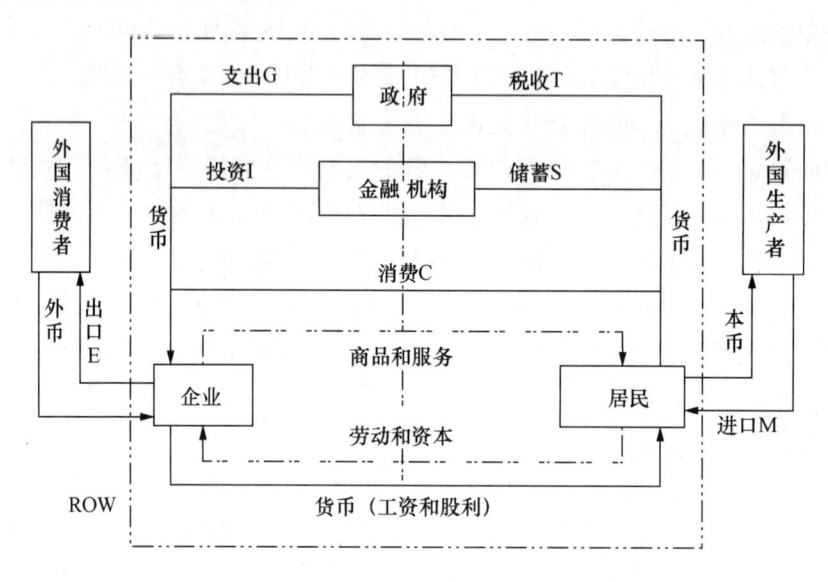

图 4-1 四部门的经济均衡

除理论方面的探索外，很多学者从实证角度对宏观闭合问题进行了研究。德卡鲁和马汀斯（B. Decaluwe and A. Martens, 1988）对 26 个国家间题的 73 个 CGE 模型进行了比较研究，其中宏观经济闭合类型是比较重要方面之一，他们将 73 个模型中使用的闭合类型按斯恩的方法进行分类，其结果如表 4-1 所示的德卡鲁和马汀斯文献中 73 个模型所使用宏观闭合统计。从分类来看，使用新古典闭合的模型最多，有的模型还使用了多种闭合，意味着不同时期主流经济理论对闭合的选择影响非常大。哈里根和麦克格雷戈（Frank Harrigan and Peter G. McGregor，1989）在构建的马来西亚 CGE 模型中对新古典闭合与凯恩斯闭合下需求与供给变化对区域经济产生的冲击进行比较，其结果表示出两种闭合产生的影响截然不同，当选择新古典闭合时，需求冲击导致的需求政策在本地区会产生相符的结果，对周边则有通货紧缩效应，供给冲击会对所有区域都产生积极效应；当选择凯恩斯闭合时，需求冲击对所有区域的需求政策都会产生较好的效果，但供给冲击下政策效果不明。后来，阿德尔曼和罗宾逊从他们自己的模型——阿德尔曼—罗宾逊模型（Adelman – Robinson Model，1978）和莱斯—泰勒（Lysy – Taylor model，1980）模型对收入分配问题的争议入手检验宏观经济规则对分配结果的影响，建立了一个整合 AR 模型和 LT 模型特征，并能够选择各种宏观闭合规则的 CGE 模型，然后仍然以 AR 模型和 LT 模型中模拟的韩国和巴西为例对新古典、凯恩斯以及各种结构主义宏观闭合规则进行检验。通过比较他们认为，宏观闭合的变化对收入分配结果的影响很大，对外贸易平衡闭合与 I/S 闭合的重要性至少是一样的，对于 LT 模型的闭合条件下经济模型对外部冲击的调整，凯恩斯闭合而不是卡尔多闭合才是主要的影响机制。

表 4-1　德卡鲁和马汀斯文献中 73 个模型所使用宏观闭合统计

闭合类型	新古典闭合	金翰森闭合	凯恩斯闭合	新凯恩斯闭合
使用模型数（个）	38	15	19	8

总而言之，目前，许多 CGE 建模者都不能为其所选择的闭合规则提出令人信服的证明，建模者基于其所属经济学派建立其 CGE 模型的闭合规则。但是可以确定的是，不同的宏观闭合体现了建模者对经济环境的不同理解，同时也决定了模型的模拟结果，石季辉、刘兰娟、王军（2011）认为，不同闭合条件下模拟结果带来的政策建议是不同的甚至有可能是完全相反的，所以，他们提出了一种通过实证方法检验模型结果与现实状况

契合程度的思想方法,并得出了具有建设性的结论,本书对模型宏观闭合的选择也是基于此方法的研究结果。

二 模型的宏观闭合条件

由于本书模型主要以 IFPRI (International Food Policy Research Institute) 的汉斯·洛夫格伦、雷贝卡·李·哈里斯和舍曼·罗宾逊开发的 LHR 模型 (Hans Lofgren, Rebecca Lee Harris and Sherman Robinson et al., 2002) 为基础扩展,所以模型沿袭了 LHR 模型的宏观闭合条件内容及设置方法,即可以通过对不同变量值的设定来灵活实现不同宏观闭合条件的选择。这为从不同理论角度研究问题提供了便利。下面对模型涉及的闭合条件进行分析和介绍。

在模型中,宏观闭合条件设定为对要素市场、政府、投资储蓄和国外四个账户中不同变量的内、外生选择的组合。外国直接投资作为一个影响经济体的因素,同时受宏观条件的综合影响,所以,在宏观闭合条件变量中没有直接体现。

要素市场的闭合条件由 $WFDIST(F, A)$、$QFS(F)$、$WF(F)$ 和 $QF(F, A)$ 四个变量分别表示产业部门使用要素的相对平均报酬、全社会要素总供给、全社会要素平均报酬和部门的要素需求,通过四个变量的内外生选择可以将要素市场闭合转为三个变量的内外生选择,即三种闭合条件:

(1) 要素 F 完全使用并且可以部门间流动 $FMOBFE(\ )$;

(2) 部门对要素 F 的需求固定,且市场出清,即要素在部门间不可流动 $FACTFE(\ )$;

(3) 要素 F 不完全使用并且可以部门间流动 $FMOBUE(\ )$。

内外生变量对应如表4-2所示。

表4-2　　　　要素市场宏观闭合与变量内、外生选择的对应

	$FMOBFE(\ )$		$FACTFE(\ )$		$FMOBUE(\ )$	
	内生	外生	内生	外生	内生	外生
WFDIST(F, A)		Y	Y			Y
QFS(F)		Y	Y		Y	
WF(F)	Y			Y		Y
QF(F, A)	Y			Y	Y	

I/S 账户的闭合条件由 MPSADJ、DMPS、IADJ、INVSHR、GADJ 和

GOVSHR 六个变量表示对投资、储蓄和政府消费各自不同形式的处理方式，储蓄方面分为国内非政府机构边际储蓄率以统一相对百分比变化、国内非政府机构边际储蓄率以统一绝对百分比变化两种形式；投资方面分为按投资的绝对数额处理和投资占总吸收的份额绝对值处理，每一种闭合选择在其中分别选择一项进行设置；政府消费方面分为对不同商品需求数量调整因子，名义总吸收份额。不同条件的内、外生选择可以分为五种闭合条件：

（1）投资量外生，非政府机构储蓄率内生到固定储蓄率；

（2）投资量外生，非政府机构储蓄率乘以一个规模参数以使 I/S 平衡；

（3）储蓄量外生，每种商品的投资数量乘以一个变量以保证 I/S 平衡；

（4）投资和政府消费份额固定，机构储蓄率内生到固定储蓄率；

（5）投资和政府消费份额固定，机构储蓄率乘以一个规模参数以使 I/S 平衡。

变量内外生选择与闭合对应如表 4-3 所示。

表 4-3　　　　I/S 账户宏观闭合与变量内、外生选择的对应

	SICLOS1		SICLOS2		SICLOS3		SICLOS4		SICLOS5	
	内生	外生	内生	外生	内生	外生	内生	外生	内生	外生
MPSADJ			Y				Y		Y	
DMPS	Y						Y			
IADJ		Y		Y	Y					
INVSHR							Y			Y
GADJ		Y			Y	Y		Y		
GOVSHR	Y			Y		Y		Y		Y

政府账户的闭合条件由 *TINADJ*、*DTINS* 和 *GSAV* 三个变量表示机构直接税率变化相对值、机构直接税率变化相对值、政府储蓄，由这三个变量表示政府部门在储蓄和税率两个方面的闭合设置，不同条件组合可以分为三种闭合条件：

（1）所有机构税率固定，政府储蓄内生；

(2) 政府储蓄固定，非政府机构（居民和企业）的直接税率内生调整到相同比值；

(3) 政府储蓄固定，机构税率乘以一个内生参数调整至政府储蓄水平。

变量内、外生选择与闭合对应如表4-4所示。

表4-4　政府账户宏观闭合与变量内、外生选择的对应

	GOVCLOS1 内生	GOVCLOS1 外生	GOVCLOS2 内生	GOVCLOS2 外生	GOVCLOS3 内生	GOVCLOS3 外生
GSAV	Y			Y		Y
TINADJ					Y	
DTINS		Y	Y			

国外账户的闭合条件由 *EXR*、*FSAV* 两个变量表示汇率和国外储蓄，产生两种闭合：

(1) 国外储蓄固定，实际汇率内生；

(2) 实际汇率固定，国外储蓄和贸易平衡内生。

依据斯恩（1963）对宏观闭合进行的分类的思想，同样我们也可以将对以上闭合进行大致的经济理论分类。当模型中的投资将由居民、政府和国外储蓄驱动，在I/S闭合选择变量只有SICLOS3与其对应，即意味着当不考虑要素市场时政府支出闭合和国外平衡闭合在与SICLOS3组合的情况下可以形成新古典闭合；同样当非政府机构储蓄率由外生固定投资驱动时，SICLOS1、SICLOS2可以形成金翰森闭合条件的前提条件（斯恩模型中未考虑政府消费），在与政府闭合和国外闭合选择情况下形成金翰森闭合。从此可以看出，金翰森闭合与新古典闭合是相反的情况，而且"从一些国家应对外生冲击的情况看，这两种闭合是两种极端，为了避免极端情况，可以设定更接近现实经济的闭合条件以与总吸收的三个组成部分同步调整，以便于分析给定情景下外生冲击和政策变化的可能影响"（Hans Lofgren, Rebecca Lee Harris and Sherman Robinson, 2002），这样就产生了所谓的平衡闭合，即使用SICLOS4和SICLOS5与政府闭合和国外闭合组合，对政府消费、投资以及家庭消费同时进行变化以调整总吸收。

这三种闭合均假定宏观变量与总就业之间没有联系，当要素市场实现完全就业时这三种闭合对总需求变化冲击的影响比较明显。

实际上，这三种闭合对于要素市场的要求正是以要素的完全使用为前提的，对与 CGE 模型相对应的问题背景来说，不同的闭合条件与问题背景是紧密关联的，比如对于均衡福利问题的研究适合使用金翰森闭合，其要素市场显然是以劳动力完全就业为主，而对于更多与我国现实贴近的宏观经济问题，要素市场的不完全使用则显得更符合实际。所以，以劳动力市场不完全就业为前提的凯恩斯闭合也是闭合条件中重要的组成部分，在凯恩斯闭合中，总就业水平通过凯恩斯乘数过程与宏观变量相关联，显示出结构主义宏观经济模型所偏好的特征（Lance Taylor，1990）。

三 模型闭合条件的选择

通过 CGE 模型分析经济问题的一个重要前提是设定符合经济体实际情况的宏观闭合条件。石季辉等在《财政民生 CGE 模型宏观闭合条件的选择与检验》一文中构建了一个不失一般性的静态财政民生支出 CGE 模型，并运用计量经济方法对其 45 种闭合条件下居民收入变化的模拟结果进行实证和检验。研究发现，部分闭合条件下的 CGE 模型结果与相应 VAR 模型脉冲冲击后各个变量响应的结果非常接近，而且这些结果与我国现实的宏观经济状况相符。这一方法遵循了"计量经济模型具有检验经济理论的功能"（李子奈、齐良书，2010）的基本理念进行宏观闭合条件的选择，相比于以往研究中的依主观判断和经济理论派别偏好选择具有实证方法的支撑性，更为准确和合理。由于此文所用的 CGE 模型也是在 LHR 模型基础上拓展而来，文中的宏观闭合条件及其变量也与本书前述的宏观闭合条件和变量基本一致，所以其方法的有效性对于本书更有借鉴意义。下面对这一方法的基本步骤进行阐述：

（1）依据问题建立一个 CGE 模型，并将宏观闭合条件所包含的要素市场、投资/储蓄、政府及国外四个账户按变量进行组合，得出待选的多种闭合条件。依据前面所罗列的变量组合条件，如果将所有条件进行全部排列，则总共将有 180 多种闭合组合，如果没有特定的研究目的，一般将一些显而易见的闭合条件事先选定，可以大量减少工作量。

（2）对模型依据问题设定冲击模拟情景和检验指标，然后逐个使用前面所设定的闭合条件进行模拟得出结果。CGE 模型一般依问题而建，所以直接使用模型所依据的问题设定冲击模拟的情景即可。

(3) 从理论条件和模型冲击模拟的结果是否有效两个方面对模拟出的结果进行初步筛选。一般情况下宏观闭合条件与不同的经济理论相对应，而不同的经济理论都由于特定的前提假设条件而仅对部分闭合条件变量做出不同的限制，所以当这些闭合条件变量组合与经济理论或者前提假设条件相抵时会导致模型无解或者没有意义，这时可以将这一类闭合条件筛去。另外，由于模型自身求解方法的限制也会产生一些相似、相近或者超出现实的无效结果，这一类闭合条件也可以舍去。

(4) 依据模型所研究的经济问题结合冲击模拟情景建立适合检验闭合条件的计量经济模型（一般来说，有时间序列特征的计量模型较为适合），并进行相应的冲击扰动得出扰动结果。作为对经济问题进行实证研究的主要方法，计量经济学方法有很多具体方法，应用非常广泛，为众多经济现象的研究提供了有效支撑，选择适当的方法对于模型的检验非常重要。比如，《财政民生 CGE 模型宏观闭合条件的选择与检验》中选择和构建能够准确预测并分离各自变量在各时间点对因变量影响的向量自回归（VAR）模型来估计出相关指标的动态关系并进行预测，然后再通过脉冲响应函数反映变量间的扰动，同时由于构建的 CGE 模型为静态模型，所以将所建 VAR 模型脉冲响应后的 3—5 期作为目标检验值。

(5) 选择第四步中恰当的结果作为最差目标值和最优目标值，使用理想解排序法（TOPSIS）分别计算第二步中初步筛选后的闭合条件下的冲击模拟结果和最差最优目标值的欧氏距离，找出最接近最优值指标同时远离最差指标的闭合条件。这一政策选择方法由弗朗西斯科和卡得内特（J. A. Francisco, M. A. Cardenete, 2009）提出。

(6) 对选择的结果进行分析和讨论，并选择恰当的闭合条件。经过前面的步骤之后，除最优值外，一般仍会有几个与最优值较接近的结果，对这些结果进行分析和讨论有助于问题的研究更为完善和全面。

对于石季辉等（2011）对构建我国 CGE 模型时需要选择和设定宏观闭合条件问题的研究结果，在本书中予以应用并施加到所构建的中国 FDI—CGE 模型中，即允许劳动力、资本要素失业和自由流动，投资驱动储蓄，所有机构税率固定，政府储蓄内生，实际汇率固定，国外储蓄和贸易平衡内生，这是基于凯恩斯宏观经济理论的闭合条件——反映了我国当前宏观经济状况的主要方面。

第四节 本章小结

本章承接第三章中对外国直接投资在 CGE 模型中的适用性以及框架结构分析之后，继续对加入外国直接投资情形后的 CGE 模型生产活动和需求结构进行分析和研究，提出在模型的生产和需求活动中分离外资企业的方法。在此基础上，构建了 FDI—CGE 模型的方程体系，并对使用模型所需的宏观闭合选择问题进行了研究，最终依据已经有的研究成果选择了凯恩斯主义的宏观闭合条件。本章内容为之后的研究奠定方法基础。

第五章 数据基础与相关参数

FDI—CGE 模型能够实现对外国直接投资相关政策或者环境变化的模拟和冲击的重要先决条件是模型运行所需要的数据基础和描述经济特征的各类参数。在纳入外国直接投资影响因素后,这一部分工作的主要内容集中于外资相关数据的收集和整理。由于我国缺乏系统全面的外资经济相关统计数据,所以这部分工作也是本书工作的难点之一。

在数据基础方面,主要是与模型结构有着紧密联系的社会核算矩阵 (Social Account Matrix,SAM) 的编制。通过 SAM 可以对经济体某一时刻的经济状况进行数量上的直观描述,以体现这一刻各经济部门的相互关系,也可以称为经济体的"快照";在描述经济体运行特征的参数方面,主要包括内、外资经济活动相关的弹性参数和比例参数,比如,外资企业生产函数投入要素的替代弹性、居民消费的替代弹性以及需求弹性等弹性参数,以及直接税率、关税税率、支付转移率、CES 和 CET 函数中的份额系数等。弹性参数一般通过计量经济学等方法对外资和内资企业相关的统计数据进行实证估计而来,比例参数则往往基于 SAM 表或者模型方程计算校准而来。接下来,本章对这两方面数据的编制和估计进行阐述。

第一节 社会核算矩阵编制

一 社会核算矩阵

对于社会核算矩阵(SAM)表,目前学术界还没有统一的定义,而且根据各国现实状况和学者理解,SAM 的结构也不尽相同。根据赖纳特、罗兰·霍尔斯特 (K. Reinert, D. Roland – Holst, 1997) 的描述,社会核算矩阵(SAM)是一种单记账式的数据表达形式,每一项收入账户都对应着一个相等的开支,将账户之间的交易状况以正方形的表格或者矩阵形式表示。SAM表可以在许多层次上提供经济体内部主体间相互一致、全面的联系，比如生产部门、家庭、要素、政府以及国外机构等的收入和支出、机构间的转移支付、商品交易成本等信息。每一行/列代表着一个宏观账户，行方向表示该账户在各个账户上的收入，列方向表示该账户对各账户的支出，行账户总收入等于对应列账户的总支出。如王其文、李善同、高颖的描述，这种交叉式的记录方法以单式记账形式体现了复式记账的原则，即以行（贷方）与列（借方）交叉点的一次性记录来描述，从而内在地确保每个账户的收支平衡。SAM不仅刻画了生产部门之间的联系、国民收入的初次分配信息，还包含国民经济的二次分配信息及生产活动以及生产要素及消费者之间的关系，通常被认为是投入—产出（IO）表的扩展，能够捕捉社会经济系统全年的错综复杂关系，从而形成一个综合、全面、一致的社会经济系统"快照"。SAM表的一个重要特点是其账户可根据研究问题而聚集或者分解，依据问题研究的目的、需求和数据可得性等对账户进行细分和合并，使得SAM表结构可以灵活表现经济体宏观、中观甚至微观的状态。

在附表20所表示的标准国家宏观SAM表中，空白栏不允许有数据，进行了"活动"和"商品"账户的区分，可以考虑一种活动生产多种商品，也可以考虑一种商品由多种生产活动生产，从而可以描述更为一般的情形。"活动"账户代表厂商生产商品的行为，其收入用生产者价格表示。"商品"账户表示在市场中交易的商品，其收入用市场价格（包括间接税和交易成本）表示，商品指的是市场中所有商品，包括"活动"产出的商品（或在国内销售，或出口）和进口商品，可以表示贸易成本（运输等）对商品价格详细的加成行为。对国内市场中的国内产品的成本表示从厂商到达国内需求者的商业加成；对于进口商品，则表示商品从国内港口（按到岸价格）到达国内需求者的商业加成；对出口商品，表示从生产者到达出口港的商业加成。附表20区分了居民自产自销和居民市场消费，其中自产自销基于活动的，市场消费是基于商品的，处理方法也有不同。在研究税收问题方面，通过将政府账户分解为一个核心政府账户和若干税收账户可以更确切描述特定税收状况。国内非政府机构包括企业和居民。企业获取要素收入，接受其他机构的转移支付，缴纳直接税，进行储蓄和对其他机构转移支付。但是与居民相比，企业没有消费。

与附表20中描述的可进行多产出的标准国家宏观SAM表不同，由于我国现有统计数据只能支持单产出的 SAM 描述，即一个产品只有一个生产者生产，一个生产者只生产一种产品，所以一般不会考虑居民自产自销情形。同时在某些统计数据上也有一些自己的特点，因此我国学者在进行 SAM 构建时，往往采用附表 21 形式的宏观 SAM 框架。

由于 SAM 涵盖了全面的社会经济核算信息，所以需要大量统计事实数据来填充各账户。虽然一般情况下大部分账户间流量数据可以从官方统计资料中获取，但是，在具体研究中往往有相当一部分账户数据难以获取，这恰恰是使用 CGE 模型分析经济问题中遇到的最大难题。

由于 SAM 相对于投入产出表扩展了非生产部门之间的很多联系，增加的这一部分数据来源变得很不确定，使得 SAM 构建过程中数据来源不一、统计口径不一、估算数据等因素导致其难以满足行、列收入与支出相等的基本原则。所以，在构建 SAM 并填充数据之后，还需要调整，使其符合行、列总计相等的原则，即 SAM 调平。然而这项工作并不是随意为之，需要根据研究目的进行经验判断和恰当的数值计算方法，二者缺一不可。经验判断主要是保留 SAM 中可靠程度较高的统计数据，而修改可信度低的数据或者根据经验在现有数据上做部分处理，使其更贴近实际，数值计算方法则用在矩阵范围内实现整个 SAM 的平衡。

二 编制中国社会核算矩阵

SAM 的编制与所研究的问题和模型的方程体系有紧密联系，在具体的研究中，数据的可获取性对于问题的研究有直接的影响。外国直接投资数据的难以获取一直都是制约利用 CGE 模型进行研究的重要因素，同样，由于构建 SAM 表所需要的我国外国直接投资的一些关键数据非常匮乏（比如各产业间的中间投入数据、居民、政府对国内外资企业的消费数据等），也严重影响了本书研究的顺利进行，所以，本书将 SAM 与模型方程体系结合以尽量降低由于数据可得性差带来的不利影响，仍然使用常规形式上的 SAM 结构，但不在 SAM 中进行外国直接投资部分的拆分，对于涉及的外国直接投资部分在模型方程的运算过程中进行划分和运算。

（一）数据来源

SAM 所需要的数据从获取途径上分为两部分：一部分是政府统计机构定期发布的各种统计数据，另一部分源于各类研究机构。前者往往权威、规范相对便于应用到 SAM 中，后者往往由研究机构根据自己的目的所得，应用到 SAM 中往往需要再加工和整理，也缺乏规范性。

本书所使用的 SAM 数据的主要来源有 2002—2007 年《中国投入产出表》、2002—2008 年《中国财政年鉴》、2000—2010 年《中国统计年鉴》、2000—2008 年《中国资金流量表》、2000—2008 年《中国信息化年鉴》、2000—2008 年《中国海关统计年鉴》、2004 年和 2008 年《中国经济普查年鉴》等，商务部投资促进事务局网站也提供了一部分我国外资企业相关的数据以及一些研究报告。其中，投入产出表提供了主要的生产部门数据，以及居民、企业、政府的最终使用数据，是主要来源，但是由于我国规定每五年进行一次全国投入产出调查和编表工作，所以投入产出表数据的连续性较差。虽然投入产出表要隔数年才能发布，但是由于其数据包含了经济体大量的细致、具体的经济数据，所以成为很多经济分析的主要数据依据，也是构建 SAM 的主要数据来源。另外，世界各国，包括我国都没有专门的外资经济相关数据发布，这一部分数据主要由统计年鉴中的工业专题的外资相关统计数据、经济普查年鉴中的部分数据，以及商务部提供的相关统计数据组成。

源于投入产出表的数据可靠翔实，是 SAM 的基础数据，其他来源的数据一般都需要以 SAM 为基础进行恰当的修正，以使得 SAM 平衡。

（二）SAM 结构设计

本书所使用中国宏观 SAM 的基本结构如附表 21 所示，经济主体划分为生产部门（即各产业）、政府、企业、居民及国外部分（ROW），在相应的单元格中对各账户之间的实际经济联系进行了解释，附表 3 说明了对各部分数据的主要来源，附表 1 为整理后的 2007 年中国宏观 SAM。

本书构建的中国 SAM 首先划分生产部门。对生产部门的划分以 2002 年的 122 个部门投入产出表和 2007 年的 135 个部门投入产出表为部门划分基础，结合《国民经济行业分类》（GB/T4754—2002）中的规定，以最细分部门划分的方式进行合并处理。最终构建出包含农业、第二产业、第三产业、信息技术制造业 4 个部门的 2007 年中国 SAM 表。其中，信息技术制造业由通信设备制造业、雷达及广播设备制造业、电子计算机制造业、电子元器件制造业、家用视听设备制造业、其他电子设备制造业 6 个部门合并而成；第一产业由农、林、牧、渔业及农、林、牧、渔服务业合成；第二产业在 2007 年投入产出表中由采矿业、制造业、电力、煤气及水的生产和供应业以及建筑业等除去信息技术制造业部分后的 84 个行业合并而成；第三产业在 2007 年投入产出表中由 37 个部门合并而成。这 4

个生产部门分别在 SAM 表中的商品和活动部分体现为 4×4 矩阵形式。

第三章的模型框架分析中已经提到，生产部门一般作为一个整体的经济主体出现在 CGE 模型中，但由于外国直接投资作为一种来自经济体外含义丰富的投资使得生产部门中形成了不同于国内企业的外资企业部门，所以本书将各产业部门拆分为国内企业、外资企业两个生产主体。但是外资企业等的相关统计数据难以获取，尤其关于政府、居民主体方面对外资企业的消费数据没有相关权威统计数据发布，所以数据来源较为复杂，一些相关数据依靠多种数据及历年情况进行大体推算。其中，政府对外资企业的消费只有第三产业和 IT 服务业两项，在信息产业和制造业中均没有消费；居民对农业、第二产业、第三产业、信息技术制造业以中外资企业的消费部分通过外资企业进出口、总收入等进行推算得出，外资企业进口分为普通消费与中间投入或者投资性进口；对于中间投入部分的拆分方法基于如下观点进行，外资企业与国内企业技术差异通过希克斯中性的技术进步体现，主要表现在生产效率的不同上，所以对于中间投入以及要素投入方面的差异也体现在使用效率方面，即在中间投入部分的数据依据各产业中外资企业工业总产值占整个产业比例进行拆分；间接税依据税务年鉴中的部分推算或者按上述比例拆分。

这一部分使用的外国直接投资部分数据或者推算数据来源主要是各年《中国统计年鉴》中工业统计部分的《按行业分外商投资和港澳台商投资工业企业主要指标》、《按行业分外商投资和港澳台商投资工业企业主要经济效益指标》、《按行业分规模以上工业企业主要指标》、《按行业分规模以上工业企业主要经济效益指标》、《按行业分规模以上工业企业主要经济效益指标》、《海关统计年鉴》中的外资企业数据统计部分，《中国服务贸易统计》、《1986—2008 年外商投资企业进出口商品总值统计》、《1992—2008 年实际使用外资占全社会固定资产投资情况表》、《1992—2008 年以外商投资税收为主的涉外税收（不包括关税和土地费）情况》、《2002—2008 年利用外商直接投资行业结构》、《2002—2008 年外商直接投资产业结构》、《2002—2008 年主要行业参考数据》、《2002—2008 年中国吸收外资几项经济指标》、《中国外商投资报告 (2003—2007)》和《投资中国系列报告》，还有《中国经济普查年鉴 (2004)》和《中国经济普查 (2008)》对第二产业和第三产业中对外国直接投资企业的相关统计数据。由于我国经济统计数据存在较多不完善的地方，所以将这些统计数据相互配合，取其所长，避其所短，辅助以适当的估算方法，最后形成研究所需数据。

SAM 表中生产要素包括劳动力和资本两大类。宏观 SAM 的基本结构中详细的数据来源及处理方式见附表3及附表1整理后的详细数据。

（三）SAM 的平衡

由于所建中国宏观 SAM 和微观 SAM 中有相当部分的数据来源于拆分或者推算，尤其是外国直接投资相关数据对 SAM 的平衡造成了较大破坏，所以在这一部分对这两个 SAM 进行调平，使其行、列平衡。在平衡过程中以可信度最高的投入产出数据为主要锚定数据，以《中国统计年鉴》中提供的各行业外资企业生产、增加值数据，商务部投资促进事务局提供的外资企业进、出口数据、税务数据等为依据，配合矩阵方法对 SAM 进行平衡。在各种 SAM 调平方法中，较常见的是 RAS 法和交叉熵（Cross Entropy，CE）法，下面主要介绍交叉熵法。

罗宾逊和卡塔尼奥（Robinson and Cattaneo，1998，2000）将成功应用于统计推断方面的 CE 法首先应用于 SAM 平衡。信息经济学中用信息熵来衡量某一消息的信息强度，即信息熵强度可表示为 $z = \sum_{i=1}^{n} s_i \log \frac{s_i}{p_i}$。信息熵越大，说明该信息导致的后验分步与先验分布差异就越大。CE 法的目标是使得初始矩阵与最终矩阵之间的信息熵最小化。CE 法从理论上可以分为确定型 CE 法和随机型 CE 法。

1. 确定型 CE 法

假设待调平 SAM 表为 n 行 n 列的矩阵 A_0，调平后的 SAM 为同等维度的矩阵 A_1，其元素分别表示为 a_{ij}^0 和 a_{ij}^1，标准化后 SAM 表示为：

$$\bar{a}_{ij} = \frac{a_{ij}^0}{Q^0}, \ a_{ij} = \frac{a_{ij}^1}{Q^1} \tag{5.1}$$

则最小化交叉熵的优化问题描述为：

$$\min_{a_{ij}^1} H = \sum_{j=1}^{n} \sum_{i=1}^{n} \left(a_{ij} \log \frac{a_{ij}}{\bar{a}_{ij}} \right) = \frac{1}{Q^1} \sum_{j=1}^{n} \sum_{i=1}^{n} \left(a_{ij}^1 \log \frac{a_{ij}^1}{a_{ij}^0} \right) - \log \frac{Q^1}{Q^0}$$

$$\text{s. t.} \begin{cases} \sum_{i=1}^{n} a_{ij}^1 = \sum_{j=1}^{n} a_{ij}^1 \quad i,j = 1,2,\cdots,n \\ a_{ij}^1 \geq 0, \end{cases} \tag{5.2}$$

优化问题中，设计初始 SAM 都是常数，新 SAM 中的元素 a_{ij}^1 是优化变量。在这个最小化的过程中,要防止极端调整导致错误的结果,即避免 Q^1 趋近于无穷。通常可以为 $\frac{Q^1}{Q^0}$ 设定一个宽松的调整幅度,如 0.5—2。实际上避免了极端情况后,实际的调整幅度都接近 1。

2. 随机型 CE 法

编制 SAM 所采集到的原始数据本身存在着统计方法误差和系统性误差,因此将待调平 SAM 中的元素看作随机数就更能体现出问题的本质。由于随机 CE 法中行和与列和都是存在误差的非固定参数,所以 SAM 调平的过程就是使这个随机误差最小化的过程。

$\overline{X}$,$\overline{Y}$ 分别代表待调平 SAM 的初始列和与行和,对各元素除以 $\overline{Y}$,得到一个类似于投入产出表直接消耗系数矩阵的 SAM 系数矩阵 A,其元素调整如下:

$$a_{ij} = \frac{a_{ij}^0}{\sum_{i=1}^{n} a_{ij}^0}, \ i,j = 1,2,\cdots,n \tag{5.3}$$

令 Y 代表调整后行和列向量,并引入误差项,从而 SAM 行和等于列和的要求用矩阵乘法表示为:

$$Y = A \times (\overline{X} + e) \tag{5.4}$$

其中,e 是误差向量。对上面两式应用交叉熵方法对误差最小化。将误差项写成某个常数加权平均的形式[①]:

$$e_i = \sum_k w_{ik} v_{ik}, \ 0 \leq w_{ik} \leq 1, \ \sum_k w_{ik} = 1 \tag{5.5}$$

其中,w_{ik} 是权重系数。v 是一个外生给定的常数向量,定义为误差集的支持集。理论上 v 可以有很多不同的做法,罗宾逊等(S. Robinson and A. Cattaneo,2000)的做法是设定三个误差项 $v_{i1} = 0$,$v_{i2} = -v_{i3}$,从而隐含了误差是 0 均值方差为 $\sigma^2 = \sum_{k=1}^{3} w_k v_k^2$ 的分布。结合前面,对 SAM 调整进行交叉熵最小化的目标函数为:

$$z = \sum_{j=1}^{n} \sum_{i=1}^{n} \left(a_{ij} \log \frac{a_{ij}}{\overline{a}_{ij}} \right) + \sum_{i=1}^{n} \sum_k \left[w_{ik} \left(\log w_{ik} - \log \frac{1}{t} \right) \right]^2 \tag{5.6}$$

[①] A. Golan, G. Judge and D. Miller, "Maximum Entropy Econometrics: Robust Estimation with Limited Data", *Okayama Economic Review*, Vol. 28, No. 2, August – 1996, pp. 529 – 537.

其中，t 表示误差支持集元素的个数。在行列和相等和参数取值范围约束下求解该最小化问题，就可以得到使交叉熵最小的最优 SAM。

（四）中国宏、微观 SAM

依据上述数据来源、结构设计方案以及 SAM 平衡方法，我们得到 2007 年中国宏、微观 SAM（如附表 1 整理后的 2007 年中国宏观 SAM 所示）。为了信息技术制造业外国直接投资研究的深入进行，我们在继续按照前面结构设计中的详细方案对宏观 SAM 进行细分，将商品和活动账户细分为 4 个产业部门，居民消费、政府消费、进、出口，各部门的储蓄和投资，要素投入，居民收入，企业、政府的转移支付，进口税和间接税等部分的数据，以得到 2007 年微观 SAM。

第二节　参数估计方法准确性和有效性的提高

在构建了模型所需要的基础数据平台 2007 年中国宏、微观 SAM 之后，进一步确定模型的经济运行特征——对模型所需要的参数进行估计和选择。本书所需要估计的参数主要分为两类：一类是诸如生产函数中的要素替代弹性、居民消费替代弹性等弹性参数；另一类是如直接税率，关税税率等的比例份额参数。

本部分使用待定系数优化法对各产业中的内、外资经济的资本存量进行估计。在弹性参数方面，由于模型采用了 LHR 体系，采用的生产函数有 CES 函数和列昂惕夫函数两类，消费需求函数为线性支出（LES）模型，所以需要进行弹性参数估计的函数为 CES 生产函数、CET 函数、阿明顿方程和 LES 模型。下面首先介绍完成这部分工作所需要的主要方法。

一　产业资本存量估计准确性的提高

目前通用的资本存量估算主要方法是高德史密斯开创的永续存盘法（Perpetual Inventory Method，PIM），但是，我们国家这方面的研究仅存在于学者之间，没有国家层面的官方数据发布。并且由于国家各部门发布的统计数据不足、统计口径差异等原因，学者们研究的结果大都包含较多的主观假定，各种结果相差较大。使用这些结果进行本书的研究必然给模拟结果带来较大的偏差，本书在 PIM 法的基础上，以基期资本存量和折旧率为待定系数，以公式化的折旧表达式为理想值，以投入—产出表中折旧数据为采样，在估计值与采样值误差平方和最小的优化条件下进行推导，求解最优初期资本存量表达式。

（一）数据来源与处理

应用 PIM 法估算资本存量需要确定三个变量：基期资本存量、折旧率和各年新增投资。在各年新增投资确定上，学界目前仍存分歧。由于本书研究需要核算各产业的资本存量，因此采用固定资产投资作为当年新增投资的衡量指标。这一部分数据主要源于《中国统计年鉴》、中国经济信息网（www.cei.gov.cn）、《中国农业年鉴》、《中国固定资产投资统计年鉴 1950—1995》等。在投资价格系数的处理上，使用我国 1990 年后发布的固定资产投资价格系数进行调整，并将 1990 年作为整个数据的基期进行处理。

折旧的计算是 PIM 法的重点和难点，也是本部分工作的主要内容。一般的计算方法主要有两种：一是估计或者假设一个折旧率完成对资本存量的扣减；二是采用其他方式回避折旧计算，或是将资本存量处理为前期资本存量与当期积累相加的形式，如贺菊煌（1992），以及前期资本存量与当期净固定资本形成相加的形式，如王小鲁、樊纲（2000）等。由于我国隔数年才发布一次各产业的当年折旧，所以，除了发布年，其他年份的折旧数据无法获取，使得无法直接应用 PIM 法进行计算。但是所提供的少量年份的折旧数据可以作为其他年份折旧率的可靠求取来源。

（二）待定系数优化法

折旧率是应用 PIM 的一个核心问题，但是没有公认的结果。虽然基期存量资本对后续各期的影响会逐步减弱至忽略不计。

我们可以从凯姆斯（C. Kamps, 2004）对 PIM 公式的变形很直观地观察到：

$$K_{t+1} = (1-\delta)^t K_1 + \sum_{i=0}^{t-1}(1-\delta)^i I_{t-i} \tag{5.7}$$

其中，K_1 表示基期的资本存量。显然，由于折旧率的影响，基期的资本存量随着时间 t 的增加影响逐渐减小，直至忽略不计，即基期资本存量的误差对后续资本存量核算的影响也是随时间 t 逐步减小的。

如果将 K_1 和 δ 作为已知待定系数，则（5.7）式右边均为已知量，从而可以计算出任意一年的资本存量。已知折旧计算公式 $D_t = K_t \cdot \delta$，可得到任意年份的理想折旧。

$$\varepsilon_{t+1} = [(1-\delta)^t K_1 + \sum_{i=0}^{t-1}(1-\delta)^i I_{t-i}]\delta - D_{t+1} \tag{5.8}$$

借用最小二乘法思想，使得总体误差最小的基期资本存量 K_1 和常折旧率 δ 就成为最优基期资本存量 K_1^* 和最优常折旧率 δ^*。这是一个关于 K_1 的典型二次函数，利用理想值的误差平方和的一阶条件：

$$K_1^* = \frac{\sum_{r=1}^{R}\delta(1-\delta)^{t_r}[D_{t_r} - \delta\sum_{i=0}^{t_r-1}(1-\delta)^i I_{t_r-i}]}{\sum_{r=1}^{R}[\delta(1-\delta)^{t_r}]^2} \tag{5.9}$$

将 K_1^* 代入 ER 表达式，则式中仅有 δ 未知。这样就将原本一个二元非线性优化问题转换为一个典型的一元非线性函数优化问题。然后将最优的折旧率 δ^* 代入（5.9）式，则可得最优初期资本存量 K_1^*，从而求解出所有未知数。依照（5.12）式可以直接计算已知投资的任意一年的资本存量。然后使用 MATLAB 中的符号工具箱进行优化求解，即可得相应结果。

（三） 实证与检验

通过求解，分别得到最优折旧率，如表 5 - 1 所示。

表 5 - 1　　　　　　　　我国三大产业最优折旧率

全国	第一产业	第二产业	第三产业
7.98%	10.33%	10.25%	5.74%

计算结果的可靠性依赖原始数据的可信程度。全国总体的数据最为完整，相对于各产业数据具有更高的可信性，因此我们认为，7.98% 的折旧率的可信度也较高。对于三大产业的折旧率，第一产业折旧率相对于通常的认识有些偏高，第二、第三产业的折旧率大体符合预期。原因主要有两个方面：一是由于部分年份的数据缺失，使得我们采用了比例计算的方式，并且这一部分数据是作为已知数据处理的，其误差必然传导到另外第二产业和第三产业。二是我国曾调整过产业划分，使得数据前后口径不一，导致可比性受到较大影响。

我们可以用另外的方法来继续检验三大产业折旧率的关系。由

(5.7) 式有:

$$\frac{K_{t+1} - K_t}{K_t} = \frac{D_t}{K_t}\left(\frac{I_t}{D_t} - 1\right) \tag{5.10}$$

根据公式中的折旧率假设,$D_t = K_t \cdot \delta$,将 (5.10) 式作如下变形:

$$\frac{D_{t+1}\delta}{\delta \cdot D_t} - 1 = \delta\left(\frac{I_t}{D_t} - 1\right) \Rightarrow \delta = \frac{\frac{D_{t+1}}{D_t} - 1}{\frac{I_t}{D_t} - 1} \tag{5.11}$$

然后依据附表 4 和附表 5 计算主要年份三大产业的折旧变化率和投资折旧比,可以看出三大产业折旧变化率交错发展,总体相差不大,而第一、第二产业投资折旧率交错变化,第三产业明显高于其他两个产业。因此,根据 (5.11) 式可以大致分析出折旧率的大小关系,即第一、第二产业折旧率相差不大,第三产业折旧率明显低于其他两个产业。根据前面估算的折旧率计算各产业历年资本存量,见附表 6。

二 CES 函数弹性参数估计方法的有效性研究

CES 函数共有三个外生参数,分别是生产效率参数、要素份额参数和替代参数,这三个参数的不同决定了函数所体现的经济活动的具体生产特性。只有在合理的参数取值下,CES 函数才能恰当描述生产活动。在 CGE 应用中尤为关注替代参数,因为在替代参数已知的情况下可以通过参数校准获得弹性参数和份额参数的取值。

常见的包含资本 K 和劳动力 L 两要素的 CES 生产函数形式 (K. J. Arrow, 1971; 赵永、王劲峰, 2008) 如下:

$$Q = F_{CES}(K, L) = \gamma[\delta K^{-\rho} + (1-\delta)L^{-\rho}]^{\frac{-1}{\rho}} \tag{5.12}$$

其中,γ 为大于 0 的希克斯中性技术进步参数或效率参数;δ 为介于 0—1 之间,代表要素相对地位的份额参数;ρ 为大于 -1 的替代参数,与替代弹性的关系为:

$$\sigma = \frac{1}{1+\rho} \tag{5.13}$$

由于统计数据缺失、不连贯、统计口径不一致等问题,我国 CES 生产函数替代弹性的确定有着较大的争议。常见的估计方法有三个:一是将 CES 生产函数线性化;二是广义最大熵 (General Maximum Entropy, GME) 法;三是贝叶斯估计法。然而,从我国的实际情况来看,使用经典统计方法进行估计面临的难度很大,只有贝叶斯方法适合这种数据条件。

(一) 贝叶斯方法

与经典统计学方法不同，贝叶斯统计综合样本信息和未知参数先验信息，然后根据贝叶斯定理计算后验分布，再对未知参数进行推断，待估计参数不再被作为常数处理，而看作是具有某种分布的随机变量（茆诗松，1999）。所以，可以较好地解决许多小样本问题，得出结论也没有太多偏离经典统计方法。

设 Y 和 Φ 是定义在其样本空间的随机变量，$P_{\Phi,Y}(\varphi,y)$ 表示联合概率密度，$p_{\Phi}(\varphi)$ 和 $P_Y(y)$ 分别表示两者的边际概率密度，$P_{\Phi|Y}(\varphi|y)$ 和 $P_{Y|\Phi}(y|\varphi)$ 分别表示条件概率。去除下标后可将贝叶斯定理简要表示如下（Koop，2003）：

$$p(\varphi|y)=\frac{p(y|\varphi)\cdot p(\varphi)}{p(y)} \tag{5.14}$$

后验概率 $P(\varphi|y)$ 的取值是一个关于 φ 的表达式，而 $P(y)$ 是一个不包含 φ 的常数，对参数 φ 而言，贝叶斯公式可简写为 $p(\varphi|y)\propto p(y|\varphi)\cdot p(\varphi)$，从而先验信息包含在了先验密度中，样本信息包含在似然函数中。对这一式子中的参数进行积分后可得所需参数的后验密度，然后再使用马尔可夫链蒙特卡洛方法（Markov Chain Monte Carlo，MCMC）对这一多元积分进行求解。英国剑桥公共卫生研究所开发的基于马尔可夫链蒙特卡洛方法的 WinBUGS[①] 软件可以实现这一求解过程。

(二) CES 函数参数的几种估计方式

CES 函数的估计方式主要有两种：一是利用 CES 函数及其变形进行估计；二是利用最优化生产一阶条件进行估计（Antràs，2004；Miguel A. León – Ledesma，2009）。前者较为常见，主要包括对 CES 函数进行泰勒展开（G. S. M. Kadane，1967；J. Kmenta，1967）和对 CES 函数进行对数处理（徐卓顺，2009）两种方式。

1. CES 生产函数的泰勒展开式

在研究欧美国家的生产函数特性中，学者们发现这些国家的替代弹性 σ 往往非常接近于 1，即 ρ 接近于 0，这与柯布—道格拉斯生产函数非常相似，所以，科曼达（1967）提出在 $\rho=0$ 时将 CES 生产函数泰勒展开的线性化方法，并得到了广泛应用。主要思路为：首先对（5.12）式两边

[①] 下载链接：http://www.mrc – bsu.cam.ac.uk/bugs/winbugs/contents.shtml。

同取对数，然后对包含 ρ 的函数项进行泰勒展开，舍去三阶及以上高阶项，最后得到 CES 线性近似表达：

$$\ln Q \approx \alpha + \delta \cdot \ln K + (1-\delta) \cdot \ln L - \frac{1}{2}\delta \cdot (1-\delta) \cdot \rho \cdot \left(\ln \frac{K}{L}\right)^2 \quad (5.15)$$

其中，$\alpha = \ln$。

（5.15）式形式上看起来像线性方程，但实质上并不是，将其转为更直观的形式便可以看出端倪：

$$\ln \frac{Q}{L} \approx \alpha + \delta \cdot \ln \frac{K}{L} - \frac{1}{2}\delta \cdot (1-\delta) \cdot \rho \cdot \left(\ln \frac{K}{L}\right)^2 \quad (5.16)$$

转换后的（5.21）式是一个一元二次回归方程。使用泰勒展开式估计参数，不管是经典统计法、贝叶斯法还是 GME 法，其前提条件都是 σ 充分接近 1，否则就无法保障估计结果的合理性。

2. CES 对数变形式

对（5.17）式两边同除以 K，再取对数后进行整理有（赵永、王劲峰，2008）：

$$\ln Q - \ln K = \alpha - \frac{1}{\rho} \cdot \ln[\delta + (1-\delta) \cdot e^{-\rho \cdot (\ln L - \ln K)}] \quad (5.17)$$

同理，对（5.12）式两边同除以 L，再取对数后有：

$$\ln Q - \ln L = \alpha - \frac{1}{\rho} \cdot \ln[\delta \cdot e^{-\rho \cdot (\ln L - \ln K)} + 1 - \delta] \quad (5.18)$$

其实，（5.17）式和（5.18）式也可通过简单公因数提取直接转换。

3. 最优化条件整理式

CES 生产函数代表现有生产约束，在利润最大化或成本最小化生产目标下，我们对拉格朗日一阶条件进行整理可以得到投入要素之间的比例方程：

$$\frac{K}{L} = \left(\frac{P_L}{P_K} \cdot \frac{\delta}{1-\delta}\right)^{\frac{1}{1+\rho}} \quad (5.19)$$

其中，P_L 表示劳动力价格，P_K 代表资本的价格。由于该方程忽略了产出，所以无须估计效率参数，但更为重要的是其可以整理为线性方程，从而更为容易处理，其线性化并整理形式如下所示：

$$\ln \frac{K}{L} = \frac{1}{1+\rho} \cdot \ln \frac{P_L}{P_K} + \frac{1}{1+\rho} \cdot \ln \frac{\delta}{1-\delta} \quad (5.20)$$

在生产行为满足最优化条件下，可以使用（5.20）式来估计替代参数。(5.20) 式的自变量与因变量进行互换有着不同意义，如果通过线性回归进行参数估计，则会有如下结果（Berndt，1976）：

$$(1+\hat{\rho}_1) \cdot \frac{1}{(1+\hat{\rho}_2)} \leq 1 \tag{5.21}$$

即 $\hat{\rho}_1 \leq \hat{\rho}_2$，两者为自变量互换情况下的不同替代参数的估计值，但无论如何估计，均会满足 $\hat{\rho}_1 \leq \hat{\rho}_2$ 这个条件。

（三）量纲对 CES 函数参数估计的影响

CES 函数替代弹性表示的是函数中两种投入要素比例的百分比变动与相对价格的百分比变动之间的比值，理论上量纲对这一比值没有影响。但是，在实际操作中，这一数值的求解只能依据采样数据进行估计，比如，上一节中所介绍的三种估计方式都是使用变量采样的形式表达，量纲对于参数估计的影响是值得考量的。

令产出和资本存量均使用货币进行衡量，并假设其不变，然后令劳动力量纲变化，设新量纲下的值为 L'，则有 $L' = \eta_L \cdot L$。将新量纲值分别代入 (5.16) 式、(5.18) 式并整理后分别得到下面的式子：

$$\ln\frac{Q}{L} \approx \alpha - (1-\delta) \cdot \ln\eta_L - \frac{1}{2} \cdot \rho \cdot \delta \cdot (1-\delta) \cdot (\ln\eta_L)^2 + [\delta + \rho \cdot \delta \cdot$$

$$(1-\delta) \cdot \ln\eta_L] \cdot \ln\frac{K}{L} - \frac{1}{2} \cdot \rho \cdot \delta \cdot (1-\delta) \cdot \left(\ln\frac{K}{L}\right)^2 \tag{5.22}$$

$$\ln Q - \ln L = \alpha + \ln\eta_L - \frac{1}{\rho} \cdot \ln[\delta \cdot e^{\rho \cdot \ln\eta_L} \cdot e^{\rho(\ln L - \ln K)} + 1 - \delta] \tag{5.23}$$

从(5.27)式可以看到，如果忽略 η_L 量纲的影响，则会错误地混淆 $\alpha - (1-\delta) \cdot \ln\eta_L - \frac{1}{2} \cdot \rho \cdot \delta \cdot (1-\delta)(\ln\eta_L)^2$ 的估计值与 α 的估计值，将 $\delta + \rho \cdot \delta \cdot (1-\delta)\ln\eta_L$ 的估计值当作 δ 的估计值，同时由于 α 和 δ 估计的偏差也会使得 ρ 的值估计偏差，即便 ρ 的估计值足够小，量纲仍然会对其产生影响，会将 $\alpha - (1-\delta) \cdot \ln\eta_L$ 的值认为是 α 的值。从(5.23)式也可以发现，如果忽略量纲的影响将会错误地把 $\alpha + \ln\eta_L$ 的估计值当成常数项 α 的估计值，$e^{\rho \cdot \ln\eta_L}$ 的出现也会导致份额的参数的估计误差增大，从而对 ρ 的估计发生偏差。可以看到，至少从理论角度，量纲对泰勒展开式和 CES 变形式进行参数估计的影响必须认真考虑。

由于替代弹性为函数中两种投入要素比例的百分比变动与相对价格的百分比变动之间的比值，量纲的变动也必然会使方程中的价格产生相应变动,虽然对价值没有影响,但是,影响了产品数量值的大小。新量纲下劳动力的数值比旧量纲扩大 $\frac{1}{\eta_L}$ 倍,则其在新量纲下的价格为:

$$P'_L = \frac{1}{\eta_L} \cdot P_L \tag{5.24}$$

将这些改变后的变量值代入(5.20)式则会有:

$$\ln \frac{P_L}{P_K} = (1+\rho) \cdot \ln\left(\frac{K}{L}\right) - \ln\left(\frac{\delta}{1-\delta}\right) - \rho \cdot \ln \eta_L \tag{5.25}$$

从(5.25)式可以看到,量纲会通过对线性方程的截距影响份额参数的估计,但是不会影响斜率的估计。因此,至少从以上理论的讨论中采用最优化线性方程估计弹性参数不会像泰勒展开式和对数变形式一样受量纲差异的影响,可以用于有效估计生产函数替代参数。

综上所述,通过本部分的研究,发现量纲的变化会对参数估计的结果产生重要影响,甚至可以影响贝叶斯估计的成败,采用最优化条件整理式才能避免量纲的影响,得到比其他方法更接近真实值的弹性参数。

第三节 内、外资企业生产函数弹性参数的估计

一 数据准备

在介绍所需要使用的参数估计方法后,我们开始对本书所需要的内资和外资经济相关的生产函数参数进行估计。前面已经提到,进行 CES 生产函数替代弹性参数的估计需要具备四组经济数据序列:投入资本(K)、资本报酬率(P_K)、从业人员(L)和从业人员报酬率(P_L)。在本书中涉及内资经济部分及外资经济部分,各有四组数据。其中,由于我国一直没有发布资本存量数据,对于外资经济的资本存量更是无从查起,而投入资本 K 与资本存量紧密相关,因此使用这外资和内资的固定投资数据序列,借助待定系数优化法分别估计其产业折旧率,继而得出各产业内、外资部分各年资本存量数据;资本报酬率 P_K 用资本收益(营业盈余)与投入资本的比值来表示;从业人员报酬率用从业人员平均劳动报酬表示。

（一）资本存量部分

本章第一节在介绍待定系数优化法时已经以我国三大产业为例计算过三大产业的资本存量数据。本部分主要是对外资部分，以及信息技术制造业的相关数据继续进行估计。

我国历年统计年鉴的固定资产投资专题中，除信息技术制造业数据需要分别从历年"按行业、隶属关系和注册类型分城镇固定资产投资"中获取外，详细列出了具体产业各主要产业全社会固定投资的历年数据。关于外国直接投资部分的固定资产投资使用商务部的"外商直接投资产业结构"、"外商直接投资行业结构"和"外商直接投资主要行业参考数据"中的相关数据与各年人民币兑美元汇率整理而来。将所需各相关产业的内资部分固定资产投资及以上年为100的固定资产投资价格系数整理见附表7，外资经济部分数据整理见附表8。

由于明确确定信息技术制造业和信息技术服务业产业的统计均发生在2001年以后，此后中国统计局共发布了2002年、2005年及2007年三年的投入产出表，依据待定系数优化法要求，相应的主要折旧数据年份也为这3年，各产业确定折旧数据整理见附表19。

（二）各行业就业人员部分

劳动力数据在我国统计数据中有从业人员和就业人员两种口径，其中从业人员统计数据涵盖的经济范围远比就业人员的统计范围广，为了能够尽量全面体现各产业的作用，本书选用从业人员统计口径。对于信息技术制造业和信息技术服务业从业人员数据的使用，我们采用假设这两个行业的企业均为城镇企业，这样就可以使用《统计年鉴》中的"各地区按行业分城镇单位就业人员数"中的代表信息技术服务业就业数据，以及"按行业分规模以上工业企业主要指标"中的全部从业人员数代表信息技术制造业就业数据。对于这一假设主要基于如下的认识，信息技术企业均为高技术产业，一般都建立在高素质人才集中的城市。全国各产业从业人员数如附表9所示。

外资企业部分的各产业数据只有经济普查年鉴中提供了两年的较完整的各产业从业人员数据，其他年份从业人员数据仅在《中国统计年鉴》的工业和建筑业专题有提供，整理后的外国直接投资企业的从业人员统计如附表10所示。

(三) 就业人员平均报酬率

就业人员平均报酬率直接采用从业人员平均报酬数据。然而在 2004 年以前的统计年鉴中并没有单独列出各产业从业人员平均劳动报酬数据，可以直接将"农、林、牧、渔"的数据作为第一产业的数据，而第二产业和第三产业的数据则需要单独进行整理、计算。假设内、外资各产业的从业人员平均劳动报酬 y 是由各部分子产业从业人员平均劳动报酬 x_i 按照从业人数加权平均的结果：

$$y = \sum_i a_i x_i \qquad (5.26)$$

对第二产业而言，可以从统计年鉴"工业"和"建筑业"章节获取具体的从业人员数据，以此将两个产业平均劳动报酬进行加权平均就可以得到第二产业从业人员平均劳动报酬。而对于第三产业，由于其包含的内容众多，加上统计口径的调整，使得继续采用上式来计算第三产业从业人员平均劳动报酬困难重重。将上式作如下变形：

$$x_j = \frac{y - \sum_{i \neq j} a_i x_i}{a_j} \qquad (5.27)$$

其中，y 表示我国从业人员平均劳动报酬，x_i 表示第一、第二产业的从业人员平均劳动报酬，a_i 表示第一、第二产业的从业人员权重，a_j 表示第三产业的从业人员权重，x_j 表示待求的第三产业从业人员平均劳动报酬。根据附表 9 和附表 10 计算出三大产业的从业人员权重，继而利用 (5.27) 式可以求出第三产业从业人员平均劳动报酬。全国总体各行业从业人员平均劳动报酬如附表 11 所示。

由于没有直接的各产业外资企业从业人员劳动报酬统计数据，本书通过《中国经济普查年鉴》第二产业和第三产业中对外资部分的数据按照部分除以相应产业的从业人员年平均数后估算得到。估算并整理后外资企业各产业从业人员平均劳动报酬如附表 12 所示。

(四) 营业盈余数据

各产业营业盈余数据在 2002 年、2005 年、2007 年三年的投入产出表中可找到详细数值，在统计年鉴中的"国民经济核算"专题也可找到历年总体营业盈余数值，但是，"国民经济核算"专题中只有总值没有各产业详细数据，所以，本书以上一年投入产出表营业盈余占其总营业盈余的份额为控制数分别计算内资和外资部分各产业的营业盈余，从而计算得到各产业营业盈余,见附表13。其中,2004年的相关数据在各统计资料中无法找到,所以取2003年和2005年的中值近似替代。

外资经济方面的数据使用利润总额数据替代,其中技术制造业的数据无法获取,由于实收资本份额代表所有者权益分配,通过实收资本中的外资比例分配利润总额取得。主要数据来源于2004年和2008年《中国经济普查年鉴》以及《中国统计年鉴》中的工业专题和建筑业专题,其余数据由这两年的数据为比例估算,结果整理见附表14。

由于信息技术制造业的相关数据统计从2002年才同时具备,导致总体可用的数据较少,因此难以通过从"第二产业"中扣除相应信息技术制造业办法来准确衡量两者的数据。

二 相关参数的确定

(一) 资本折旧率及存量的估算

根据内资和外资部分各产业固定资产投资与折旧数据,应用待定系数优化法求解出第一、第二、第三产业和信息技术制造业最优折旧率,如表5-2所示。

表5-2　　　　　　内资和外资各产业最优折旧率　　　　　　单位:%

最优折旧率	总体	第一产业	第二产业	第三产业	信息技术制造业
内资企业	0.062	0.102	0.086	0.035	0.369
外资企业	0.0205	0.069	0.02	0.038	0.254
总体	0.06	0.102	0.08	0.035	0.336

可以看出,依据历年投资和折旧数据计算出的第一、第三产业折旧率与国际通用标准相当接近,而第二产业和"信息技术制造业"的折旧率相对较大。尤其是"信息技术制造业"折旧率高达33.6%。但是,通过对比,发现2002年、2005年和2007年三年的投资和折旧额几乎相等,从而33.6%的折旧率完全吻合数据条件。在此折旧率基础上计算得到以当年价格表示的内资和外资部分各产业历年的年末资本存量,见附表15。

资本存量是一个存量数据,无论是年初的资本存量还是年末的资本存量都不适合表示在生产过程中的投资。在没有任何关于投资—时间分布先验信息情况下,不妨假设投资线性增加,因此,在生产过程中发生作用的投资就等于年初与年末资本存量的平均值。从而整理出以 2002 年价格表示的投资如附表 16 所示。

(二) CES 生产函数替代弹性的确定

依据前面整理的数据，采用贝叶斯方法对模型所使用的 CES 生产函数最优条件整理式的参数进行估算，得估算（5.20）式。为保证估算的收敛性，设置具有不同初值的三条链进行多层迭代仿真，预迭代设置为 1000 次，用作参数估计的迭代为 5000 次。相关参数和采样点间隔设置见附表 17 和附表 18。

在通过自相关图、数据历史图和数据动态图判断认定进行贝叶斯估计的马尔可夫链已经稳定的情况下，得到内、外资部分各产业的生产函数参数估计，如表 5-3 所示。

表 5-3　　　　内、外资各产业 CES 生产函数替代弹性值

部门		第一产业	第二产业	第三产业	信息技术制造业
弹性值	内资	1.006	1.423	0.990	1.536
	外资	1.003	1.688	2.998	1.066

第四节　阿明顿弹性和 CET 替代弹性的确定

根据对模型的需求体系结构的描述部分，居民对商品的消费支出要在内资企业产出复合品和外资企业产出复合品之间进行最优选择，两类企业生产的产品也要在内销和出口之间分配。同时，这部分内容用阿明顿方程和 CET 方程来描述。在阿明顿方程中，阿明顿弹性描述的是国内两类企业生产产品和进口品的替代程度，而 CET 弹性描述的是国内两类企业产品在内销品和出口品之间的替代程度。这里假设两类企业产品在内销和出口之间面临同样的替代程度。

阿明顿弹性和 CET 弹性的估计与 CES 生产函数替代弹性估计类似，仍然是根据优化问题一阶条件进行求解，即将（5.19）式依据问题变形为：

$$\frac{QE_c}{QD_c} = \left(\frac{PE_c}{PDSc} \cdot \frac{1-\delta_c^t}{\delta_c^t}\right)^{\frac{1}{\rho_c^t-1}} \qquad (5.28)$$

$$\frac{QM_c}{QD_c} = \left(\frac{PDD_c}{PMc} \cdot \frac{\delta_c^q}{1-\delta_c^q}\right)^{\frac{1}{1+\rho q}} \qquad (5.29)$$

经过对数处理、移项整理等可以得到如下形式的线性方程：

$$y = \alpha + \beta \cdot x \qquad (5.30)$$

从而可以根据具体样本情形采用对应的估计方法，如传统线性估计法、贝叶斯估计法、广义最大熵方法等来进行参数估计。

但是由于数据获取的困难，本书选取学界较为认可的已有研究结果作为备选数据。前人研究较为系统的数据有：郑玉歆（1999）、翟凡等（2005）、威伦布克（D. Willenbockel，2006）等。其中，郑玉歆等（1999）、贺菊煌等（2002）的数据来自国外资料[①]，赵永和王劲峰（2008）、谢杰（2009）认为，这两组数据较旧，他们选取的是 F. Zhai 和 T. Hertel（2005）的数据，本书也选取这几组弹性数据（见表 5-4）。

表 5-4　　　　　　本书选取的阿明顿弹性和 CET 弹性值

部门	阿明顿弹性	CET 弹性
第一产业	2.2	3.6
第二产业	2.8	4.6
其他第三产业	1.9	2.8
信息技术制造业	4.1	4.6
信息技术服务业	1.9	2.8

内资企业复合品和外资企业复合品的替代弹性在本书中使用罗依德和张晓光（Peter Lloyd and Xiao – Guang Zhang，2001）设定的值 0.1，他们设定此值时假定这两类复合品是有限替代的。

---

① 贺菊煌等（2002）没有给出具体的数据来源。

第五节 对所估计和选择参数的敏感性分析

模型中的关键参数，如生产要素的替代弹性、阿明顿弹性等参数，其值的选择对于模拟结果会产生重要影响。在求解以及选择已有相关参数之后，本节介绍 CGE 模型中的敏感性分析对这些参数进行验证和选取。

敏感性分析就是在模型中选取某个参数或外生变量做微量变动调整，通过模型体系进行求解，然后观察所得解的差异与影响。即在弹性值等自由参数偏离取值点的情况下，考察所进行研究的问题变量对模拟结果的稳健性。敏感性分析分为有限敏感性分析（Limited Sensitivity Analysis, LSA）和系统敏感性分析（Systematic Sensitivity Analysis, SSA）两类，前者只考虑部分自由参数，而后者则要对所有自由参数进行验证，LSA 由于肖文和威莱（J. B. Shoven, J. Whalley, 1984）的推荐而广泛使用。SSA 又分两种，第一种是条件系统敏感性分析（Conditional System Sensitivity Analysis, CSSA），是指每个自由参数在其他自由参数不便的条件下，考察感兴趣变量对其变化的稳健性；第二种是非条件系统敏感性分析（Unconditional System Sensitivity Analysis, USSA），是指一个自由参数变化的时候其他的自由参数变化的情况下，考察感兴趣变量的稳健性（M. Hahdad, A. Harrison, 1993）。

本部分尝试使用 CGE 模型的敏感性分析方法对参数进行验证。

其核心代码段如下：

Execseed = gmillisec(jnow)

Rhoaa(a) = normal(rhoaa(a), 0.01)

即参数以其本身为均值做正态分布的变动时，观察其模拟结果的稳健性。最后，根据模拟输出结果的稳健性选择参数。

第六节 本章小结

本章对 FDI—CGE 模型模拟所需要的两类主要数据基础进行了整理和

求解，即社会核算矩阵（SAM）的构建和模型相关参数的求解。两部分内容均涉及大量统计数据的收集整理，相关参数估计部分除了繁杂的数据收集和处理之外，还包括不同的估算和求解方法，这些方法也对估算结果有效性有着重要影响。

在社会核算矩阵的构建部分，本书介绍了构建模型模拟所需要的中国经济的快照——2007年宏微观SAM所需要的各类数据来源，以及在SAM中各部分数据的相应处理和计算方法，对于我国外资经济的相关数据在模型中的使用途径进行介绍，最后对SAM进行了平衡。

在模型参数估计部分，首先对参数估计所需要的重要方法进行了介绍，然后使用这些方法对参数进行估算，最后通过敏感性分析选择了恰当的模型参数。在参数估算方法部分，首先在传统PIM资本存量估算方法基础上提出了改良的资本存量估算方法——待定系数优化法，并对方法的有效性进行了验证，然后又对CES生产函数弹性参数估计的几种无偏估计方法进行了比较，并讨论了量纲对于弹性CES生产函数弹性参数估计的影响；最后得出使用拉格朗日一阶条件最优条件整理式进行参数估计可以最为有效和合理消除量纲对于参数估计的不利影响。

最后，囿于研究所需要数据的可得性不足，所以，对于厂商进出口问题所使用的阿明顿方程和CET函数替代弹性方面，本书使用了已有研究结果。

第六章 信息技术制造业 FDI 的投资效应与溢出效应

根据对我国信息技术制造业外国直接投资企业的现状、特点及发展趋势的分析结果，承接对外国直接投资以及信息技术制造业相关研究的不足和本书的切入点，使用构建的 FDI—CGE 模型及相关基础数据。本部分将对外国直接投资对我国信息技术制造业内资企业的产业投资及溢出效应提出相应的冲击模拟方案，然后对模拟结果结合现实情况进行分析，并依据对模拟结果的分析提出提高信息技术制造业外国直接投资利用效率和质量，最后对促进我国信息技术制造业内资企业健康发展提出政策建议。

第一节 模拟方案与模拟结果

一 模拟方案的设定

（一）外国直接投资的冲击模拟方案

使用 FDI—CGE 模型实施冲击模拟方案通过三个步骤完成。

第一，不对模型的参数和外生变量施加影响进行基期模拟，基期模拟值用于与第二阶段的模拟结果进行对比；

第二，对研究问题所需要的外生变量和参数进行修改来反映问题对应政策的冲击变化；

第三，将模型在这些政策变化或者冲击后的求解结果与基期解进行比较，研究和分析冲击的效能。

通过最终的分析会发现相关外国直接投资政策的冲击对经济体以及信息技术制造业中内资部分企业的短期和中期影响，针对这些影响可以提出一些包括使得经济体经济增长可持续和最优发展路径，以及优化信息技术制造业结构而实施的一些外国直接投资补充政策。

依据信息技术制造业历年吸收国内外投资情况、信息技术制造业外资部分经营状况占行业总体变化的情况、信息技术制造业内外资企业基本经济指标对比等数据的分析，我们按照目前行业内外直接投资变化的趋势作为冲击条件，即目前信息技术制造业恢复金融危机前的投资力度的趋势。外国直接投资2007年按当年汇率为人民币592亿元，2008年比2007年略为降低，为586.87亿元，由于金融危机影响，2009年相对2008年大幅下滑，减少为490.5亿元，2010年则又基本恢复到2008年的水平，为580.75亿元人民币。依据这些变化，再排除2008年金融危机对外国直接投资的不利影响，我们设定的冲击方案如下：信息技术制造业外国直接投资在未来依旧会保持每年约600亿元人民币的速度进入我国，即将冲击幅度保守设定为600亿元人民币。

(二) 政策模拟

为了使得政策模拟结果更为接近现实，除基本模拟方案外，对于政策模拟的具体方案将在以下两个假定的宏观经济条件下进行。我国信息技术制造业的外国直接投资当前面临国际、国内环境与其进入我国的前期(2004年之前)已经有很大不同。国际经济环境方面，对于国际投资的一个重要因素是人民币的升值以及强烈的升值预期所带来的影响。国内方面，当初鼓励其进入的一些优惠政策已经受到的质疑及反思，反对之声不绝于耳，这些反对声中的一项重要内容就是要求取消对外国投资企业的税收优惠。从理论和现实角度来看，税率的变化往往是影响企业行为的敏感因素，而汇率对于企业的跨国投资行为同样是一个敏感因素。

所以，本书在前面冲击方案的基础上，复合实际税率和汇率冲击，以观察这一冲击对信息技术制造业内资企业的资本存量变化的影响，以及外国直接投资对产业的国内投资的投资效应，内资企业劳动生产力变化的影响，内资企业就业人员数量的变化和工资水平的变化。通过以上模拟结果反映预定的政策条件下外国直接投资的投资效应和溢出效应。

对于信息技术制造业外资企业的实际税率，统计年鉴中没有直接数据可以利用，所以，我们使用外资企业主营业务收入占行业总体比例以及其增值税占行业总体比例的差距作为模拟变动的依据。经过计算，这两个比例数据分别为76.63%和57.8%，即在模拟中将信息技术制造业外资企业的税额提高到与其主营业务收入占比相应的水平。在汇率方面，从各方面的形势来看，我国对于调整出口结构以及促进内需的政策在短期内不会有太大变化,国际上对于我国汇率问题的压力也会在一定时期内呈现,综合国内外形势以及 2005 年后我国的汇率变化的现实情况,我们以年平均升值幅度——2005 年后人民币兑美元汇率年均升值 3.59%,作为汇率方面的模拟背景。

二 模拟结果

在当前的国际经济环境下,信息技术制造业对于资本依赖较深,且 2008 年金融危机的影响目前依旧没有完全消除,但是,信息技术产业不断出现的创新使得这一行业的恢复速度也较其他产业要快。国内对于信息技术产业的政策仍然是鼓励高新技术产业发展,支持高新技术的外国直接投资进入我国,并提供不同的优惠政策。

(一)基期模拟情况

我们看到,如表 6-1 及图 6-1 所示,在基期情况下随着模型不断积累,内资企业的资本存量增加从第 1 期开始到第 6 期基本表现出较外资企业更高的增量水平,平均增长幅度达到 15.07%,而外资企业的增量则略低于这一水平,为 14.70%;在总产出方面,内资企业各期的总产出水平也高于外资,总产出平均年增长 22.84%,而外资企业部分则为 21.87%;内、外资企业平均工资的增加也显示出内资企业较高的增长水平,各期平均增长达到 7.84%,而外资企业仅有 3.35% 的平均增长水平;但就业人数的增长外资企业远高于内资企业,平均增长达到 17.22%,而内资企业仅有 9.95% 的平均增长水平。

表 6-1　　基期模拟下内资与外资企业的增长水平变化情况　　单位:%

部门	资本存量		总产出		就业人数		平均工资水平	
	内资	外资	内资	外资	内资	外资	内资	外资
第 1 期	17.8	16.5	25.02	22.4	9.20	14.3	7.20	2.7
第 2 期	16.1	15.3	23.99	21.3	10.1	16.8	7.13	2.63
第 3 期	14.7	15	23.51	21.0	11.1	17.66	8.12	3.41
第 4 期	14.3	14.5	22.82	22.2	10.30	18.15	6.00	3.42
第 5 期	13.8	13.6	21.39	22.7	9.78	18.89	9.30	4.01
第 6 期	13.74	13.3	20.33	21.6	9.22	17.52	9.27	3.91
均值	15.07	14.70	22.84	21.87	9.95	17.22	7.84	3.35

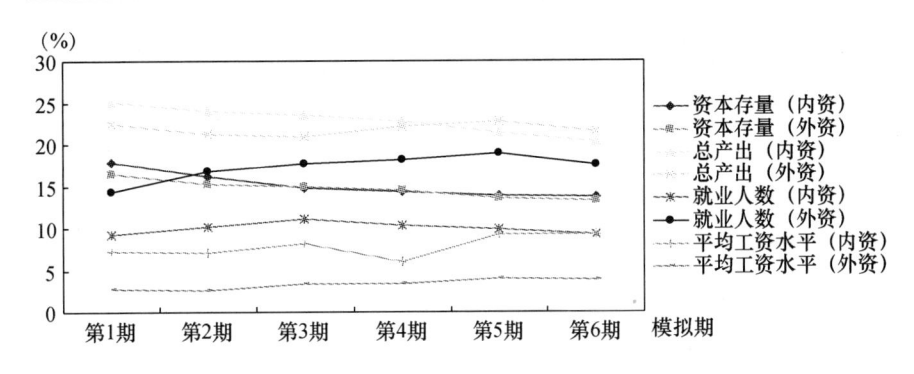

图 6-1 基期模拟下内资与外资企业的增长水平变化

在份额变化方面,如表 6-2 和图 6-2 所示,内资企业占全行业资本存量在第 1 期为 57.8%,在之后会有逐渐减弱的趋势,到第 6 期为 55.2%;总产出方面,在第 1 期内资企业总产出占全行业比为 23.6%,到第 4 期升至 25.02%,第 6 期为 24.65%;就业人数方面,在第 1 期占全行业比为 29.4%,第 2 期达到 31.1%,到第 6 期减为 28.6%;工资总额上,内资企业在第 1 期占比为 32.03%,第 6 期为 30.57%。

表 6-2　　　　基期模拟下内资企业占行业总体的份额变化情况　　　单位:%

部门	资本存量	总产出	就业人数	工资
第 1 期	57.8	23.6	29.4	32.03
第 2 期	57.2	23.70	31.1	31.98
第 3 期	56.4	24.51	30.9	32.01
第 4 期	55.8	25.02	29.3	31.66
第 5 期	55.9	24.39	29.01	31.09
第 6 期	55.2	24.65	28.6	30.57
均值	56.38	24.31	29.84	31.66

(二)冲击模拟的情况

我们看到,如表 6-3 和图 6-3 所示,在对基期进行冲击后,随着模型资本与劳动力的不断积累,内资企业的资本存量增加与基期情况基本相似,即从第 1 期开始到第 6 期基本上都表现出较外资企业更高的增量水

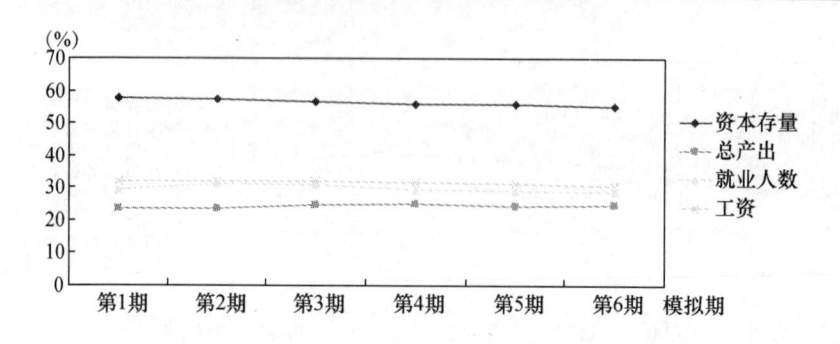

图 6-2 基期模拟下内资企业占行业总体的份额变化

平，且增长幅度基本保持不降，平均增长幅度较高，达到 20.17%，而外资企业的增长幅度虽然也基本保持不下降，但略低于内资的增长幅度，为 16.92%；在总产出方面，内资企业在各期的总产出水平也高于外资，且增长幅度基本保持上升趋势，总产出平均年增长 26.72%，而外资企业部分则为 22.85%；内、外资企业的平均工资的增加也显示内资企业较高的增长水平以及增长幅度不断增加的趋势，各期平均增长达到 8.93%，而外资企业仅有 3.93% 的平均增长水平；但是，与基期模拟结果相似，在就业人数的增长方面外资企业仍高于内资企业，平均增长达到 16.80%，而内资企业仅有 11.80% 的平均增长水平。

表 6-3　　冲击模拟下内资与外资企业的增长水平变化情况　　单位:%

部门	资本存量		总产出		就业人数		平均工资水平	
	内资	外资	内资	外资	内资	外资	内资	外资
第 1 期	18.9	16.5	25.8	22.6	10.3	15.3	8.2	3.7
第 2 期	18.9	16.9	27.3	23.2	11.8	16.8	9.1	3.63
第 3 期	20.7	16.7	27.5	23.8	12.2	17.7	8.8	4.41
第 4 期	21.3	17.5	26.8	23.2	12.6	16.4	9.2	3.92
第 5 期	20.7	17.2	26.4	22.7	11.7	17.1	9.3	4.01
第 6 期	20.5	16.7	26.9	21.6	12.2	17.5	9.0	3.91
均值	20.17	16.92	26.72	22.85	11.80	16.80	8.93	3.93

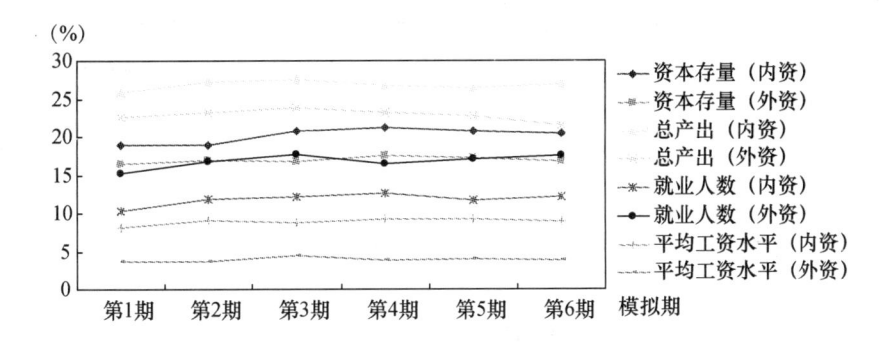

第六章 信息技术制造业 FDI 的投资效应与溢出效应

图 6-3 冲击模拟下内资与外资企业的增长水平变化

在份额变化方面,如表 6-4 和图 6-4 所示,在冲击影响下,每一期迭代后内资企业占全行业资本存量在第 1 期为 57.8%,与基期模拟中的趋势相反,之后仍然保持逐渐增长的趋势,到第 6 期达到 66.2%;总产出方面,第 1 期内资企业总产出占全行业比达到 24.6%,到第 3 期升至 26.5%,之后继续保持更高幅度的增长,在第 6 期达到 35.6% 的水平;就业人数方面,第 1 期占全行业比为 32.1%,第 3 期达到最高点 35.9%,到第 6 期逐渐表现为下降趋势,减为 34.5%;工资总额方面,内资企业的占比保持不断增加的趋势,第 1 期占比为 32.6%,到第 6 期达到 36.6%。

表 6-4　　冲击模拟下内资企业占行业总体的份额变化情况　　单位:%

部门	资本存量	总产出	就业人数	工资
第 1 期	57.8	24.6	32.1	32.6
第 2 期	59.9	25.7	34.1	33.9
第 3 期	61.7	26.5	35.9	35.0
第 4 期	62.8	28.0	35.3	36.6
第 5 期	65.9	33.4	34.1	35.7
第 6 期	66.2	35.6	34.5	36.6
均值	62.38	29.31	34.33	35.07

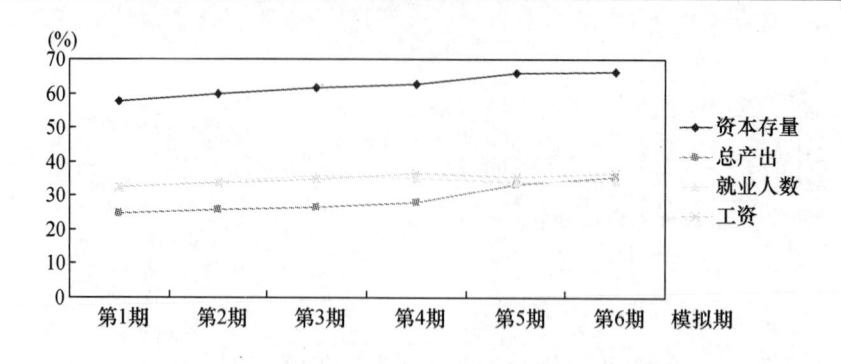

图 6-4　冲击模拟下内资与外资企业的增长水平变化

第二节　投资效应的结果分析

一　现象分析

上文进行的外国直接投资对于我国信息技术制造业冲击的模拟结果中,我们得到了在基期、投资冲击以及经济政策环境变化情况下外国直接投资对内资企业资本存量影响的模拟结果。从表 6-2 基期对资本存量的增长影响模拟结果可以看到,第 1 期、第 2 期我国内资企业的资本存量在外国直接投资的刺激下得到一定程度的积累,其增长率也超过了外资企业,在之后几期增长率开始下降,甚至开始有低于外资企业的趋势,最终维持在与外资基本相同的水平上。对于出现增长率高于外资企业的现象,可以认为是外资对于内资企业产生了促进作用,内资企业对于来自外资的支持仍然保持依赖,所以当后期缺乏外资进一步进入刺激时其增长就表现出下降趋势。这一判断,从其占行业总体的份额变化角度也可以得到一定程度的支持,在基期以及之前,内资企业经过几年的调整投入,资本存量的份额已经达到一个较高的水平,但是,在基期之后缺乏外国资本刺激便表现出下降趋势,从 57.8% 的水平开始逐期下降到 55.2%,但是这一下降速率与其在前期的高速增长水平相比显示出一定的自我支撑力。

而当出现外国资本的持续冲击和资本与劳动力不断迭代积累后,从资本存量增长率变化可以看出,内资企业对于外国资本的持续进入表现出较高的敏感性,从第 1 期、第 2 期就表现出较高的增长水平,达到 18.9%

(见表6-3)，在之后的各期增长速率也呈现出不断增高的趋势，且整体增长水平要高于外资企业。从统计数据看到，我国信息技术内资企业在最近几年的投资额呈现出接近于爆发的态势，连续几年投资均超过30%的增速，资本存量份额也迅速上升，使得外资企业的相关份额迅速下降。而冲击模拟结果，虽然与之前的高速率表现出一定的差异，但是对这一趋势仍然表现出了延续，同时也反映了外资的进入对于内资企业仍然有着非常重要的带动作用。这也可以从总产出变化的角度看出端倪，虽然内资企业存量增速明显，但其总产出水平的增长却表现出一定的保守，显示出内资企业在整个产业中的整体地位并不高，最上游部分仍然为外资企业掌控，产出利润的绝大部分也掌握在外资企业手里，内资企业处于产业链的中下游或者说是外资企业的辅助位置。对于基期模拟中后期所表现的缓慢下降趋势，我们认为，也可以对我国近些年在信息技术领域开始频繁出现的有影响力创新现象提供一定的解释。

二 外国直接投资的外部效应分析

资本在现代发展经济理论中一直被视为经济发展的一个最重要的构成要素。在当代世界全球化的开放经济环境下，一个国家或地区完全依靠自己的资源和能力发展经济并获得满意的发展成就已经非常难以想象。外国资本尤其是跨国企业投资对于发展中的东道国经济起到了突破资本积累"瓶颈"的作用。但是，外国直接投资对于发展中国家在不同层次上并不总是有正面效应，其在产业资本积累方面对东道国的经济发展具有正负效应两方面的影响。

下面从三个方面对外国直接投资对于发展中的东道国的资本积累所产生的外部效应进行分析和说明。

第一，跨国企业携带来自国际金融市场的资本进入东道国，缓解东道国发展遇到的资金短缺问题。跨国企业利用其规模化生产的垄断优势，在进入东道国某产业后直接促成这一产业资本存量的增加，弥补了东道国产业发展所需要的资金缺口。统计数据可以看出，外资企业在信息技术制造业整个产业中的资本存量份额非常重要，并且在相当长的时期内仍将占有相当重要的份额。

第二，外国直接投资会对所投资的东道国产业带来乘数效应，这种乘数效应通过对产业链的上下游产生前向和后向的关联，会对产业链上下游的资本形成产生间接的连锁效应。一般情况下，产业前向伴随性投资主要来自为外资企业生产提供中间产品的供应厂商，后向伴随性投资则主要来自产品的经销商以及服务商。如果外资企业生产所需要的中间投入品通过购买东道国生产者生产的商品或者提供的劳务服务，则与上游企业建立起前向关联关系，增加的需求即对相关产业产生促进和推动，同时促进相关产业的伴随性投资产生；当外资企业通过东道国企业销售其产品，或者成为东道国企业的中间投入品时，则又与东道国产业的下游建立后向关联，并促进后向关联企业的伴随性投资。从前面的模拟结果中我们也可以发现相应的证据，信息技术制造业内资企业资本存量增长率的变化对外国直接投资有着非常敏感的反应。当一次性外国投资进入时，前期的结果表现出较高的增长率，但后期影响逐渐减弱，而当外资持续进入时，内资企业资本存量的增长率和份额在各期均表现出正面反应。同时，对于内资企业高份额低产出的特征也可看出内资企业的辅助性色彩。

第三，外国直接投资对东道国市场产生扩张效应。外国直接投资进入东道国会对此产业已有的竞争产生激化作用，使得竞争程度加深，从而使整个产业的均衡价格降低，再刺激生产需求；同时也使整个行业生产效率得到全面提升，促进平均成本和边际成本不断下降，使产品的价格得到不断降低；另外，跨国企业带来的新技术、新产品都会刺激市场容量的进一步扩大，即东道国市场得到进一步扩张，给内资企业带来新的发展空间，并促进国内企业投资的增加。内资企业在这一扩张的市场中投入大量生产要素使得资本存量得到快速增加，但由于创新发展能力与外资企业的差距，使其总产出处于弱势地位。

综上所述，我国信息技术制造业在悄悄发生变化，行业内、外资企业资本存量比例的天平越来越向内资企业倾斜。虽然内资企业仍对外国直接投资企业有着相当强的依赖性，但这种情形也在发生变化。外资企业在制造业虽然投资比例下降，但是其经济指标仍占据主导地位的形势并未得到根本性动摇，如果国家能够对内资企业辅以一定的扶持政策，内资企业在产业内占据一定的主导性值得期待。

三 对内资企业投资影响的结论

外国直接投资与国内投资关系的研究主要集中于"挤入"或者"挤出"效应的讨论，即外国经济体对东道国的投资行为是否会对东道国国内的投资产生促进或者是阻碍作用，将东道国国内的投资"挤入"或者"挤出"相应的投资领域。通俗来讲，如果外国经济体对东道国某产业的投资增加 1 单位，则当同期东道国这一产业的总投资（指东道国内、外投资之和）的增加额小于 1 单位时，即意味着这一产业的外国直接投资"挤出"了东道国对这一产业的国内投资，对东道国国内的投资产生了阻碍作用；如果外国经济体对东道国某产业的投资增加 1 单位，则当同期东道国这一产业的总投资的增加额大于 1 时，即意味着外国直接投资"挤入"了国内投资，对国内的投资产生了促进作用；某产业 1 单位的外国直接投资引起而东道国这一产业的总投资也增加了 1 单位，则表明其影响为中性。在对我国信息技术制造业的投资资金来源以及产业资本结构的分析中我们意识到，我国信息技术制造业在国内投入和国外投入方面可能存在上述效应中的某一种，或者不同时期有着不同表现。

信息技术制造业的外国直接投资对于内资企业的发展有着一定的主导作用，内资企业对于外国直接投资有着较为明显的敏感性。从基期模拟和冲击模拟结果中资本存量数据的比较可以看到，基期模拟的初期阶段内资企业资本存量增长率明显较高，甚至高于外资企业增速，但后期增速逐渐降低；在冲击模拟结果中，内资企业每一期的资本存量增长率均有较高水平，并且增长率一直保持着增加趋势，每一期的增长率也都高于外资企业。从这些结果中可以认为，在模拟期，外国直接投资对产业内的国内投资部分有着较为明显的"挤入"作用，并且这种"挤入"作用产生的国内投资增长率要高于外国直接投资的增长水平，并且这种"挤入"作用有不断加大的趋势。

第三节 溢出效应的模拟结果分析

一 内资企业劳动生产力变动分析

（一）外国直接投资行业溢出效应讨论

信息技术制造业在我国主要集中于长三角、珠三角等生产力较为发达的地区，所以理论上这些地区能够对外商直接投资企业产生的技术"溢出效应"有较高的吸收转化能力。事实上，我国信息技术的诸多创新也来自发达地区，所以外资对内资企业的行业溢出应该有明显的表现，实证研究也应该支持这一观点。

我们假设某行业中外国直接投资企业的市场占有率与其负溢出效应呈

正相关关系，与正溢出效应呈负相关的话，则这种关系就难以解释。即如果外国直接投资企业的行业市场占有率较低，则其不断增长的投资行为带来的市场占有率增加产生正溢出效应的可能性就会更高；但随着其市场份额不断上升，同时建立一定程度的市场优势后，正溢出效应就会增加，负溢出效应就会相应减少，当两者的主导地位发生交换后，内资企业的生产力可能就会因为受到损害而降低，因为它无法再挑战跨国企业已经建立的垄断优势地位。如果这一假设以及推论是正确的，则说明一直以来研究这一问题的方法必须重新思考。

使用 FDI—CGE 模型的非线性方法对这一问题进行实证研究非常值得尝试，下面对前面进行的模拟结果进行分析以证实上述假设。

（二）模拟结果对讨论的支持

在基期模拟情况下，信息技术制造业内资企业部分对于外国直接投资也表现出敏感性，在第 1 期表现出 25.8% 的总产出增长率，比外资企业的 22.6% 生产力高出 3.2 个百分点，但是在之后的几期却表现出明显下滑，同时其总产出占行业总体份额也仍然基本保持在一个水平，没有更多的变化，而外资企业则仍然保持较为稳定的产出增长水平。这可能反映出，信息技术产业是一个非常依赖外来创新的产业，而在没有外资创新技术进入的情形下，内资企业匮乏的创新性难以支持其生产力的高增长。而在冲击模拟的情形中，内资企业的总产出增长率在外国直接投资的冲击下表现出积极的响应，基本在每一期均表现不断增加的趋势，而且其总产出增长率一直比外资企业高出几个百分点，反映出内资企业的活动程度和主动性较强。内资企业的总产出占行业总体份额表现出快速攀升迹象，从第 1 期的 24.6%一直到第 6 期的 35.6%，表现内资企业逐渐增加行业内的影响力。

上面的现象分析表明，信息技术制造业不断流入的外国直接投资确实对内资企业的生产力具有正溢出效应，同时随着内外资企业在资本存量及总产出方面所占份额的下降，外国直接投资对于内资企业的边际正溢出效应表现出不断增加的趋势。这一结论也反映了信息技术制造业外国直接投资对内资企业生产力产生的可能是非线性影响，这一非线性关系或许恰好可以解释一些线性模型对于此问题模棱两可结论的原因（Altomonie and Pennings，2006）。我们继续对模拟结果进行理论解释：作为外国直接投资企业一直在行业充当主导角色的行业，外国直接投资对于内资企业生产力产生着较明显的负溢出效应，而内资企业开始出现的一些有影响力的创新,使得内资企业逐渐扩大市场中份额,随着其市场份额增加到一定程度,内资企业生产率也不断增加,因此外商直接投资对内资企业的正溢出效应开始增加。当外资企业的市场份额下降至一个特定点,而内资企业市场份额提升至一定水平时,内外资企业竞争加剧导致的正溢出效应会占主导地位,即外商直接投资对内资企业的溢出以正面为主,即净溢出为正。

(三) 最后结论

通过对信息技术制造业中外国直接投资对内资企业进行冲击模拟的结果进行现象和理论上的讨论分析,我们得到以下结论:在当前以及之后一段相当长的时期内,信息技术制造业的外国直接投资对内资企业产生的生产力方面的溢出效应将一直保持在正、负效应临界点之外,即以正溢出效应为主,但是离临界点并不远,内资企业仍然只有加大创新力度才能进一步扩大此效应。这一结论表明,我国可以制定一些促进内资信息技术企业创新和促使外资企业释放高端技术的政策,提升内资企业增加自我支撑能力;同时继续保持外国直接投资对信息技术制造业流入的支持,以扩大其产生正溢出效应的可能性;重新调整和协调内资企业和外资企业的游戏规则,使其能在同一水平线上进行竞争;通过加强行业内的整合加快企业的自由进入和退出。

二 内资企业就业与工资水平变化分析

(一) 就业水平变化分析

从理论方面分析,外国直接投资的流入会从直接与间接两个方面对东道国就业产生影响。一是由于建立企业进行生产活动而吸收当地劳动力而对就业产生直接影响;二是由于购买当地中间投入品、在当地拓展销售渠道以及成为当地企业中间投入品提供者而产生的产业间的关联效应带动间接就业效应。两方面的影响均可导致东道国就业容量的增加。统计数据也反映了外国直接投资企业对于就业的促进作用。从数据可以看到,外国直接投资企业对总体就业人数的影响是呈正面影响的。但是,在产业层面,外国直接投资流入可能带来上下游就业机会的增加,也可能由于竞争加剧,内资企业无法与具有垄断优势的外资企业竞争而减少生产规模或者倒闭,从而导致就业机会的减少,所以产业层面的就业影响并不确定。

从基期模拟的结果看,信息技术制造业的内资企业对于就业的吸收能力仍然不如外资企业,其增长率整体上比外资要低 7 个百分点左右。但是从第 1 期到第 3 期的表现趋势上看,信息技术制造业内资企业的就业增长率在外国直接投资进入的前期表现上扬态势，而后期又逐渐回落，而外资企业的就业增长率则一直保持较高速度的上升态势。在份额表现上，内资企业占总体就业份额也呈现出同样的趋势，在初期份额提升，而到后期则开始出现下滑。这些现象表现出外资企业对于就业人群仍然是首要选择，而内资企业对就业人群的吸引力需要从多方面进行提升。同时，内资企业的就业对外国直接投资的溢出也有一定依赖，所以，当外资进入初期内资企业表现出扩张的趋势。

在冲击模拟的结果中（如表6-5和表6-6的整理数据所示），虽然内资企业在就业吸收方面的平均增长率仍然低于外资企业，但在模拟期的后期，就业增长率趋势没有如在基期模拟中出现的下滑趋势，而是延续了初期继续上扬的态势，同时与外资企业的就业增长率之间的差距也缩小为相差4个多百分点。外资企业方面的就业增长则仍旧保持相对稳定的状况。在份额方面，内资企业就业人数占总体的份额比例一直保持不断扩大的趋势。这些结果说明，在信息技术制造业内，在当前以及之后的一段时期，外国直接投资将对内资企业就业产生正面影响，有"挤入"作用，反映出信息技术制造业内、外资企业之间没有存在过多的竞争。在基本面上的判断，可能是一种伴随关系，即内资企业相对于外资企业属于产业下游的辅助地位，但是，这一情形开始出现逆转趋势。内资企业发布有影响力新产品的频率越高，就表现出更强的创新能力和扩张生产的能力，也就越需要更多的雇工，从而吸收更多的就业。

综上所述，外国直接投资对于内资企业的就业水平的提高有着相当程度的溢出作用。

表6-5　外资企业对内资企业就业和工资增长率影响的基期与冲击模拟

| 基期模拟 |||| 冲击模拟 ||||
| 就业人数 || 工资 || 就业人数 || 工资 ||
内资	外资	内资	外资	内资	外资	内资	外资
9.20	14.3	7.20	2.7	7.20	2.7	8.2	3.7
10.1	16.8	7.13	2.63	7.13	2.63	9.1	3.63
11.1	17.66	8.12	3.41	8.12	3.41	8.8	4.41
10.30	18.15	8.01	3.42	8.01	3.42	9.2	3.92
9.78	18.89	8.70	4.01	8.70	4.01	9.3	4.01
9.22	17.52	7.27	3.91	7.27	3.91	9.0	3.91
9.95	17.22	7.84	3.35	7.84	3.35	8.93	3.93

表6-6 外资企业对内资企业就业和工资总体份额的基期与冲击模拟

基期模拟		冲击模拟	
就业人数	工资	就业人数	工资
30.1	32.67	32.1	32.6
31.1	31.98	34.1	33.9
30.9	32.01	35.9	35.0
29.3	31.66	35.3	36.6
29.01	31.09	34.1	35.7
28.6	30.57	34.5	36.6
29.84	31.66	34.33	35.07

(二) 工资水平变化的分析

随着我国GDP的持续超过9%平均速率的高速增长，我国在岗职工的工资水平在总体上有较大提高，但也必须重视外国直接投资企业对整个经济体在劳动报酬方面起到的"领头羊"作用。多年来，外国直接投资的不断流入使外资企业成为我国经济发展的重要一极，同时外资企业在国民经济分配领域所占的地位越来越高，所起到的作用越来越重要，尽管外资企业员工的整体工资收入水平与其母国的工资水平有很大的差距，但相比我国平均工资水平，以及内资企业的收入水平都处于更高的层次，所以外资企业雇用的员工在技术、文化等方面的整体素质高。信息技术制造业基本上一直保持着这样状况，从前面的数据可以看到，内资企业为了应对这种冲击，在不断提升现有员工的工资水平，其工资水平上升的速率甚至高于外资企业。因此，外资企业的进入会带来一个行业或者地区工资水平的提高。

从信息技术制造业基期外国直接投资对内外资企业工资水平影响的模拟结果中（见表6-5和表6-6），内资企业的工资水平也一直表现出增长形势，虽然后期模拟结果外来资本的影响已经减弱，但内资企业的工资增长率并没有因此而产生下滑，反而表现出一定的上扬态势，并且其整体的增长水平要高于外资企业。这一现象反映出信息技术内资企业工资增长对外国直接投资表现出活跃的响应，并且这种响应能够表现出一定的持续性。这一判断在冲击模拟结果中也可得到印证——内资企业对于持续进入的外来资本表现出更积极的活跃性，行业内不断进入的外国直接投资使得内资企业的工资增长率在各期都表现出较高增速。而在同期，外资企业的工资水平增长始终在4%左右。两个情形的模拟结果反映出我国信息技术制造业外资企业已经处于一个成熟稳定的发展状况，其对生产要素以及劳动力、投资等要素的投入已经基本趋于稳定，但其生产规模在不断扩大，支付工人的工资却并未表现出同水平增长，基本上保持稳定，这与我国信息技术制造业所处的产业链下游有着重要关系，整个产业链中的主要利润均流向上游，而下游虽总体规模扩大但平均水平则增长乏力。内资企业在基期和冲击期表现出的份额上升则表明了其虽然处于产业链下端，但有着活跃的创新倾向，表现出愿通过更高报酬吸引高素质雇员的积极倾向。

上述分析结果表明，信息技术制造业内的外国直接投资对于内资企业劳动报酬起到激励和带动作用。

第四节 政策模拟结果分析

一 模拟结果初步分析

按外国直接投资企业税率变化的设定，外国直接投资企业的税率要提高32.6%才会达到国内企业的缴税水平，税率冲击设定为提高32.6%；人民币兑美元汇率变化按最近五年汇率改革后的年平均升值水平，设定为3%；两个冲击条件与信息技术制造业中外国直接投资600亿元投资的冲击条件相结合进行复合条件冲击。冲击的结果如表6-7所示。

在对基期进行复合冲击后，模拟的结果显出较为复杂的情形，总体上外资企业受到较大的冲击。随着模型资本与劳动力的不断迭代和积累，内资企业的资本存量出现较大幅度的下降，同时也看到，外资企业的资本存量下降幅度更为剧烈，增长率仅有13%左右；在总产出方面，内资企业在各期的总产出增长率仍然保持不断提升，但是，提升幅度低于单纯的外资进入冲击，平均水平为26.28%，外资企业方面的总产出的增长幅度也出现较大幅度下降，而且有不断下降趋势，平均增长水平为16.95%；内资企业平均工资的增加显示出比单纯冲击时较低的增长率，但这一增长率保持着不断提高的趋势，平均达到6.60%的增加水平，外资企业方面则表现出较为明显的变化，相比单纯冲击时工资增长率变化幅度更低，平均仅有1.95%的增长率，但是可以看到，没有出现持续下滑的情形；就业水平方面，内资企业的增长率表现出不同于单纯冲击时的结果，内资企业的就业增长达到 13.3%，在第 6 期时达到 14.5% 的增长，平均达到 14.12%，外资企业的表现则与前面的模拟结果出现完全相反情况，就业增长水平出现低于内资企业的情况，第 1 期时为 13.5%，而第 6 期时仅为 12.2%，平均增长 12.73%。

表 6 - 7   复合税率和汇率变化冲击模拟下内资与外资企业的增长水平变化情况   单位:%

部门	资本存量 内资	资本存量 外资	总产出 内资	总产出 外资	就业人数 内资	就业人数 外资	平均工资水平 内资	平均工资水平 外资
第 1 期	17.9	13.5	22.8	17.6	13.3	13.5	5.2	1.7
第 2 期	17.9	13.1	27.3	17.2	13.8	13.1	6.1	1.6
第 3 期	18.2	12.7	27.5	16.9	14.1	12.7	6.8	1.8
第 4 期	18.1	13.0	26.8	16.2	14.3	12.4	7.2	2.1
第 5 期	18.3	13.2	26.4	17.1	14.7	12.5	7.3	2.3
第 6 期	18.4	12.9	26.9	16.7	14.5	12.2	7.0	2.2
均值	18.13	13.07	26.28	16.95	14.12	12.73	6.60	1.95

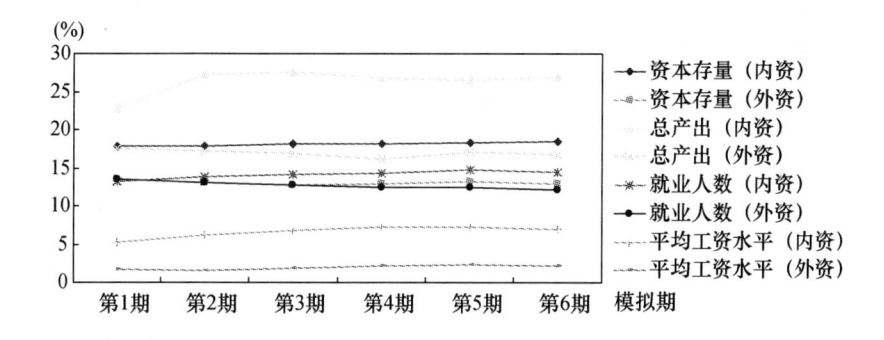

图 6 - 5   复合税率和汇率变化冲击模拟下内资与外资企业的增长水平变化

在份额变化方面，如表 6 - 8 所示，在冲击的影响下，每一期迭代后内资企业占全行业资本存量的比例，第 1 期为 59.8%，比单纯模拟的趋势高，之后仍然保持较高增长速度，到第 6 期达到 68.2%；总产出方面，第 1 期，内资企业总产出占全行业的比例达到 28.6%，到第 3 期升至

33.5%，之后继续保持更高幅度的增长，第 6 期达到 37.6%；就业人数方面，第 1 期占全行业的 37.1%，第 3 期达到 43.9%，到第 6 期仍表现为较强的增长趋势，为 45.5%；工资总额方面，内资企业的占比保持不断增加的趋势，第 1 期为 36.6%，到第 6 期达到 42.3%。

表 6-8　复合税率和汇率变化冲击模拟下内资企业占行业总体的份额变化情况

单位：%

部门	资本存量	总产出	就业人数	工资
第 1 期	59.8	28.6	37.1	36.6
第 2 期	62.9	31.7	39.1	38.9
第 3 期	64.7	33.5	43.9	39.5
第 4 期	66.8	35.0	44.3	40.6
第 5 期	67.9	37.4	44.9	41.7
第 6 期	68.2	37.6	45.5	42.3
均值	65.05	33.97	42.47	39.93

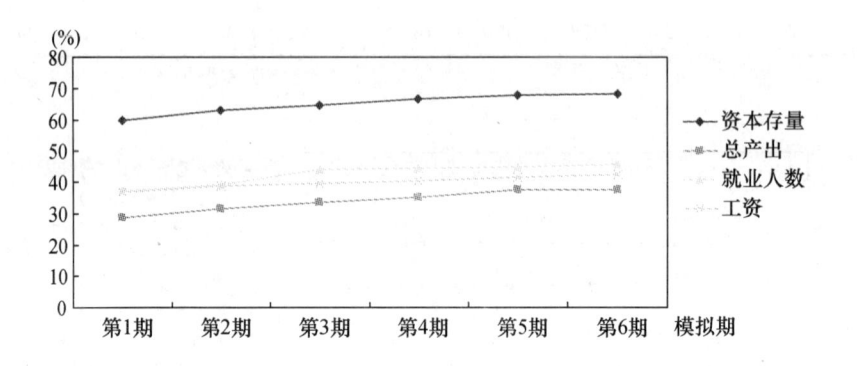

图 6-6　复合税率和汇率变化冲击模拟下内资企业占行业总体的份额变化图示

二　政策建议

政府对于引进信息技术制造业外国直接投资而提出的优惠条件是吸引外资企业进入的重要条件。从历年信息技术制造业外资企业的生产总值占行业总体份额和其缴纳实际税费占行业总体份额的差距看，我国政府对于外资企业至少付出了 1/3 的应得税额，但这一付出换来了整个产业的繁荣，行业内的内资企业从外资企业产生的溢出中也得到了长足发展。与当初引进外资相比，我国信息技术内资企业已经发展到需要进一步拓展发展空间的阶段，但一直以来内资企业与外资企业相比并未站在同一起跑线上，最直接的反映是实际税率的差距，内资企业承担着行业内与其份额不相符的税负水平，所以将内、外资实际税率调整到同一水平，或者逐步取消外资企业的税收优惠，对于内资企业有着重要意义。

从对模拟结果的初步分析可以看到，实际税率的升高确实会对信息技术制造业中的外资企业产生较大的冲击，其资本存量、总产出、就业人数及工资水平的增长均出现一定幅度的下滑，占行业内的总体份额也表现出较大幅度的下滑。与此同时，内资企业的资本存量、总产出等在增长速率和产业份额方面则得到较大程度的提升和扩大。我们也看到，外资企业在各项增长指标方面的表现并不总是下滑，而下滑一定程度后会停止下滑而保持稳定；内资企业则在初期表现一定的增长势头，但随着模拟期的后移，会出现增势变缓的趋势。这一现象可能表明，我国对于信息技术制造业的外资企业仍然有相当的吸引力，这与我国基础设施、人员素质等得到较大提升有密切关系，相对于世界其他发展中国家有着较大优势，跨国企业短期内难以找到如此既能提供高质量劳动力又拥有巨大市场的替代对象；内资企业对外资企业仍存在着较大的依赖，外国直接投资对于内资企业的溢出效应仍是内资企业发展的重要源泉，保持外国直接投资一定程度的持续流入对于内资企业发展十分重要。同时人民币汇率的上升趋势也对实际税率提升有一定抑制作用，这与信息技术制造业外资企业产出中以出口为主的基本情况相符，外国直接投资进入我国从汇率方面即可保证其3%的收益。

所以，我国政府提高对信息技术制造业外资企业实际税率有着较复杂的多方面的影响，一方面会导致外资企业各种经济指标下降，外资收益减少，但外资不会因此大范围撤出，而仍会保持一定的规模；另一方面，外资各种经济指标的下降为内资企业带来发展机会，但是内资企业相对于外资企业仍属于从属地位，外资企业的溢出效应对其发展有重要作用。所以，政府对于外资企业实际税率的提高也应逐步进行，而不是短时期提升，这样，可以更有效地使外资企业发挥对内资企业的溢出效应。

第五节 本章小结

本章使用前面所构建的 FDI—CGE 模型，设定多种方案信息技术制造业外国直接投资对内资企业在投资效应、生产力、就业人数及工资方面的影响进行模拟。模拟结果表明，在当前及之后的一段时期内，外国直接投资对于内资企业投资产生的是"挤入效应"，对内资企业的技术溢出也表现为内资企业生产力的提高；我国信息技术制造业的内资企业有着不断壮大的势头，对于外国直接投资有着较为敏感的反应，但内资企业在整体上属于从属地位，对于外资企业的溢出效应有着一定程度的依赖。政策模拟结果表明，提高外资企业的实际税率对于外资企业会产生较大影响，外资企业的主要经济指标会出现下滑，但下滑后会进入稳定期，而内资企业则在初期会在增长率及份额方面表现出一定程度的提升，但这种增长并不能持久，反映出内资企业对外资企业的依赖性。

第七章 FDI撤离背景下的投资效应与溢出效应模拟

根据前述模拟分析，本章继续针对我国近年来出现的大规模FDI撤离现象及其对我国内资企业的可持续发展和产业转型升级带来的影响进行分析与研究。

第一节 我国FDI撤离的基本背景

2010年以来，我国人口红利及部分政策优惠进一步收窄[①]，劳动力等生产要素成本持续在高位波动，以及上海自由贸易区等新一轮改革措施全面启动的制度环境，构成了当前中国制造业FDI撤离的基本国内背景。同时，国际经济复苏乏力、国际政治秩序动荡、国际石油价格断崖式下跌、美元回流、世界主要经济体央行推出量化宽松政策等国际因素对于FDI撤离也起到了推波助澜的作用。这些国内、国际的不利因素降低了FDI的盈利预期，导致了我国FDI依赖型产业，尤其是制造业对FDI非正常规模性撤离忧虑情绪的升温[②]，这将对我国正在进行的产业转型升级战略带来不利影响。但是，在近年来信息技术制造业FDI撤离的规模性倾向日趋明显的背景下[③]，其内资企业的整体发展将会表现出什么样的趋势？内资企业是否能找到可持续增长的发展模式来支撑和主导整个产业实现转型升级，并继续参与国际竞争？这些问题可以从我国FDI依赖型产业内资企业受到

[①] 以国务院2014年11月第62号文件为主要代表。
[②] 凤凰财经：《外媒：中国人的财富或将迎来一次命运转折》，2015年2月11日，http://finance.ifeng.com/a/20150212/13499902_0.shtml。
[③] 腾讯财经：《中国制造业倒闭潮来袭》，2015年2月9日，http://view.inews.qq.com/a/FIN2015020905759702?refer=openapi_for_htc。

的 FDI 投资效应和溢出效应变化的角度进行模拟分析。

如表 7-1 和表 7-2 所示，近年来，信息技术制造业数据显示出明显的 FDI 撤离迹象，同时由于信息技术制造业的高新技术特性，与其他产业相比，投机型 FDI 和"马甲"型 FDI 比例较低，有利于采用结构主义 CGE 模型对其内资企业发展的稳定性和产业实现转型升级的可持续性问题进行研究。本章尝试模拟 FDI 不同规模撤离情景下对信息技术制造业内资企业投资效应与溢出效应的变化趋势，并进一步利用基于 DEA 的 Malmquist 指数法对模拟期劳动生产率的分解分析，发现 FDI 撤离影响内资企业发展的主要因素，进而评估信息技术制造业转型升级进程的可持续性。

表 7-1　　信息技术制造业近年来新增国内、外投资情况　　单位：亿元

年份	2010	2011	2012	2013
外资	523.21	614.2	568	474.6
内资	3493.59	4928.8	5920.1	6999.6

表 7-2　　信息技术制造业外资主要经济指标份额情况　　单位：%

年份	企业数量	资产总计	主营收入	利润总额
2013	44.64	58.95	71.92	57.21
2012	45.24	60.38	73.82	61.63
2011	48.49	62.01	75.69	63.09
2010	45.10	66.30	76.60	60.10

第二节　FDI 撤离问题的已有研究

近年来，我国 FDI 撤离相关问题得到了一些学者的关注。其中，对于 FDI 撤离的原因和趋势研究较为集中，如毛蕴诗（2008）、桑百川（2007，2014）等的研究。这些研究对于可能引起我国 FDI 撤离的原因从包括金融、要素成本、企业经营、经济、政治等多个角度进行了细致的分析和研究，对于政府采取针对性措施缓和 FDI 撤离的不利影响有重要参考价值。FDI 撤离对东道国经济发展带来的风险也是各界关注的重要方面，如王珏等

(2012)、宋敏（2008）、张睿（2010）、宋永洲（2013）、王三兴（2014）等。这一类研究认为，FDI 撤离会对东道国的就业、金融、产业结构演进、技术进步等带来重大冲击，继而影响东道国经济增长的可持续性，甚至打断其产业转型升级的进程。

上述研究对于我国 FDI 撤离的趋势形成了一种普遍性观点：FDI 短期不会大规模撤离中国，但对潜在的风险仍须保留足够的警惕，因为"FDI 撤离风险的扩大将直接影响我国转型过程中经济增速的动力引擎结构等更为深层次的问题"[①]。回顾克鲁格曼（1998）、卡勒基和萨克斯（Kalecki and Sachs，1966）、余永定（1997）、Razin 和 Sadka（1999）、Goldstein 和 Razin（2006）等对 FDI 稳定性的探讨，无论是从短期还是长时间跨度来看，FDI 的稳定性都是值得警惕的。经济危机时、发展中国家出现的短期 FDI 大幅波动，以及长期存在的 FDI 占东道国对外负债的比重与经济规模成反比问题，都反映出 FDI 从来都不存在内生的，甚至是相对的稳定性。这意味着内资企业得到的投资效应和溢出效应也将是不稳定的。正如 Macelaru（2013）的研究所阐明的，跨国公司经营与东道国的最优化目标实际上常常是截然相反的，比如对于利润的处置，外资企业通常将其汇回母国，而东道国政府则希望其进行再投资。

在我国当前经济结构转型的重要阶段，尤其是支柱型产业内资企业在产业竞争优势和产业主导能力不足的情况下，FDI 的规模性撤离将会带来严重后果。综合钱纳里（Chenery，1960）和库兹涅茨（Kuznets，1971）等的产业结构变化理论和邓宁（J. H. Dunning，1977）的投资发展阶段论进行理论分析，在东道国产业结构转型升级阶段发生的 FDI 撤离将会延缓或者打乱东道国的转型进程。另外，通过对技术溢出造成冲击从而影响产业生产效率的提升，继而带来长久性影响。伴随其中的，如 Yuong 等（2001）、Gómez Plana 等（2014）等所阐明的，东道国就业机会的减少会持续较长时间，将对社会稳定产生重要影响。信息技术制造业作为我国典型的 FDI 依赖型支柱性产业，对于我国技术进步、经济结构转型、就业岗位容纳等有重要影响，在 FDI 撤离的背景下内资企业未来发展的趋势和质量如何，是评估其是否可以支撑整个产业实现转型升级和制定相应产业政策的重要依据。

[①] 刘晓忠：《外资撤离或冲击大陆经济转型》，《21 世纪经济报道》2011 年 12 月 1 日。

第三节 不同规模FDI撤离情景的模拟分析

根据上述模型设计，对信息技术制造业FDI规模性撤离对内资企业的影响进行动态模拟分析。内资企业在产业关键经济指标上的趋势变化可以反映和评估其总体竞争优势和产业主导能力变化情况。资本形成、总产出和就业人数两个指标可以较为全面和准确地予以体现，所以，本部分延续第六章的选择，继续使用这三个指标对模拟结果进行分析和评估。模拟期迭代到2020年。模拟分两步展开：

第一步：结合近年信息技术制造业FDI流入的规模和趋势进行基期模拟，作为后续模拟结果的对比基础。

第二步：包括三种不同规模撤离情景，分别是：情景一，FDI流入为零；情景二，在FDI流入为零的情况下外资企业资本存量出现10%的撤离；情景三，在FDI流入为零的情况下外资企业资本存量撤离30%。三种情景分别对应着短期FDI撤离发生时可能出现的不同程度。然后将三种方案的模拟结果与基期结果进行对比，分析评估FDI撤离对内资企业发展和产业转型升级的影响。

一 数据补充与更新

由于2012年中国投入产出表迟迟未发布，SAM数据的处理工作主要着重于使用《2010年中国投入产出表》和近年来外资企业数据将其更新为2010年SAM表（见附表22）。包括近年来的《中国统计年鉴》、《中国人口和就业统计年鉴》、《中国信息产业年鉴》、《中国国际投资头寸表》，商务部近年发布的FDI及外资企业生产贸易数据等。[1] 补充的数据主要源于2010—2014年《中国外商投资报告》、《年电子信息制造业运行情况》、《投资中国系列报告》、2010—2014年《中国外资统计》、2010—2014年《中国金融年鉴》等。各类弹性参数仍使用前面的测算值。

二 基期模拟

依据商务部数据[2]，2011年、2012年、2013年、2014年信息技术制

---

[1] 参见http://www.FDI.gov.cn。
[2] 商务部：2011—2014年《中国外资统计》，www.fdi.gov.cn，2015年1月30日访问。

造业 FDI 流入变动比例分别为 -13.34%、-9.89%、-2.72%、-5.78%，基期为 2010 年。进行基期模拟时，前两期以真实 FDI 流入数据为冲击值，后六期以 2011—2014 年 FDI 平均减少值为流入值。模拟结果如表 7-3 所示，随着模型不断迭代，内资企业的资本存量增加在模拟期内表现出较外资企业更高的增长水平，平均达到 16.38%，而外资企业的增量则略低于这一水平，为 7.72%，总体趋势延续了 2010 年以来的实际情况。进一步观察和对比可以看到，在第 1 期、第 2 期时两类企业的资本存量、总产出和就业人数的增长率模拟值与实际值较为接近，表现为内资企业在各指标方面均超过外资企业。在之后的三个模拟期，内资企业各指标值延续第 1 期、第 2 期的趋势，呈现持续上升，表明模型模拟基本符合我国现实情况。

表 7-3　　基期模拟下内资与外资企业的增长水平变化情况　　单位:%

模拟期	资本存量 内资	资本存量 外资	总产出 内资	总产出 外资	就业人数 内资	就业人数 外资
2013 年	14.8	6.51	19.02	11.2	10.20	7.30
2014 年	15.1	7.35	19.99	12.15	11.10	6.80
2015 年	15.7	8.08	20.51	12.00	12.10	5.66
2016 年	16.3	8.52	20.82	12.60	12.30	5.15
2017 年	17.0	8.60	20.39	11.30	13.08	4.89
2018 年	16.9	8.22	19.15	10.37	12.82	4.03
2019 年	17.3	7.91	19.89	10.33	11.39	3.78
2020 年	17.9	6.57	18.77	9.01	10.75	3.04
平均值	16.38	7.72	19.82	11.12	11.72	5.08

三　不同规模 FDI 撤离情景模拟趋势分析

情景一：FDI 流入为零。

表 7-4 中的模拟结果与基期相比，当 FDI 流入降为零时，内资企业资本存量仍保持上升趋势，最高达到 16.38%，总产出最高仍达到 17.90%，就业人数增长基本保持在 10% 以上，各指标值除高于外资企业之外，甚至在第 1 期、第 2 期有超过基期值的趋势，总体趋势仍然保持上行。通常 FDI 除了直接促成产业资本存量增加外，还会带来投资效应，对

内资企业产生挤入或者挤出效应。模拟结果中，内资企业资本存量增长率在各个模拟期都比外资企业高出9%—11%，而同时总产出增长却在达到20.89%的增长率后表现出下降的趋势，结合就业人数增长率仍然保持上升趋势来看，资金不足可能已经不再是制约内资企业发展的重要问题。或者从罗纳德·麦金农（Ronald I. Mckinnon，1988）和格里芬（K. Griffin，1970）的部分观点进行解释，即FDI对于缓解信息技术制造业资金紧缺的作用可能已经不复存在，其对于内资企业的产业投资效应已经更多地表现为挤入效应。

表7-4　　　FDI流入为零时内资与外资企业增长水平变化　　　单位：%

模拟期	资本存量 内资	资本存量 外资	总产出 内资	总产出 外资	就业人数 内资	就业人数 外资
2013年	14.80	6.51	17.00	9.20	9.20	6.30
2014年	15.10	6.35	18.19	10.15	10.30	5.60
2015年	15.70	7.08	19.39	10.00	11.10	5.06
2016年	16.30	7.52	19.82	10.60	11.30	4.15
2017年	17.00	7.60	20.39	9.30	12.08	4.09
2018年	16.90	6.99	20.89	8.37	12.82	3.53
2019年	17.30	6.46	20.35	8.33	11.39	3.10
2020年	17.90	6.57	19.77	7.61	11.75	3.04
平均值	16.38	6.89	19.45	9.20	11.24	4.36

情景二：FDI存量撤离10%。

如表7-5所示，当FDI存量撤离10%时，外资企业受资本撤离影响各指标出现较大幅度的下滑，内资企业的增长水平同样出现下滑，但幅度相对要小，甚至在就业人数上仅有最大2.2个百分点的下降幅度。虽然资本存量和总产出在短期内有2%和3%左右幅度的下跌，但并未表现出持续性趋势，甚至在后期表现企稳回升的态势。同时，内资企业就业人数增长率虽然与基期相比也会出现1.5%左右的下滑趋势，但相对外资企业而言仍属于高速增长，并且并未像外资企业一样在后期开始出现负增长的情形。各指标的小幅下滑可以支撑情景一中的观点：我国信息技术制造业内资企业总体上并不再受限于资金短缺的问题。但内资企业资本存量和生产仍受到外资撤离的冲击，表明内资企业与外资企业间的互补性关系可能要强于替代性。同时，从要素价格变化的角度，近年来，劳动力价格的上升推动了资本—劳动相对价格的变化，对外资撤离起到推动作用，但对内资企业的影响却不如预期，反而表现出相当的稳定性。一方面可能是信息技术制造业资本对劳动要素替代性升高，另一方面内资企业与外资企业存在错位发展，互补性大于替代性。

表 7-5　　FDI撤离10%时内资与外资企业增长水平变化　　单位：%

模拟期	资本存量 内资	资本存量 外资	总产出 内资	总产出 外资	就业人数 内资	就业人数 外资
2013年	14.80	5.51	15.71	7.26	8.92	4.93
2014年	15.10	5.37	16.37	7.15	9.30	4.41
2015年	15.70	5.01	17.23	6.77	10.11	5.06
2016年	16.30	5.52	17.01	6.96	10.73	3.89
2017年	17.00	4.65	17.88	7.71	11.08	3.60
2018年	16.90	4.99	18.68	8.11	12.52	3.13
2019年	17.30	4.46	19.35	8.31	10.69	2.57
2020年	17.90	4.27	19.79	8.51	10.66	2.44
平均值	16.38	4.90	17.75	7.60	10.50	3.75

情景三：FDI撤离30%。

如表7-6所示，当FDI存量撤离30%时，虽然内资企业资本存量、总产出和就业人数大幅下滑如同预期，但与10%规模撤离时模拟的结果不同的是，其在模拟期内的趋势并没有表现出企稳回升的迹象，而是持续下滑。根据这一现象，可以进一步考虑内资企业与外资企业之间的互补性关系中的主导性问题，信息技术制造业内资企业可能对外资企业存在较强的依赖性。与FDI小幅撤离时内资企业所表现出的积极性相比，当FDI大幅撤离时，内资企业可能缺乏填补FDI撤离留出的市场空缺、就业岗位等的能力。虽然内资企业部分投资增速较快，但是仍没有有效支撑对整个产业的稳定发展。

表 7-6　　FDI 撤离 30% 时内资与外资企业增长水平变化　　　　单位:%

模拟期	资本存量 内资	资本存量 外资	总产出 内资	总产出 外资	就业人数 内资	就业人数 外资
2013 年	13.78	-25.51	15.71	3.96	7.3	-10.30
2014 年	13.51	-25.37	16.37	4.35	6.8	-10.80
2015 年	12.87	-24.01	17.23	4.51	6.72	-11.70
2016 年	12.13	-24.55	17.01	4.54	6.11	-12.40
2017 年	11.20	-23.65	17.88	5.64	6.37	-13.10
2018 年	10.79	-23.09	18.68	6.00	5.92	-13.13
2019 年	9.63	-22.96	19.35	6.31	5.69	-12.57
2020 年	8.90	-22.27	19.79	6.56	5.56	-12.44
平均值	11.60	-23.67	17.75	5.23	6.31	-12.06

第四节　数据包络分析

数据包络分析（Data Envelopment Analysis，DEA）由查尼斯（A. Charnes）和库珀（W. W. Cooper）等于 1978 年创建并命名的。它将数学、数理经济学、运筹学和管理科学等多个学科进行融合，对多投入/多产出的多决策单元（Decision Making Unit，DUM）的相对效率进行评价的方法。通过使用数学规划模型来评价具有多个输入，特别是多个输出的 DMU 间的相对有效性。使用 DEA 方法和模型可以确定生产前沿面的结构、特征和构造方法，是一种非参数统计估计方法。

一　生产可能集与生产前沿面

生产可能集的界定假设第 $s(s=1,2,\cdots,S)$ 个 DMU 在生产经济活动第 $t(t=1,2,\cdots,T)$ 期投入 $n(n=1,2,\cdots,N)$ 种要素，并产生有 m（$m=1,2,\cdots,M$）种产出。设投入为 X_t，产出为 Y_t，且 $X_t=(x_1^t, x_2^t, \cdots, x_N^t) \in R^{N+}$，$Y_t=(y_1^t, y_2^t, \cdots, y_M^t) \in R^{M+}$，则第 s 个 DMU 在第 t 期的投入产出组合为 (X_t, Y_t)，由此可得 t 期的生产技术可能集为：

$$S^t = \{(X^t, Y^t) \in R_+^2 : x_n^t \geq \sum_{s=1}^{s} \lambda^{s,t} x_n^{s,t}, n = 1, 2, \cdots, N$$

$$y_m^t \leq \sum_{s=1}^{s} \lambda^{s,t} y_m^{s,t}, m = 1, 2, \cdots, M, \lambda^{s,t} \geq 0, \forall s\} \tag{7.1}$$

变量 $\lambda^{s,t}$ 是强度变量，表示决策单元在评价技术效率时的权重，同时也是反映技术结构的参数。生产可能集中包含了 t 期所有可能的投入产出组合数据，满足平凡公理、凸性公理、无效性公理、锥性公理和最小性公理等多个定理。从现实的角度，(7.1)式对生产可能集的定义必然会包括一些与实际情况不符的结果，比如技术退步的问题。所以，通常也要将上一期前沿面上的点也包括进来。因为在前期能实现的投入产出技术转换，在后期也能实现，这样的生产可能集在分析期内是一致的。用数据包络分析法把上一期实际投入产出数据在上一期前沿面上的投影作为当期生产可能集的观测点，与当期实际投入产出数据一起建立当期生产可能集，从而得到：$S^1 \subseteq S^2 \cdots \subseteq S^t \cdots \subseteq S^T$。

二 生产前沿面的确定

生产前沿面是经济学中生产函数在多产出情况下的一种推广，我们假设 Y^s 代表第 s 个决策单元在第 t 期投入 X^t 要素的条件下的产出，其函数关系为：$Y^s(X^t) = F(X^t, s, t)$，则 F 通常满足以下条件：二阶连续可导、单调递增性、凹凸性和一阶齐次性（即规模报酬不变）。而"最佳生产状态"的决策单元有效，即相应于生产可能集而言，以最小的投入得到最大的产出为目标的帕累托最优，因此，生产前沿面就是以生产可能集作为约束集合的线性多目标规划帕累托面，即数据包络面的有效部分，可以形式化为：

$$\overline{Y}^t(X^t) = F(X^t, \overline{s}, \overline{t}) \tag{7.2}$$

根据这一定义，则有：

$$\overline{Y}^t(X^t) = F(X^t, \overline{s}, \overline{t}) \geq Y^t(X^t) \tag{7.3}$$

即第 s 个决策单元在 t 期的最佳技术效率的产出水平，此时决策单元的投入要素被充分利用，要素使用水平在生产活动中达到最高水平。

三 技术效率的界定与计算

法雷尔（M. J. Farrell, 1957）认为，在给定技术结构特征和要素投入的情况下，决策单元的实际产出与同样投入情况下的最大产出之比为该期的技术效率，从而可以定义技术效率为：

$$e = Y^t(X^t)/\overline{Y}^t(X^t) \tag{7.4}$$

谢波德 (R. W. Shephard, 1970) 认为, 相对于参照技术 S^t, 生产者在 t 期相应产出距离函数反映了 (X^t, Y^t) 与 S^t 生产前沿面的距离, 定义如下:

$$D_0^t(X^t, Y^t) = \inf\{\theta: (X^t, Y^t/\theta) \in S^t\} = (\sup\{k: (X^t, Y^tk) \in S^t\})^{-1} \tag{7.5}$$

由上述定义可知, $D_0^t(X^t, Y^t) \leq 1$ 当且仅当 $(X^t, Y^t) \in S^t$, 且当 (X^t, Y^t) 落在 S^t 的生产前沿面上时, $D_0^t(X^t, Y^t) = 1$; 而 $(X^t, Y^t/D_0^t(X^t, Y^t))$ 一定落在 S^t 的生产前沿面上, 并称为 (X^t, Y^t) 在 S^t 生产前沿面上的投影。只需把 (7.5) 式中的 t 改成 $t+1$, 即为 $t+1$ 期产出距离函数, 其反映了 (X^{t+1}, Y^{t+1}) 与 S^{t+1} 前沿面的距离, 而跨期产出距离函数则反映了 (X^{t+1}, Y^{t+1}) 与 S^t, 或 (X^t, Y^t) 与 S^{t+1} 生产前沿面的距离:

$$D_0^t(X^{t+1}, Y^{t+1}) = \inf\{H: (X^{t+1}, Y^{t+1}/H) \in S^t\} = (\sup\{k: (X^{t+1}, Y^{t+1}k) \in S^t\})^{-1} \tag{7.6}$$

$$D_0^{t+1}(X^t, Y^t) = \inf\{H: (X^t, Y^t/H) \in S^{t+1}\} = (\sup\{k: (X^t, Y^tk) \in S^{t+1}\})^{-1} \tag{7.7}$$

(7.5) 式、(7.6) 式、(7.7) 式相应的解分别为满足以下线性约束模型的解:

$$[D_0^t(X^{s,t}, Y^{s,t})]^{-1} = \max_{k^\theta, \lambda^{s,t}} k^\theta x_n^{s,t} \geq \sum_{s=1}^S \lambda^{s,t} x_n^{s,t}, \quad n = 1, 2, \cdots, N$$

s. t.

$$k^\theta y_m^{s,t} \leq \sum_{s=1}^S \lambda^{s,t} y_m^{s,t}, \quad m = 1, 2, \cdots, M \tag{7.8}$$

$$[D_0^t(X^{s,t+1}, Y^{s,t+1})]^{-1} = \max_{k^\theta, \lambda^{s,t}} k^\theta x_n^{s,t+1} \geq \sum_{s=1}^S \lambda^{s,t} x_n^{s,t+1}, \quad n = 1, 2, \cdots, N$$

s. t.

$$k^\theta y_m^{s,t+1} \leq \sum_{s=1}^S \lambda^{s,t} y_m^{s,t+1}, \quad m = 1, 2, \cdots, M \tag{7.9}$$

$$[D_0^{t+1}(X^{s,t+1}, Y^{s,t})]^{-1} = \max_{k^\theta, \lambda^{s,t+1}} k^\theta x_n^{s,t} \geq \sum_{s=1}^S \lambda^{s,t+1} x_n^{s,t}, \quad n = 1, 2, \cdots, N$$

s. t.

$$k^\theta y_m^{s,t} \leq \sum_{s=1}^S \lambda^{s,t+1} y_m^{s,t}, \quad m = 1, 2, \cdots, M \tag{7.10}$$

第五节 基于数据包络分析的内资企业劳动生产率分解分析

在前述模拟结果分析的基础上,本节运用基于 DEA 的 Malmquist 指数法来估计三种 FDI 撤离情景下模拟期劳动生产率的变化情况,进一步从劳动生产率变化角度分析和衡量信息技术制造业内资企业的发展质量和转型升级可持续性问题。主要包括两个方面:一是从整个模拟期中内资企业生产率的变化趋势进行分析;二是将生产率分解为技术进步率、技术效率和资本深化率三个影响因素,观察信息技术制造业内资企业在 FDI 撤离情景下生产效率的演化,进而衡量其转型升级进程的可持续性。

模型中 CES 生产函数投入要素分别为资本 K 和劳动力 L,总产出为 Y,则令 $y = Y/L$ 表示劳动生产率,令 $x = K/L$ 代表资本深化程度。将生产参照技术通过两维空间表示为 (y, x)。根据 Fare 等(1994)、Kumar(2002)、辛永容(2008)等的分解框架,在界定后第 t 期生产技术、生产前沿面以及技术效率和相关约束后,第 t 期到第 $t+1$ 期劳动生产率变化速度为:

$$\frac{y_{t+1}(x_{t+1})}{y_t(x_t)} = \frac{D_0^{t+1}(x_{t+1}, y_{t+1})}{D_0^t(x_t, y_t)} \frac{\overline{y_{t+1}}(x_{t+1})}{y_t(x_t)} \qquad (7-11)$$

其中,$\overline{y_{t+1}}(x_{t+1})$ 和 $\overline{y_t}(x_t)$ 分别表示第 t 期到第 $t+1$ 期生产活动中投入要素 x_t 和 x_{t+1} 在生产前沿面技术前提下的最大可能产出。$D_0^t(x_t, y_t)$ 表示第 t 期生产前沿面的技术效率水平,则有 $\dfrac{D_0^{t+1}(x_{t+1}, y_{t+1})}{D_0^t(x_t, y_t)}$ 为技术效率比率,其大于或者小于 1 表示技术进步或者衰退。$\dfrac{y_{t+1}(x_{t+1})}{y_t(x_t)}$ 大于或者小于 1 则表示劳动生产率增长或者下降。对方程(7.11)式分别引进跨期最大可能生产水平 $\overline{y_{t+1}}(x_t)$ 和 $\overline{y_t}(x_{t+1})$,则有:

$$\frac{y_{t+1}(x_{t+1})}{y_t(x_t)} = \frac{D_0^{t+1}(x_{t+1}, y_{t+1})}{D_0^t(x_t, y_t)} \frac{\overline{y_{t+1}}(x_{t+1})}{\overline{y_{t+1}}(x_t)} \cdot \frac{\overline{y_{t+1}}(x_t)}{\overline{y_t}(x_t)} \qquad (7-12)$$

$$\frac{y_{t+1}(x_{t+1})}{y_t(x_t)} = \frac{D_0^{t+1}(x_{t+1}, y_{t+1})}{D_0^t(x_t, y_t)} \frac{\overline{y_t}(x_{t+1})}{\overline{y_t}(x_t)} \frac{\overline{y_{t+1}}(x_{t+1})}{\overline{y_t}(x_{t+1})} \qquad (7-13)$$

然后，参照 Fisher 理想指数构造方法用两式的几何平均值来衡量模拟期变化，得出 (7.14) 式。

$$\frac{y_{t+1}(x_{t+1})}{y_t(x_t)} = \frac{d_0^{t+1}(x_{t+1}, y_{t+1})}{d_0^{t+1}(x_t, y_t)} \left[\frac{\overline{y_{t+1}}(x_{t+1})}{\overline{y_{t+1}}(x_t)} \frac{\overline{y_t}(x_{t+1})}{\overline{y_t}(x_t)}\right]^{1/2} \left[\frac{\overline{y_{t+1}}(x_t)}{\overline{y_t}(x_t)} \frac{\overline{y_{t+1}}(x_{t+1})}{\overline{y_t}(x_{t+1})}\right]^{1/2}$$

(7-14)

对方程 (7.14) 两边取对数，并根据跨期产出距离函数 $\overline{y_t}(x_{t+1}) = \frac{y_{t+1}(x_{t+1})}{d_0^t(x_{t+1}, y_{t+1})}$ 和 $\overline{y_{t+1}}(x_t) = \frac{y_t(x_t)}{d_0^{t+1}(x_t, y_t)}$，将生产率的增长率分解为技术效率、技术进步率和资本深化率之和（分解式省略）。

然后使用 CGE 模型在各期模拟的信息技术制造业增加值、就业人数和资本存量分别对应生产函数中产总产出 Y、劳动力投入 L 和资本 K，来求解劳动生产率并对劳动生产率进行分解。不同 FDI 撤离情景模拟下的劳动生产率及因素分解结果见表 7-7。

表 7-7　2012—2020 年不同 FDI 撤离情景下内资企业劳动生产率及分解　单位:%

模拟期	基期				FDI 流入为零				FDI 撤离 10%				FDI 撤离 30%			
	BL₁	TP	TA	KA	BL₂	TP	TA	KA	BL₃	TP	TA	KA	BL₄	TP	TA	KA
2012—2013	10.01	1.42	3.49	5.10	9.26	2.33	2.72	4.21	9.16	2.19	2.98	3.99	5.31	0.97	1.13	3.21
2013—2014	11.13	2.11	4.07	4.95	10.28	2.62	3.48	4.18	9.78	2.49	3.08	4.21	4.28	0.02	0.89	3.37
2015—2016	11.67	2.41	4.05	5.21	9.75	2.37	3.47	3.91	8.95	2.08	2.86	4.01	4.21	0.87	0.59	2.75
2016—2017	12.01	3.02	3.87	5.11	10.22	2.70	3.13	4.39	9.02	2.43	2.69	3.89	4.03	0.30	0.76	2.97
2017—2018	11.43	2.29	4.15	4.99	10.79	2.98	3.76	4.05	10.11	2.97	3.29	3.85	3.97	0.22	0.88	2.87
2018—2019	11.71	2.46	4.09	5.22	11.51	3.37	4.02	4.12	9.93	2.16	3.67	4.10	3.89	0.75	0.85	2.29
2019—2020	12.08	2.68	4.27	5.13	11.24	3.39	3.87	3.98	9.89	2.00	3.89	4.00	3.93	0.95	0.89	2.09
平均值	11.37	2.34	4.00	5.10	10.44	2.82	3.49	4.12	9.55	2.33	3.21	4.00	4.23	0.58	0.86	3.11

注：BLx、TP、TA、KA 分别表示各情景劳动生产率、技术效率、技术进步率和资本深化率。

由表 7-7 中信息技术制造业内资企业在不同 FDI 撤离情景下劳动生产率变化的情况，结合资本存量、总产出等指标的模拟结果，可以发现与基期结果相比，内资企业劳动生产率对于 FDI 撤离较为敏感。在 FDI 流入为零和撤离 10% 两种情景中，内资企业的生产率均受到影响，有不同程度下滑，但在各期保持相对稳定，平均值分别为 10.44% 和 9.55%，与基期平均值相比略低，但总体稳中有升。而在 FDI 撤离 30% 的情景中，内资企业由于产出和劳动要素投入的剧烈变动，导致劳动生产率与基期相比出现大幅收缩,且在各期表现为下滑趋势,平均仅有 4.23%。

　　进一步观察表 7-7 中各模拟情景下影响劳动生产率各分解因素的贡献情况。技术效率、技术进步和资本深化率在各模拟期均为正值,表明它们都促进了生产率的增长。在 FDI 流入为零和存量撤离 10% 的模拟情景中,资本深化率对劳动生产率的贡献在各期均保持接近 50%,延续了基期的基本趋势,一方面表明内资企业并未由于技术效率的弱化作用而出现资本报酬递减的现象,内资企业在资本投入方面受 FDI 撤离影响较小;另一方面意味着内资企业在技术进步方面仍然不足,内资企业劳动生产率的提高更多地依赖于资本主导。同时与基期相比,技术效率和技术进步率在两种模拟情景中的占比情况发生较大改变。技术进步率由平均 4.00% 明显下降到 3.49% 和 3.21%,技术效率由平均 2.34% 上升为 2.82% 和 2.33%。表明信息技术制造业内资企业的技术进步率明显受到 FDI 撤离的影响。由于技术进步减慢,导致生产前沿面扩展速度向技术进步速率靠近,意味着行业处于较为活跃的状态但技术进步仍然相对缓慢和被动。在 FDI 存量撤离 30% 的情景中,技术效率、技术进步率和资本深化率的劳动生产率占比结构基本未发生变化,资本深化率仍然主导,但技术进步率和技术效率占比均下降到 1% 以内,同时资本深化率随模拟期表现出弱化趋势,表明内资企业的发展和转型升级的可持续性将会受到严重影响。

　　以上对劳动生产率的分析进一步验证了前一节对模拟结果的趋势分析,外资企业是内资企业主要技术进步来源,信息技术制造业的 FDI 撤离通过对内资企业的技术进步和技术效率产生冲击,从而影响内资企业发展质量,最终阻碍内资企业实现转型升级。内资企业的资本深化有利于其提高发展质量并推动转型升级,但由于内资企业技术进步方面对外资企业的依赖使得资本深化的作用有限。虽然我国 IT 产业近年来出现的大量创新现象对于内资企业发展有积极促进作用,但这些创新仍不足以起到可支撑和推动整个产业前进和发展的作用,内资企业仍需要从自身出发获取技术进步的动力。

第六节　结论与启示

　　本部分对多种 FDI 撤离情景下,信息技术制造业内资企业发展趋势和产业转型升级可持续性的问题进行了模拟分析。不同 FDI 撤离方案下的模拟结果表明，FDI 停止流入和小规模撤离对于信息技术制造业内资企业的稳定性影响较小，内资企业具备持续发展的能力，并能保持增速不断增加的趋势；但当 FDI 出现大规模撤离时，内资企业发展的稳定性将受到重要影响，技术进步受到阻碍，资本深化趋势下降，总体增速将长期持续下滑。

对信息技术制造业内资企业资本存量、生产率和就业人数增长三个指标在三种外资撤离方案下的不同模拟结果进行对比，并通过对模拟期劳动生产率变化进行分解分析，显示出内资企业与外资企业间的互补性关系仍然强于替代性更符合逻辑和事实。信息技术制造业外资企业通过其技术优势在这一互补性关系中将长期处于主导性地位，使得内资企业对外资企业仍存在较强的依赖性。当 FDI 流入为零或者小幅撤离时，内资企业受影响较小，较高的资本深化率、技术效率和技术进步使得其能够较快填补市场空白，并在模拟期表现出企稳回升的活力。结合近年来我国在 IT 制造领域不断出现的创新和有国际影响力产品的现象，说明我国信息技术制造业内资企业在资本深化的推动下，具备了一定的稳定性和产业支撑能力，并且这种能力处于不断加强之中。但当 FDI 出现较大规模撤离时，虽然仍然表现出一定的增长幅度，但内资企业由于技术进步率和技术效率的双重下降，使其在整个模拟期内一直处于下滑趋势，即便较高的资本深化贡献仍不能扭转，表明内资企业的持续稳定发展无法完全脱离外资企业的技术溢出。这一结论与笔者在江苏昆山等地进行的实地调研结果基本吻合。

上述结论表明，我国 IT 产业近年来出现的大量创新现象对于内资企业发展有积极促进作用，但这些创新更多地处于产业中低端，尚不能支撑和推动整个产业顺利实现转型升级并继续参与国际竞争。考虑到近年来复杂的国际经济政治形势和国内不断变化的宏观经济形势，各级政府应尽快适应深化改革的节奏，为信息技术制造业内资企业转型升级尽量争取时间，尽可能地从体制方面消除企业的创新困境，为内资企业技术创新更多更快地出现在产业高端和基础性领域创造机会，以促使内资企业自身获得稳定发展的优势和提高产业支撑的能力，从而顺利实现我国信息技术制造业的转型升级。

第八章 总结及展望

第一节 主要工作与结论总结

本书通过对外国直接投资在我国宏观经济层面及信息技术制造业产业层面的现状进行分析,发现外国直接投资在我国宏观经济层面产生了非常积极的推动作用,对整个国民经济贡献甚高。但是,在具体产业内,我国信息技术制造业外资企业部分的各项主要经济指标占整个产业的绝大部分份额,对整个产业起着主导作用,反映出这可能与产业内的内资企业发展缓慢有关。于是,研究信息技术制造业外国直接投资对内资企业的投资效应和溢出效应成为本书研究的主要内容,以便发现能够帮助内资企业找到可持续增长的发展模式,支撑和主导整个产业实现转型升级,并继续参与国际竞争的政策途径。

通过对已有研究进行分析后发现,CGE 模型所具有的非线性特征可能是解决已有研究中出现对立结论的方法和途径,同时,由于信息技术制造业的高新技术特性,与其他产业相比,投机型 FDI 和"马甲"型 FDI 比例较低,有利于采用结构主义 CGE 模型进行分析,所以,本书使用 CGE 模型研究外国直接投资对信息技术制造业内资企业的投资效应和溢出效应。然而,已有关于外国直接投资的 CGE 模型研究成果不足以支撑问题的进一步分析,许多烦琐的基础性工作仍然需要从头做起。本书通过分析外国直接投资在开放经济体中作用的过程中,发现外国直接投资可以对产业投资、要素市场以及生产行为等经济活动产生影响,而这正符合 CGE 模型进行政策冲击模拟的要求,所以可以加入 CGE 模型并分析其对具体产业的影响。具体分析之后,本书将外资经济体作为一个独立的生产经济主体纳入模型中,并构建了动态的开放经济体 FDI—CGE 模型,作为研究的工具。

查找和整理模型运行所需要的数据基础是使用 FDI—CGE 模型进行研究的重要基础工作。由于我国缺乏系统、细致的官方外资经济统计数据，所以，这一部分工作最为重要和困难的是对于外资经济相关数据的查找和处理。通过各方面途径查找我国外资经济相关的资本存量、就业、工资、投资等历史统计数据并结合一定程度的估算，基本实现了问题模拟所需要的数据基础。最后，配合其他方面数据，通过收集和整理众多统计数据估算出包含模型生产、消费及出口等方面的参数体系，构建起可以用于问题分析的完整模型体系。

通过使用上述模型对我国信息技术制造业外国直接投资对内资企业投资效应和溢出效应的基期、冲击以及政策手段的模拟，并对模拟结果进行分析之后，本书得出以下结论：

第一，在信息技术制造业发展形势方面，该行业内、外资企业资本存量比例天平越来越向内资企业倾斜。虽然内资企业仍对外国直接投资企业有着相当强的依赖性，但这种情形也在发生变化。外资企业在制造业虽然投资比例下降，但是，其经济指标仍占据主导地位并未得到根本性动摇，如果国家能够对内资企业辅以一定扶持政策，内资企业在产业内占据一定的主导值得期待。

第二，在理论结果方面，内资企业对于外国直接投资表现出较为明显的敏感性，外国直接投资对产业内的国内投资部分有着较为明显的"挤入"作用，并且这种"挤入"作用产生的国内投资增长率要高于外国直接投资的增长水平，并且这种"挤入"作用有使内资企业资本存量份额不断提高的趋势；在溢出效应方面，在当前以及之后一段时期，信息技术制造业的外国直接投资对内资企业产生的生产力方面的溢出效应将一直保持在正、负效应临界点之外，即以正溢出效应为主，但是离临界点不远；外国直接投资对于内资企业就业水平的提高也有着相当程度的溢出作用；信息技术制造业内的外国直接投资对于内资企业劳动报酬起到了激励和带动作用。

第三，在政策模拟结果方面，由于对外资企业实际税率的提高可能带来短期的严重后果，但由于我国吸引外资竞争力的增强，不会出现外资全面撤出我国的现象，短期内反而对内资企业带来发展机遇；但内资企业由于创新力缺乏，不得不在相当长的时期内仍从属于外资企业，对外资的溢出产生长期依赖。所以，对外资税率的提高应当逐步进行，而不能一蹴而就。

第二节 对 FDI 撤离问题的研究

在得出上述基本结论之后，我们将模型所需基础数据进行更新，继续利用 FDI—CGE 模型从投资效应和溢出效应的角度，针对近年来我国制造业出现的 FDI 规模性撤离问题进行深入分析。

本部分设定三种 FDI 撤离情景，对信息技术制造业内资企业发展趋势和产业转型升级可持续性的问题进行模拟。不同 FDI 撤离方案下的模拟结果表明，FDI 停止流入和小规模撤离对于信息技术制造业内资企业的稳定性影响较小，内资企业具备持续发展的能力，并能保持增速不断增加的趋势；但当 FDI 出现大规模撤离时，内资企业发展的稳定性将受到重要影响，技术进步受到阻碍，资本深化趋势下降，总体增速将长期持续下滑。

在对信息技术制造业内资企业资本存量、生产率和就业人数增长三个指标在三种撤离情景下的不同模拟结果进行对比后，运用基于 DEA 的 Malmquist 指数法来估计三种 FDI 撤离情景下模拟期劳动生产率的变化情况，结果显示，内资企业与外资企业间的互补性关系仍然强于替代性更符合逻辑和事实。当 FDI 流入为零或者小幅撤离时，内资企业受影响较小，较高的资本深化率、技术效率和技术进步使得其能够较快填补市场空白，说明我国信息技术制造业内资企业在资本深化的推动下，具备一定的稳定性和产业支撑能力。当 FDI 出现较大规模撤离时，内资企业仍有一定的增长幅度，但由于技术进步率和技术效率的双重下降，使其在整个模拟期内一直处于下滑趋势，即便较高的资本深化贡献仍不能扭转，表明内资企业的持续稳定发展在这类情形下无法完全脱离外资企业的技术溢出。

上述结果除验证了之前的基本结论之外，也表明我国 IT 产业近年来出现的大量创新现象对于内资企业发展有积极的促进作用，但尚不足以支撑和推动整个产业顺利实现转型升级。对于政府而言，考虑到近年来复杂的国际经济政治形势和国内不断变化的宏观经济形势，应尽快适应深化改革的节奏，为信息技术制造业内资企业转型升级尽量争取时间，尽可能地从体制方面消除企业的创新困境，为内资企业技术创新更多更快地出现在产业高端和基础性领域创造机会，以促使内资企业自身获得稳定发展的优势和提高产业支撑的能力，从而顺利实现我国信息技术制造业的转型升级。

第三节 研究不足及展望

本书研究的不足主要体现在三个方面：

第一，外国直接投资相对于发展中国家属于先进生产力，其进入东道国后所表现的生产特征应体现为生产规模报酬递增，但由于生产规模报酬递增生产函数与 CGE 模型求取均衡解的要求存在一定矛盾，所以本书仍然使用了生产规模报酬不变的生产函数。同时，技术内生因素由于多方面原因未能成功纳入模型中，这些缺陷使得模型不能完全体现外国直接投资代表的先进生产力对于发展中国家以及具体产业产生的实际影响。

第二，模型参数方面。目前，世界各国对于外国直接投资的相关统计数据都存在较大的缺失，也没有专门系统的数据用于发布，我国也存在同样的现象。对于外资相关数据的发布，国家统计系统主要以当年实际利用外资为主要内容，相关的更为细致的数据无从查起，而且也缺乏第三产业的有效统计，使得本书中相当一部分数据来源仅能通过零散的数据进行估算。使用此基础上估算出的弹性参数以及份额参数都不够精确，使用此参数体系进行模拟的结果难以达到细致分析所需要的精确程度，导致本书在结论部分不能进一步细化分析。

第三，问题领域研究方面，关于 FDI 的研究已经非常多，本书在利用 CGE 模型为工具针对我国经济问题进行研究时，应该在得出基本结论的基础上继续深化，与当前经济社会的发展前沿紧密结合。书中虽然针对当前我国面临的 FDI 撤离问题进行研究切合了我国当前面临的实际情况，但这一领域的研究仍有多个方面未有涉及，如当前大家较为关心的 FDI 在制造业内部结构性撤离，以及在制造业和服务业之间的比例结构变化趋势等。

以上不足也正是目前相关研究领域正在探索的方向，笔者将在后续的相关研究中进一步探索生产规模报酬递增生产函数在 CGE 模型的应用，并将技术内生作为本书研究进一步突破的主要方向。在数据方面继续关注和整理外国直接投资相关的产业统计数据；同时继续深入对我国 FDI 撤离问题的相关研究，进一步完善研究成果。

附　　录

模型参数说明及校准公式

pwm_c 为进口产品外币价格（CIF），tm_c 为进口关税税率 = $\dfrac{进口税}{进口额}$

pwe_c 为出口产品外币价格（FOB），te_c 为出口税率 = $\dfrac{出口税}{出口额}$

tq_c 为销售税率（作为包含销售税的复合价格的份额）= $\dfrac{销售税}{销售额}$

θ_{ac} 单位活动 a 对商品 c 的产出，$\theta_{ac} = \dfrac{QXAC_{ac} + \sum_h QHA_{ach}}{QA_a}$

$icaca$ 单位活动 a 中商品 c 的中间投入，$ica_{ca} = \dfrac{QINT_{ca}}{\sum_t QINTA_{a,t}}$

taa 活动 a 的税率 = $\dfrac{活动收入税}{活动总收入}$

$cwtsc$ 商品 c 的 CPI 权重 = $\dfrac{C\ 所有居民消费额}{所有居民总消费额}$

$dwtsc$ 商品 c 的 DPI 权重 = $\dfrac{C\ 国内销售额}{国内总销售额}$

$\alpha_{a,t}^a$ 为 CES 复合参数 = $\dfrac{QA_{a,t}}{\left[\delta_{a,t}^a QVA_{a,t}^{-\rho_{a,t}^a} + (1-\delta_{a,t}^a) QINTA_{a,t}^{-\rho_{a,t}^a} \right]^{-1/\rho_{a,t}^a}}$

$\delta_{a,t}^a$ 为国内产品 CES 复合函数份额参数 = $\dfrac{\dfrac{PVA_{a,t}}{PINTA_a}\left(\dfrac{QVA_{a,t}}{QINTA_{a,t}}\right)^{1+\rho_{a,t}^a}}{1+\dfrac{PVA_{a,t}}{PINTA_a}\left(\dfrac{QVA_{a,t}}{QINTA_{a,t}}\right)^{1+\rho_{a,t}^a}}$

$\rho_{a,t}^a$ 标准 CES 函数指数 = $\dfrac{1}{prodelas2} - 1$

$ivaa, t$ 单位活动 a 的增加值 $= \dfrac{QVA_{a,t}}{QA_{a,t}}$

$intaa, t$ 单位活动 a 的总中间投入 $= \dfrac{QINTA_{a,t}}{QA_{a,t}}$

$\alpha_{a,t}^{va} CES$ 增加值效率参数 $= \dfrac{QVA_{a,t}}{\left(\sum\limits_{a} \delta_{fa}^{va} QF_{f,a,t}^{-\rho_{a,t}^{va}}\right)^{-1/\rho_{a,t}^{va}}}$

$\delta_{fa,t}^{va}$ 活动 a 使用要素 f 进行 CES 增加生产的份额参数 $= \dfrac{WF_{f,t} WFDIST_{fa,t} QF_{f,a,t}^{\rho_{a,t}^{va}+1}}{\sum\limits_{a'} WF_{f,t} WFDIST_{fa',t} QF_{f,a,t}^{\rho_{a,t}^{va}+1}}$

$\rho_{a,t}^{va}$ 标准 CES 增加值函数指数 $= \dfrac{1}{prodelas} - 1$

$\alpha_{c,t}^{ac}$ 国内产品 CES 复合函数的转移参数 $= \dfrac{QX_{c,t}}{\left(\sum\limits_{a} \delta_{ac,t}^{ac} QXAC_{a,c,t}^{\rho_{c,t}^{ac}}\right)^{-1/\rho_{c,t}^{ac}}}$

$\delta_{ac,t}^{ac}$ 国内产品 CES 复合函数份额参数 $= \dfrac{PXAC_{ac,t} QXAC_{a,c,t}^{\rho_{c,t}^{ac}+1}}{\sum\limits_{a'} PXAC_{a'c,t} QXAC_{a',c,t}^{\rho_{c,t}^{ac}+1}}$

$\rho_{c,t}^{ac}$ 标准 CES 复合函数指数 $= \dfrac{1}{ELASAC} - 1$

$\alpha_{c,t}^{t} CET$ 函数转移参数 $= \dfrac{QX_{c,t}}{\left[\delta_{c,t}^{t} QE_{c,t}^{\rho_{c,t}^{t}} + (1 - \delta_{c,t}^{t}) QD_{c,t}^{\rho_{c,t}^{t}}\right]^{1/\rho_{c,t}^{t}}}$

$\rho_{c,t}^{t} CET$ 转换函数指数 $= \dfrac{1}{'SIGMAT'} + 1$

$\delta_{c,t}^{t} CET$ 函数份额参数 $= \dfrac{1}{1 + \dfrac{PDS_{c,t}}{PE_{c,t}} \left(\dfrac{QE_{c,t}}{QD_{c,t}}\right)^{\rho_{c,t}^{t}-1}}$

α_{c}^{q} 为阿明顿函数转移参数 $= \dfrac{QQ_c}{\left[\delta_{c}^{q} QM_{c,t}^{-\rho_c^q} + \sum\limits_{t}(\delta_{c,t}^{q} QD_{c,t}^{-\rho_c^q})\right]^{-1/\rho_c^q}}$

ρ_{c}^{q} 为阿明顿函数指数 CES 型 $= \dfrac{1}{'SIGMAQ'} - 1$

$\delta_{c}^{q} + \sum\limits_{t} \delta_{c,t}^{q} = 1$

δ_{c}^{q} 为阿明顿函数份额参数 $= \dfrac{\dfrac{PM_c}{PDD_c}\left(\dfrac{QM_c}{QD_c}\right)^{1+\rho_c^q}}{1 + \dfrac{PM_c}{PDD_c}\left(\dfrac{QM_c}{QD_c}\right)^{1+\rho_c^q}}$

$\overline{WFDIST}_{fa}$ 活动 a 要素 f 的工资率扭曲参数 = $\dfrac{\text{活动}a\text{要素}f\text{工资}}{\text{要素平均工资}}$

$shif_{if}$ 国内机构 i 要素 f 的收入份额 = $\dfrac{\text{国内机构要素收入}}{\text{要素总收入} - \text{要素直接税} - \text{要素对国外转移}}$

tf_f 要素 f 的直接税率 = $\dfrac{\text{要素税}}{\text{要素收入}}$

$trnsfrrow,f$ 从要素 f 到机构 ROW 的转移支付 = 机构 ROW 要素收入

$trnsfri, gov$ 从政府到机构 i 的转移支付

$trnsfri, row$ 从 ROW 到机构 i 的转移支付

$shii_{ii'}$ 机构 i' 对机构 i 的转移支付占其净收入（税后，储蓄后）的份额 = $\dfrac{\text{国内非政府机构间转移支付收入}}{\text{国内非政府机构的总支出} - \text{直接税} - \text{储蓄}}$

$\overline{TINS}_i$ 国内机构 i 的外生直接税率 = $\dfrac{\text{直接税}}{\text{总支出}}$

γ_{ch}^m 居民 h 的 LES 支出预算函数对市场商品 c 的基本消费 = （居民所有消费/商品价格）（商品支出预算份额 + 商品边际消费份额 × FRISH 参数）

γ_{acht}^h 居民 h 的 LES 预算函数对活动 a 的 home 商品 c 的基本消费 = （居民所有消费/home 品价格）（home 品支出预算份额 + home 品边际消费份额 × FRISH 参数）

β_{ch}^m 居民 h 对市场商品 c 的边际消费份额 = 支出份额 × 支出弹性 = BUDSHR（C, H）× LESELAS1（C, H）

BUDSHR 居民 h 在商品 c 的消费预算份额 = $\dfrac{\text{居民市场商品}c\text{消费}}{\text{居民所有商品消费}}$

LESELAS1 居民 H 在市场品消费支出弹性

$\overline{IADJ}$ 投资调整，为 1

$\overline{qinv}_c$ 基期居民需求 = $\dfrac{\text{产品}c\text{投资}}{\text{产品价格}}$

$\overline{GADJ}$ 政府消费调整，为 1

$\overline{qg}_c$ 基期政府需求 = $\dfrac{\text{政府消费}}{\text{商品价格}}$

$tvac$ 活动 a 的增值税率 = $\dfrac{\text{活动}a\text{增值税}}{\text{活动}a\text{增加值}}$

$\overline{QFS}_f$ 要素供给量

$qdst_c$ 存量变化 = 存量/商品价格 （$CINV$ 代表 $S-I'$ 非 0 的商品）

$\overline{FSAV}$ 外币表示的国外储蓄

$\overline{TINSADJ}$ 直接税尺度参数，设 0

$DTINS$ 国内机构税率份额变化，基期为 0

$tins01_i$ 是 0—1 标志参数，当机构储蓄率非固定时取 1

$\overline{mps_i}$ 国内机构 i 的基础储蓄率 = $\dfrac{储蓄}{总支出 - 直接税}$

$mps01_i$ 是 0—1 标志参数，当机构储蓄率非固定时为 1

$\overline{MPSADJ}$ 储蓄率尺度参数，设为 0

$DMPS$ 国内机构储蓄率变化，外生变量，基期为 0

附录

附表 1　整理后的 2007 年中国宏观 SAM

单位：亿元

	活动	商品	劳动	资本	城市居民	农村居民	企业	政府	国外	直接税	进口税	储蓄—投资	总计
活动		800750											800750
商品	540860				72235	24317	0	35191	95541			112780	880924
劳动	110047												110047
资本	117478												117478
城市居民			92393	1948			15429	4930	2643				117343
农村居民			17654	878			31093	517	277				50420
企业				116275			0	4257	1606				122138
政府				-1623	10082	3916	9675	0	-12	32365	7586		63611
国外		72588											70965
直接税	32365				35026	22187	65941	18716	-29090				32365
进口税		7586											7586
储蓄—投资					117343	50420	122138	63611	70965	32365	7586	7344	120124
总计	800750	880924	110047	117478								120124	

附表2　　　　　　　　信息技术制造业基本经济指标对比

年份		企业数量（个）	总产值（亿元）	资产总计（亿元）	主营收入（亿元）	利润总额（亿元）	从业人数（万人）
2010	外资	6695	42538.87	24996.15	42272.36	1725.63	555.95
	内资	8143	12431.8	12723.65	12888.8	1147.4	216.8
	份额*	45.1%	77.4%	66.3%	76.6%	60.1%	71.9%
2009	外资	6714	34713.22	19550.15	34244.44	1055.10	477.21
	内资	7570	9849.41	10187.35	9971.5	701.13	186.43
	份额	47.0%	77.9%	65.7%	77.4%	60.1%	71.9%
2008	外资	6905	35684.48	18787.63	35044.35	1136.49	499.79
	内资	7442	8218.34	8225.3	8133.6	406.18	177.52
	份额	48.1%	81.3%	69.6%	81.2%	73.7%	73.8%
2007	外资	5782	32966.71	17700.73	32609.68	1114.47	442.72
	内资	5438	6257.06	6675.47	6404.46	331.42	145.2
	份额	51.5%	84.0%	72.6%	83.6%	77.1%	75.3%
2006	外资	4965	27172.26	14605.46	27126.14	904.75	374.72
	内资	4744	5905.32	5895.48	5928.29	232.86	130.35
	份额	51.1%	82.1%	71.2%	82.1%	79.5%	74.2%
2005	外资	4637	22712.30	12979.59	22423.20	725.65	318.49
	内资	4231	4282.08	5083.65	4420.82	166.04	121.15
	份额	52.3%	84.1%	71.9%	83.5%	81.4%	72.4%
2004	外资	3384	17700.23	10153.46	17580.22	688.32	228.04
	内资	3254	3899.95	4943.86	3882.96	133.55	105.36
	份额	51.0%	81.9%	67.3%	81.9%	83.8%	68.4%
2003	外资	2937	12209.21	7645.07	12426.48	443.59	177.56
	内资	2919	3630.55	4441.9	3449.79	173.6	95.9
	份额	50.2%	77.1%	63.3%	78.3%	71.9%	64.9%
2002**	外资	2558	8281.91	5618.85	8099.58	330.18	
	内资	2762	3006.73	4161.13	2857.67	138.79	
	份额	48.1%	73.4%	57.5%	73.9%	70.4%	

注：*指外资企业占总体份额，**缺乏当年就业数据。

附表 3　　　　　　　　本书宏观 SAM 数据来源及处理方式

行	列	编号	含义	来源及处理
商品	活动	1A	中间投入	区域 IO 表相应行列
商品	居民	1D	居民消费	区域 IO 表"居民消费"，通常还可以从区域 IO 表直接获取城镇与农村两类居民各自消费数据
商品	政府	1H	政府消费	区域 IO 表
商品	区外	1I	调出	区域 IO 表
商品	国外	1J	出口	区域 IO 表
商品	储蓄—投资	1K	投资	区域 IO 表，=区域 IO 表"资本形成"+"存货"+"其他"
劳动力	活动	2A	劳动报酬	区域 IO 表"劳动者报酬"
资本	活动	3A	资本报酬	区域 IO 表"固定资产折旧"+"营业盈余"
居民	劳动力	4B	劳动收入	余量，等于劳动力行总计
居民	资本	4C	资本收入	区域资金流量表不详细，将区域资金流量表财产收入合计乘上居民财产收入份额。居民资本收入份额=全国资金流量表住户部门财产收入/全国资金流量表财产收入合计
居民	企业	4E	企业对居民的转移支付	余量，居民列总计 – 居民行其他项
居民	政府	4H	政府对居民的转移支付	包括区域政府对居民的转移支付和中央政府对居民的转移支付。区域政府转移支付=中国财政年鉴区域财政收支中［抚恤和社会福利救济费+社会保障补助支出+政策性补贴支出（按地方粮棉油支出比例口除粮、棉、油）+行政事业单位离退休费］+中国财政年鉴中央财政收支中［抚恤和社会福利救济费×项目份额+社会保障补助支出×项目份额+政策性补贴支出（排除粮、棉、油）×项目份额］。项目份额=区域政府对应项目支出/地方政府对应项目支出总计
居民	国外	4J	居民国外收入	缺乏区域具体数据，利用全国数据按比例计算。我国国际收支平衡表中"经济转移"项目中"其他部门"×要素收入份额。要素收入份额=（区域劳动收入总计+资本收入总计）/（全国劳动收入总计+资本收入总计）
企业	资本	5C	企业资本收入	余量=资本行总计 – 资本列其余项

续表

行	列	编号	含义	来源及处理
企业	政府	5H	政府对企业的转移支付	分为区域政府转移支付和中央政府转移支付 = 中国财政年鉴区域政府财政支出中（增拨企业流动资金 + 企业挖潜改造资金 + 科技三项费）+ 中国财政年鉴中央政府财政支出中（增拨企业流动资金 × 项目份额 + 企业挖潜改造资金 × 项目份额 + 科技三项费 × 项目份额）。项目份额定义同前
间接税	活动	6A	间接税	IO表生产税净额 − 区域年鉴税收之"海关代征"
进口税	活动	7A	进口税	区域年鉴税收之"海关代征"
政府	居民	8D	居民直接税	中国税务年鉴区域的"个人所得税"
政府	企业	8E	企业直接税	税务年鉴与财政年鉴数据有出入，以税务年鉴数据为基础，财政年鉴数据为控制数。中国税务年鉴区域（企业所得税 + 外企直接税）× 调整系数。调整系数 = 中国财政年鉴企业所得税总计/中国税务年鉴（企业所得税总计 + 外企直接税总计）
政府	间接税	8F	间接税	间接税总额
政府	进口税	8G	进口税	进口税总额
政府	国外	8J	国外对政府的净转移支付	缺乏区域数据，对所有国外对我国政府的净转移按财政收入比例计算。中国国际收支平衡表 −> "经常转移" −> "各级政府" × 财政收入份额。财政收入份额 = 区域财政收入总计/地方财政收入总计
国外	活动	10A	进口	IO表进口列
国外	资本	10C	国外资产投资收益	缺乏区域数据，对全国资本收益比例计算。中国资金流量表国外部门财产收入"总计" × 财产收入份额。财产收入份额 = 区域资金流量表财产收入"总计"/中国资金流量表财产收入"总计"
储蓄—投资	居民	11D	居民储蓄	区域资金流量表中"总储蓄" × 储蓄份额，储蓄份额 = 中国资金流量表"住户部门"储蓄/总储蓄"合计"。由于没有2005年和2007年上海资金流量表，此项数据单独计算
储蓄—投资	企业	11E	企业储蓄	余量 = 企业行总计 − 企业列其余项
储蓄—投资	政府	11H	政府储蓄	余量 = 政府行总计 − 政府列其余项
储蓄—投资	国外	11J	国外净储蓄	余量 = "储蓄—投资"列总计 − "储蓄—投资"行其余项

附表4　　　　　　我国三大产业历年全社会固定投资

当年价，单位：亿元

年份	总计	第一产业	第二产业	第三产业
1990	4517	270	2540.1	1706.9
1991	5594.5	338	3060.6	2195.9
1992	8080.1	378	3959.7	3742.4
1993	13072.3	391	6009.5	6671.8
1994	17042.1	569	7059.6	9413.5
1995	20019.3	852	8309.5	10857.8
1996	22913.5	825.5	9293	12795
1997	24941.1	925.1	9695.5	14320.4
1998	28406.2	1003.1	9773.3	17629.8
1999	29854.7	1085.7	9830.4	18938.5
2000	32917.7	1235.9	11204.1	20477.8
2001	37213.5	1395.2	12137.2	23681.2
2002	43499.9	1701.9	14692	27106
2003	55566.6	1652.3	21351.5	32562.8
2004	70477.4	1890.7	28740.5	39846.27
2005	88773.6	2323.7	38836.7	47613.2
2006	109998.2	2749.9	48479.1	58769.2
2007	137323.9	3403.5	61153.8	72766.7
2008	172828.4	5064.5	76961.3	90802.7
2009	224598.8	6894.9	96250.8	121453.2

资料来源：《中国农业年鉴》(1999)、《中国统计年鉴》、中经网，并经笔者整理。

附表5　　　　　我国三大产业典型年份折旧　　当年价，单位：亿元

年份	总计	第一产业	第二产业	第三产业
1990	1961.75	124.00	1094.03	743.73
1992	3537.38	203.66	1965.97	1367.74
1995	7595.75	395.00	4301.58	2899.17
1997	10312.22	584.79	5637.63	4089.80
2000	14605.51	596.84	8597.63	5411.05
2002	18740.57	764.91	8372.64	9603.02
2005	28010.29	1194.53	13277.15	13538.61
2007	37255.53	1429.74	18161.72	17664.06

附表6　　　　　　　　各产业历年资本存量　　1990年价计，单位：亿元

年份	全国	第一产业	第二产业	第三产业	误差（%）
1990	34713.99	1341.5	14410.61	15993.11	0.0855
1991	36665.62	1472.92	15473.62	16782.01	0.0801
1992	39065.16	1629.44	16682.62	17824.13	0.075
1993	42578.15	1760.52	18108.97	19765.21	0.0691
1994	47610.15	1823.28	20012.55	22804.84	0.0624
1995	53749.53	1957.39	21961.94	26830.49	0.0558
1996	60490.33	2211.12	24157.47	31100.74	0.0499
1997	67810.15	2407.47	26463.01	35899.19	0.0448
1998	75417.81	2626.83	28655.96	41083.94	0.0405
1999	84245.22	2864	30673.39	47663.32	0.0361
2000	93215.4	3120.78	32533.01	54567.06	0.0321
2001	102899.43	3420.6	34839.15	61744.59	0.0281
2002	113955.92	3766.85	37354.34	70075.4	0.0242
2003	127304.12	4229.46	40878.13	79618.3	0.0203
2004	145106.06	4601.65	47143.47	90993.48	0.0163
2005	167063.79	5003.03	55638.49	104247.56	0.013
2006	195234.69	5546.77	67660.91	119994.77	0.0104
2007	230268.9	6210.32	82524.88	139533.35	0.0087
2008	272683.58	7041.77	100532.45	163016.39	0.0077
2009	321216.67	8327.06	120813.36	189745.51	0.0073

附表7　　　　　　我国内资各产业历年固定资产投资　　　　　　单位：亿元

年份	总体	第一产业	第二产业	第三产业	信息技术制造业	固定资产投资价格系数
2002	41822.65	1687.81	12830.50	27098.7	205.64	100.30
2003	53498.76	1632.45	19155.21	32553	158.10	102.40
2004	68348.79	1870.50	26075.95	39835.24	567.10	106.70
2005	86094.31	2305.16	35461.82	47592.03	735.30	100.80
2006	107125.48	2734.54	44602.48	58748.07	1040.40	100.10
2007	133952.64	3378.20	56622.16	72746.98	1205.30	103.50
2008	169468.40	5028.25	71913.89	90780.96	1745.30	108.90
2009	221630.07	6862.06	91254.96	121433.75	2079.30	97.60

附表8　　　　　　　　我国外资各产业历年固定资产投资　　　　　　单位：亿元

年份	总体	第一产业	第二产业	第三产业	信息技术制造业	固定资产投资价格系数
2002	2084.98	14.09	1328.5	414.94	327.36	100.3
2003	2599.35	19.85	1614.3	541.3	423.9	102.4
2004	2706.6	20.2	1643.5	588.99	453.9	106.7
2005	3386.4	18.5	2158.9	749.3	480.7	100.8
2006	3811.0	15.4	2190.6	1042.3	645.6	100.1
2007	4549.0	25.3	2437.6	1207.7	888.7	103.5
2008	4695.8	36.2	2585.4	1357.6	716.7	108.9
2009	3983.5	32.8	2371.8	1034.3	544.7	97.6

附表9　　　　　　　　内资各产业就业人员统计　　　　　　　　单位：万人

年份	总数	第一产业	第二产业	第三产业	信息技术制造业
2002	72095.74	36869.98	14635.33	20500.1	90.33
2003	72559.59	36545.96	14722.43	21195.3	95.9
2004	72819.57	35268.93	15059.38	22385.9	105.36
2005	73305.84	33969.98	16067.37	23151.5	116.99
2006	73666.26	32560.96	16976.55	23998.4	130.35
2007	74003.96	31443.95	18130.76	24284.05	145.2
2008	74254.24	30653.97	18352.06	25070.69	177.52
2009	74880.06	29707.97	19047.14	25938.52	186.43

附表10　　　　　　　外国投资企业各产业从业人员统计　　　　　单位：万人

年份	总数	第一产业	第二产业	第三产业	信息技术制造业
2002	1644.26	0.02	926.22	589.9	128.12
2003	1872.41	0.04	1081.11	613.7	177.56
2004	2380.43	0.07	1527.22	625.1	228.04
2005	2519.16	0.02	1581.15	619.5	318.49
2006	2733.74	0.04	1743.38	615.6	374.72
2007	2986.04	0.05	1910.32	632.95	442.72
2008	3225.76	0.03	2079.63	646.31	499.79
2009	3114.94	0.03	1973.22	664.48	477.21

附表 11　　　　　内资企业各行业从业人员平均劳动报酬　　　　单位：元

年份	总体	第一产业	第二产业	第三产业	信息技术制造业
2003	13974.54	6930.16	12942.09	15055.51	16364.55
2004	15870.96	7534.49	14651.87	17165.13	18526.47
2005	18087.52	8260.95	16484.69	19745.16	20843.97
2006	20713.71	9266.80	18879.46	22633.90	21217.85
2007	24509.70	10898.81	21851.47	27254.92	27629.96
2008	28943.55	12592.95	25851.42	32013.78	38277.8
2009	32043.31	14381.54	28048.07	35785.33	41530.35

附表 12　　　　　外资企业各产业从业人员平均劳动报酬　　　　单位：元

年份	总体	第一产业	第二产业	第三产业	信息技术制造业
2003	23468	10930	20928	24446	31027
2004	23628	12534	21222	24962	32775
2005	24511	14261	22241	26840	28436
2006	28990	16267	26894	32342	29903
2007	33019	18899	30435	38161	33984
2008	31730	20193	30458	37918	26287
2009	34097	21382	32298	41508	28376

附表 13　　　　　估算的内资各产业各年营业盈余　　　　单位：亿元

年份	总体	第一产业	第二产业	第三产业	信息技术制造业
2002	23595.75	2004.93	10265.33	8640.04	741.62
2003	22775.71	2054.4	9775.16	8403.72	654.66
2004	35669.08	0	18676.63	14908.99	266.48
2005	47133.1	0	24434.29	19721.43	581.39
2006	61457.16	0	31625.48	25888.39	795.12
2007	68279.31	0	32699.81	31315.56	974.97
2008	72212.28	0	34404.39	33311.21	1042.67
2009	76685.49	0	36630.81	37223.5	1375.94

附表14　　　　　　　　估算的外资各产业各年营业盈余　　　　　单位：亿元

年份	总体	第一产业	第二产业	第三产业	信息技术制造业
2002	3109.88	0	1552.1	996.91	330.18
2003	4588.86	0	2333.85	1471.01	443.59
2004	5013.14	0	2316.03	1607.02	718.21
2005	6866.76	0	3430.48	2201.22	725.65
2006	9404.86	0	4940.43	2879.89	920.06
2007	11942.95	0	6450.38	3558.56	1114.47
2008	14033.69	0	7685.5	4181.52	1203.66
2009	16021.14	0	9092.94	4773.71	1055.1

附表15　　　　　　　内资和外资各产业资本存量（2002年价）　　　　　单位：亿元

年份	总体 内资	总体 外资	第一产业 内资	第一产业 外资	第二产业 内资	第二产业 外资	第三产业 内资	第三产业 外资	信息技术制造业 内资	信息技术制造业 外资
2002	290520	43092	7657	92.4	86860	31214	235560	3425	472.66	836
2003	314330	44293	8564	100.1	92220	31918	252780	3702	503.89	951
2004	347090	45924	9285	112.6	102900	32856	274110	4081	472.35	1124
2005	388120	47459	10050	123.3	118000	33703	299470	4455	817.09	1254
2006	442230	49561	11118	131.6	140500	34989	330780	4946	1183.2	1372
2007	511990	52002	12464	136.5	168500	36276	370810	5685	1690.3	1609
2008	597640	54923	14153	149.2	203600	37687	419980	6510	2122.9	1979
2009	696970	57576	16756	168.1	243900	39014	476620	7338	2744.1	2053

附表16　　　　　　　内资和外资各产业投资（2002年价）　　　　　单位：亿元

年份	总体 内资	总体 外资	第一产业 内资	第一产业 外资	第二产业 内资	第二产业 外资	第三产业 内资	第三产业 外资	信息技术制造业 内资	信息技术制造业 外资
2002	41823	2085	1688	14.09	12831	1329	25459	407.6	205.6	327.4
2003	52245	2538	1594	19.39	18706	1577	30178	519.0	154.4	413.9
2004	62556	2477	1712	18.49	23866	1504	34952	528.9	519.0	415.4
2005	78171	3075	2093	16.80	32199	1960	41795	661.1	667.6	436.5
2006	97174	3457	2480	13.97	40457	1987	51606	926.3	943.7	585.6
2007	117393	3987	2961	22.17	49623	2136	62153	1041	1056	778.9
2008	136385	3779	4047	29.13	57874	2081	71335	1075	1405	576.8
2009		3285		27.05		1956		836.8		449.1

附表17　　　　　　　　　　　采样间隔设定

产业		生成间隔1	估计间隔2
第一产业	内资	50	3
第一产业	外资	20	2
第二产业	内资	50	3
第二产业	外资	50	2
第三产业	内资	15	4
第三产业	外资	50	2
信息技术制造业	内资	30	1
信息技术制造业	外资	50	4

附表18　　　　　　　　　　　参数初值设定

参数	链1	链2	链3
Sig.	0.2	0.5	0.8
rho	-0.2	0.2	1.2

附表19　　　　　我国内、外资各产业主要年份折旧数据　　　　单位：亿元

年份	总体 内资	总体 外资	第一产业 内资	第一产业 外资	第二产业 内资	第二产业 外资	第三产业 内资	第三产业 外资	信息技术制造业 内资	信息技术制造业 外资
2002	17851	890	759	6.3	7278	754	9464	139	132	210
2005	26877	1057	1188	9.5	11581	705	13329	206	553	362
2007	36032	1224	1419	10.6	16374	705	17388	276	623	459

附表20　　　　　　　　LHR标准模型国家宏观SAM表示

		支出 活动	支出 商品	支出 要素	支出 居民	支出 企业	支出 政府	支出 I/S	支出 国外	总计
收入	活动		市场销售		居民自产自销					总产出
收入	商品	中间投入	交易成本		居民消费		政府消费	投资	出口	总需求
收入	要素	增加值							海外要素收入	要素收入
收入	居民			要素收入	居民间转移支付	企业对居民转移支付	政府对居民转移支付		国外对居民转移支付	居民总收入
收入	企业			企业要素收入			政府对企业转移支付		国外对企业转移支付	企业总收入
收入	政府	生产税、增值税	销售税、关税、出口税	要素税、政府要素收入	直接税、收入税	企业税			国外对政府转移支付	政府总收入
收入	I/S				居民储蓄	企业储蓄	政府储蓄		国外净储蓄	总储蓄
收入	国外		进口	对国外要素支付		企业对国外支付盈余	政府对国外支付			外汇支出

资料来源：Hans Lofgren, Rebecca Lee Harris et al., 2002. I/S表示储蓄/投资。

附表 21　　　　　　　　常见中国宏观 SAM 框架

	活动	要素		居民	企业	政府	国外	资本账户	
		劳动	资本						
商品	中间投入			居民消费		政府消费	出口	投资	总需求
要素 劳动		劳动报酬							要素收入
要素 资本			资本回报						要素收入
居民		劳动收入	资本收入		对居民转移支付	对居民转移支付	国外收益		居民总收入
企业			资本收入						企业总收入
政府	生产税	关税		直接税	直接税		国外收入		政府总收入
国外	进口		FIC			对国外支付			外汇支出
资本账户				居民储蓄	企业储蓄	政府储蓄	国外储蓄		总储蓄
汇总	总投入	要素支出	要素支出	居民支出	企业支出	政府支出	外汇收入	总投资	

注：FIC 为国外资本收益。

附录 ·161·

附表 22　中国 2010 年 SAM 表

单位：亿元

	农业	IT制造业	制造业	服务业	要素 劳动力	要素 资本	居民 城市	居民 农村	企业	政府	国外	间接税	进口税	资本账户	存货变动	汇总
农业				68896												68896
IT制造业		34759														34759
制造业			812978													812978
服务业				305538												305538
农业	9220	0	40460	4233			6428	5742		498	845			3395	2603	73423
IT制造业	7	7391	7149	3764			2012	496		0	24126			6674	2628	54246
制造业	15081	13894	502090	68260			46928	13559		0	69714			158460	4883	892868
服务业	4479	6602	85050	61335			56772	12779		51474	17226			15086	2838	313640
劳动力	38563	4599	72024	75823												191009
资本	1892	3165	75031	72641												152729
城市居民					160366	3338			-14964	8263	2647					159650
农村居民					30643	1505			13823	867	278					47115
企业						145309				5535	1232					152076
政府						2578	3484	1353	12844		-18	49420	12518			79601
国外	4021	70960		7197												102065
间接税	-346	-891	31175	19482												49420
进口税			506	2178												12518
资本账户							44027	13187	140374	12963	-13984					196567
存货变动														12952		12952
汇总	68896	34759	812978	305538	191009	152729	159650	47115	152076	79601	102065	49420	12518	196567	12952	

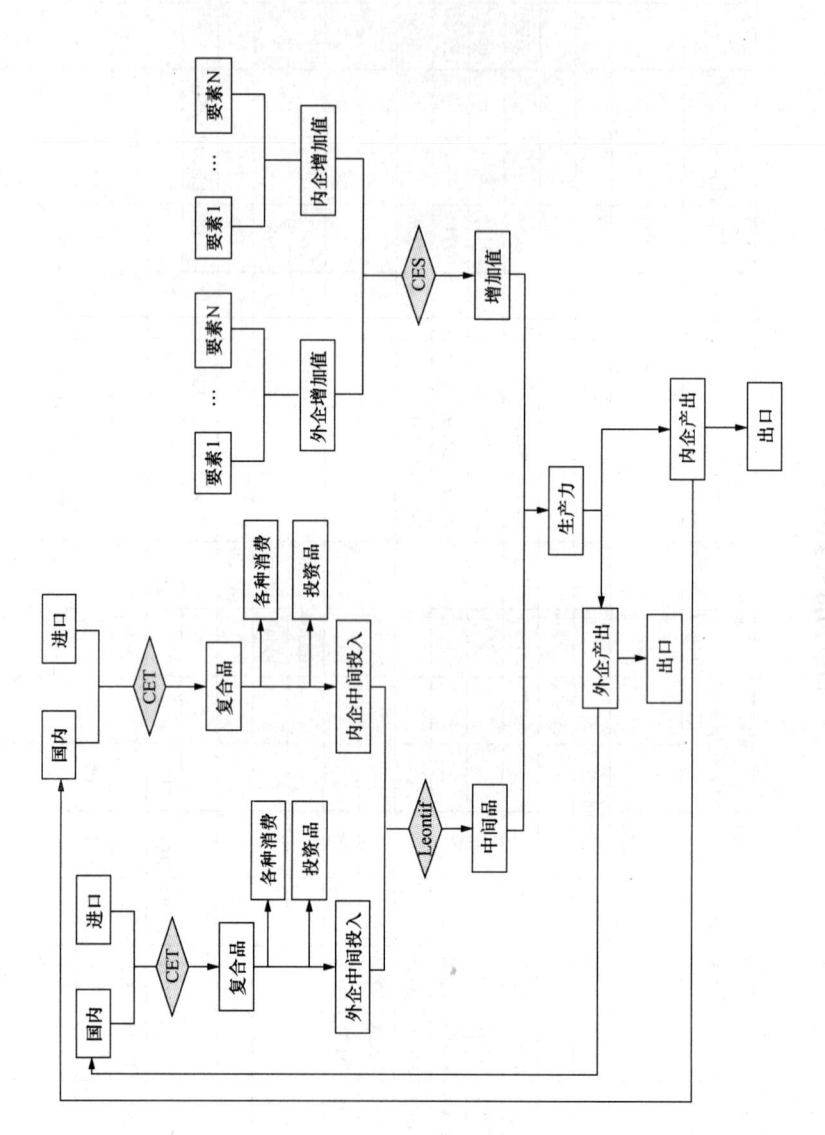

· 162 · 信息技术制造业 FDI 投资效应和溢出效应研究

附图

附图1 模型生产活动

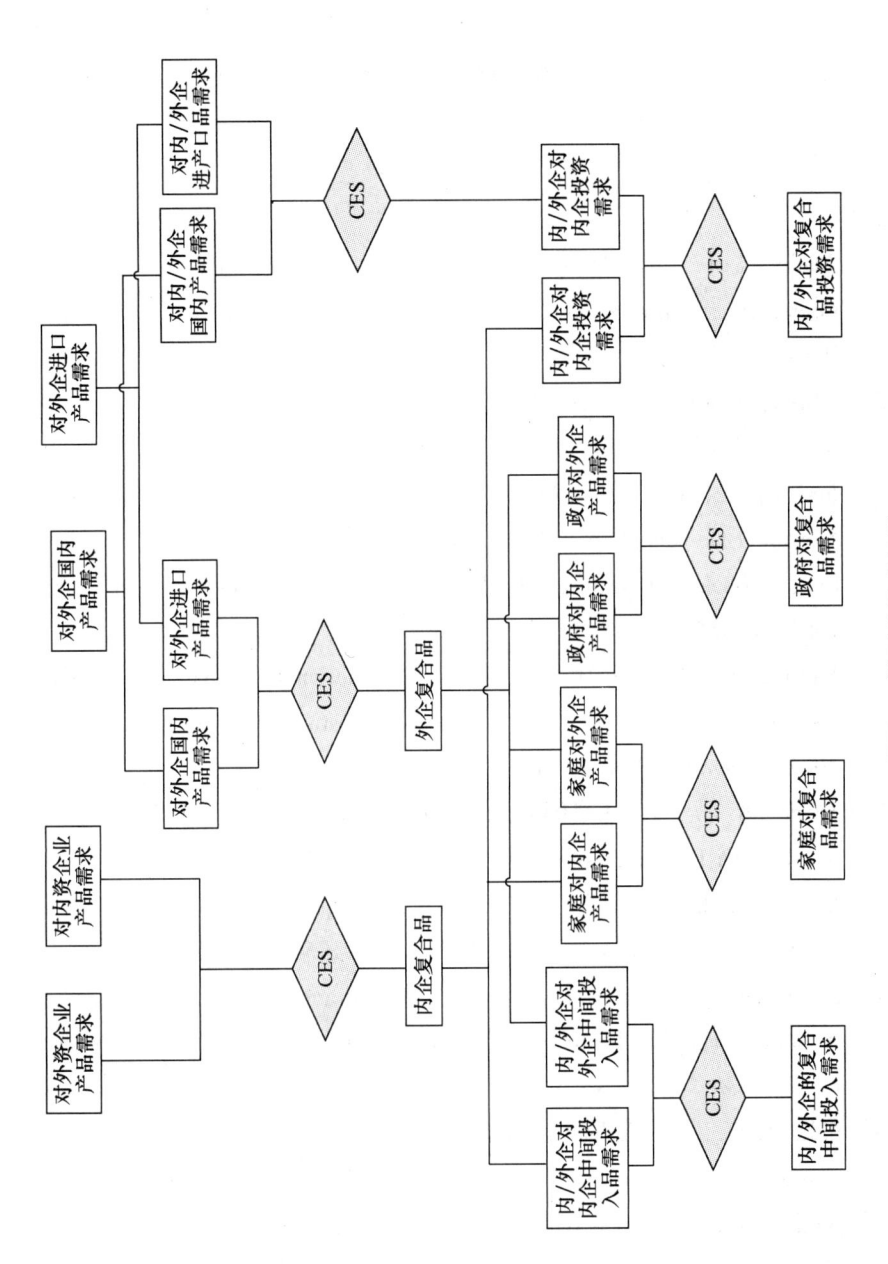

附图 2 模型的需求结构

参考文献

[1] Adelman, I., S. Robinson, *Income Distribution Policy in Developing Countries: A Case Study of Korea*, Stanford, CA: Stanford University Press, 1978.

[2] Aitken, B. and Harrison, A. E., "Do Domestic Firms Benefit from Direct Foreign Investment? Evidence from Venezuela", *American Economic Review*, Vol. 89 (3), 1999, pp. 605 – 618.

[3] Alexander Gerschenkron, "Economic Backwardness in Historical Perspective: A Book of Essays", *The Economic Journal*, Vol. 74, Issue: 296, 1962, p. 456.

[4] Antràs, P., "Is the U. S. Aggregate Production Function Cobb – Douglas? New Estimates of the Elasticity of Substitution", *Contributions to Macroeconomics*, Vol. 4, No. 1, 2004, p. 36.

[5] Arrow, K. J., F. H. Hahn, *General Competitive Analysis*, San Francisco: Holden Day and Edinburgh, 1971.

[6] Arrow, K. J., G. Debreu, "Existence of Equilibrium for a Competitive Economy", *Econometrica*, Vol. 22, No. 3, 1954, pp. 265 – 290.

[7] B. Decaluwe, A. Martens, "CGE Modeling and Developing Economies: A Concise Empirical Survey of 73 Applications to 26 Countries", *Journal of Policy Modeling*, No. 4, 1988, pp. 529 – 568.

[8] Ballard, C., D. Fullerton, *A General Equilibrium Model for Tax Policy Evaluation*, Chicago: University of Chicago Press for NBER, 1985.

[9] Bchir, M. H., Y. Decreux, J – L. Guerin, and S. Jean, "Mirage, a Computable General Equilibrium Model for Trade Policy Analysis", CEPII Working Paper No. 2002 – 17, Paris, 2002.

[10] Berndt, E. R., "Reconciling Alternative Estimates of the Elasticity of

Substitution", *The Review of Economics and Statistics*, 1976, Vol. 58 (1): 10.

[11] Blomstrom, M., E. Wolf, *Multinational Corporations and Productivity Convergence in Mexico, Cross - national Studies and Historical Evidence*, Oxford University Press, 1994.

[12] Blomstrom, M., Persson, H., "Foreign Investment and Spillover Efficiency in an Underdeveloped Economy: Evidence from the Mexican Manufacturing Industry", *World Development*, 1983, Vol. 11.

[13] Blomstrom, M., "Foreign Investment and Productive Efficiency: The Case of Mexico", *Journal of Industrial Economics*, 1986, Vol. 15.

[14] Brash, Donald T., *American Investment in Australian Industry*, Cambridge: Harvard University Press, 1966, PUB ID: 101 - 226 - 768.

[15] Buckley, P. M., Casson, *The Future of the Multinational Enterprises*, London: Macmillan, 1976.

[16] Cantwell, J., *Technological Innovation and Multinational Corporations*, Oxford: Basil Blackwell, 1989.

[17] Richard Caves, "Multinational Firms Competition, and Productivity in Host - Country Industries", *Economica*, 1974, Vol. 41.

[18] Richard Caves, "International Corporations: The Industrial Economics of Foreign Investment", *Economica*, 1971. Vol. 41.

[19] Charles, J., "Information Resources and Economic Productivity", *Information Economics and Policy*, 1983, Vol. 5.

[20] Chen, E. K. Y., "Multinational Corporations and Technology Difusion In Hongkong Manufacturing", *Applied Economics*, 1983, Vol. 15.

[21] Copenhagen Economics, "Economic Assessment of the Barriers to the Internal Market for Services", Report commissioned for the European Commission, 2005, http://www.copenhageneconomics.com/upload/pdf/copenhagen - economics - 65. pdf.

[22] Dale, W. Jorgenson, Khuong, V., "Information Technology and the World Economy", *The Scandinavian Journal of Economics*, 2005, 11.

[23] Das, S. ,"Externalities and Technology Transfer Through MNCs", *Journal of International Economics*, 1987, Vol. 22.

[24] Dee, P., A. Hardin, L. Holmes, "Issues in the Application of CGE Models to Services Trade Liberalization", *Findlay and Warren*, 2000.

[25] Dermot Mcaleese, Donogh Mcdonald, "Employment Growth and the Development of Linkages in Foreign-Owned and Domestic Manufacturing Enterprises", *Oxford Bulletin of Economics and Statistics*, 1978, Vol. 40, Issue 4, November.

[26] Desai, M. A., Foley, C. F., Hines Jr., *Foreign Direct Investment and Domestic Economic Activity*, Cambridge: National Bureau of Economic Research, 2005.

[27] Devarajan, S., D. Go, "The Simplest Dynamic General-Equilibrium Model of an Open Economy", *Journal of Policy Modeling*, 1998, Vol. 20, 6.

[28] Devarajan, S., S. Robinson, "The Influence of Computable General Equilibrium Models on Policy TMD Discussion Paper", *Trade and Macroeconomics Division International Food Policy Research Institute*, 2002, 34.

[29] Dewan, Kraemer, "Information Technology and Productivity: Evidence from Country level Data", *Management Science*, 2004.

[30] Diao, X., "Economywide Impact of Avian Flu in Ghana: A Dynamic CGE Model Analysis", *IFPRI Discussion Paper*, 2009.

[31] Diao, X., A. Somwaru, "Regional and National Perspectives of China's Integration into the WTO: A CGE Inquiry with Emphasis on the Agricultural Sector", *Review of Urban and Regional Development Studies*, 2003, Vol. 15 (2).

[32] Diao, X., M. Nwafor, "Agricultural Growth and Investment Options for Poverty Reduction in Nigeria", *IFPRI Discussion Paper*, 2010.

[33] Diao, X. V. "Alpuerto, Economy Wide Impact of Avian Flu in Nigeria-A Dynamic CGE Model Analysis", *HPAI Research Brief*, 2009.

[34] Dixon, P. B., B. R. Parmenter, J. Sutton, D. Vincent, ORANI: A Multi-sectoral Model of the Australian Economy. Amsterdam: Nort-Holland, 1982.

[35] Dixon, P. B., P. B. R., M. T. Rimmer, CGE Models for Practical

Policy Analysis: The Australian Experence. Policy Evaluation with Computable General Equilibrium Models, Wolfgang Wiegard Amedeo Fossati, Routledge, London, 2002.

[36] Dunning, J. H. , "Trade Location of Economic Activity and the Multinational Enterprise", in B. Ohlin, P. O. Hesselborn and P. J. Wiskman, *A Search for an Eclectic Approach, in The International Allocation of Economic Activity*, London: MacMillan, 1977.

[37] Machlup, F. , *The Production and Distribution of Knowledge in the United States*, America: Prinston University Press, 1962.

[38] Findlay, R. , "Relative Backwardness of Foreign Direct Investment and Transfer of Technology: A Simple Dynamic Model", *Quarterly Journal of Economics*, 1978, Vol. 9, pp. 1 – 16.

[39] F. Barry, H. Gorg, E. Strobl, "Foreign Direct Investment, Agglomerations, and Demonstration Effects: An Empirical Investigation", *Review of World Economics*, Springer, Vol. 139, No. 4, 2003, pp. 583 – 600.

[40] Frank Harrigan, Peter G. McGregor, "Neoclassical and Keynesian Perspectives the Regional Macro – economy: A Computable General Equilibrium Approch", *Journal of Regional Science*, 1989, November, Vol. 29, Issue 4, pp. 555 – 573.

[41] Gene M. Grossman, Elhanan Helpman, "Outsouring vesus FDI in Industry Equilibrim", *Journal of the European Economic Association*, 2003, April – May.

[42] Gerschenberg, "The Training and Spread of Managerial know – how: A Comparative Analysis of Multinationals and Other Firms in Kenya", *World Development*, 1987, Vol. 15.

[43] Globerman, S. , "Foreign Direct Investment and Spillover Efficiency Benefits in Canadian Manufacturing Industries", *Canadian Journal of Economics*, 1979, Vol. 12.

[44] Haddad, M. , A. Harrison, "Are There Positive Spillovers from Direct Foreign Investment? Evidence from panel data for Morocco", *Journal of Development Economics*, 1993, Vol. 4.

[45] Hans Lofgren, Rebecca Lee Harris, Sherman Robinson, *A Standard*

Computable Equilibrium (CGE) Model in GAMS, Microcomputers in Policy Research, International Food Policy Research Institute, 2002.

[46] Hansen, D. W., "Information Technology and the U. S. Economy", American Economic Review, 2001, Vol. 91.

[47] Hanslow, K., T. Phamduc, G. Verikios, The Structure of the FTAP model: Research Memorandum of the Australian Productivity Commission, Canberra, 2000.

[48] Hertel, T. W., 1997, Global Trade Analysis: Modelling and Applications, New York: Cambridge University Press, 1997.

[49] Horridge, J. M., B. R. Parmenter, "ORANI – G: A General Equilibrium Model of the Australian Economy", Centre of Policy Studies/IMPACT Centre Working Papers, Victoria University, 2000, October.

[50] Hymer, S., The International Operations of National Firms: A Study of Direct Foreign Investment, Cambridge: MIT Press, 1960.

[51] Adelman, I., Robinson, S., "Macroeconomic Adjustment and Income Distribution: Alternative Models Applied to Two Economics", Journal of Development Economics, 1988, Vol. 29, Issue 1.

[52] Jalava, J., Pohjola, M., "Economic Growth in the New Economy: Evidence from Advanced Economies", Information Economies and Policy, 2002, Vol. 14.

[53] Jianye Wang, Blomstrom, M., "Foreign Investment and Technology Transfer—A Simple Model", European Economic Review, 1996, Vol. 36.

[54] Dunning, J. H., Alan M. Rugman, 1985, "The Influence of Hymer's Dissertation on the Theory of Foreign Direct Investment", The American Economic Review, 1985, Vol. 75, No. 2.

[55] Johnson, H. G., The Efficiency and Welfare Implications of the International Corporation, The International Corporation, Cambridge: MIT Press, 1970.

[56] Joze, P. Damijan, Mark S. Knell, Boris Majcen, Matija Rojec, "Technology Transfer Through FDI in Top – 10 Transition Countries, How Important are Direct Effects, Horizontal and Vertical Spillovers?", William Davidson Institute Working Paper No. 549, 2002.

[57] Kadane, G. S. M., "Estimation of Returns to Scale and The Elasticity of Substitution", *Econometrica*, 1967, Vol. 35, Issue 3.

[58] Kamps, C., "New Estimates of Government Net Capital Stocks for 22 OECD Countries 1960 – 2001", *IMF Working Paper, Fiscal Affairs Department* 39, 2004.

[59] Griffin, K., "Foreign Capital, Domestic Savings and Economic Development", *Bulletin of the Oxford University Institute of Economics & Statistics*, 1970, Vol. 32, Issue 2.

[60] Charles P. Kindleberger, *American Business Abroad*, New Hamen: Yale University Press, 1969.

[61] Kmenta, J., "On Estimation of the CES Production Function", *International Economic Review*, 1967, Vol. 8, Issue 2.

[62] Koizumi, T., K. J. Kopecky, "Economic Growth, Capital Movements and the International Transfer of Technical Knowledge", *Journal of International Economics*, 1997, February.

[63] Kiyoshi Kojima, "Transfer of Technology to Developing Countries – Japanese Type Versus Ameriean Type", *Hitotsubashi Journal of Economics*, 1977, Vol. 7.

[64] Kokko A., "Technology, Market Characteristics, and Spillovers", *Journal of Development Economics*, 1994, Vol. 43, pp. 279 – 293.

[65] Kokko, A., Tansini, Zajian, "Local Technological Capability and Productivity Spillovers from FDI in the Uruguayan Manufacturing Sector", *Journal of Development Economics*, 1996, Vol. 32.

[66] Lance Taylor, Structuralist CGE Models in Socially Relevant Policy Analysis: Structural Computable General Equilibrium Models for the Developing World, Cambridge: The MIT Press, 1990.

[67] Lejour, A. M., H. Rojas – Romagosa, and G. Verweij, "Opening up Services Markets within Europe: the Modelling of Foreign Establishments", *CPB Discussion Paper*, 2007.

[68] Lejour, A. M., P. Veenendaal, G. Verweij, N. I. M. van Leeuwen, "WorldScan: A Model for International Economics Policy Analysis", *The Hague: CPB Document* 111, 2007.

[69] Lysy, F., L. Taylor, The General Equilibrium Income Distribution Model, in L. Taylor, E. Bacha, E. Cardoso and F. Lysy F., *Models of growth and distribution for Brazil*, Oxford: Oxford University Press, 1980, Ch. 6.

[70] M. G Mahmood, I. Mann, M. Dubrow, J. Skidmore, "Information Technology Investment and Oganization Performance: A Lagged Data-Analysis", in M. K hosrowpour, *Proceedings of the 1998 Resonrces Management Association International Conference*, Harrisbuurg, Pennsylvania: Idea Group Publishing, 1998.

[71] Markusen, J. R., *Multinational Firms and the Theory of International trade*, MIT Press, 2002.

[72] Markusen, J. R., T. Rutherford, D. Tarr, "Trade and Direct Investment in Producer Services and the Domestic Market for Expertise", *Canadian Journal of Economics*, 2005, Vol. 38.

[73] McKibbin, W. J. and P. J. Wilcoxen, "The Theoretical and Empirical Structure of the G-Cubed Model", *Economic Modelling*, 1999, Vol. 16.

[74] MS Noorzoy, "Flows of Direct Investment and Their Effects on US Domestic Investment", *Economics Letters*, Elsevier, 1979.

[75] Navaretti, Giorgio Barba, Castellani, Davide, "Investments Abroad and Performance at Home: Evidence from Italian Multinationals", *CEPR Discussion Paper No. 4284*, 2004. Available at SSRN: http://ssrn.com/abstract=527562.

[76] Nigel Driffield, "The Impact on Domestic Productivity of Inward Investment in the UK", *The Manchester School*, 2001, Volume 69, Issue 1.

[77] Pereira, A. M., J. B. Shoven, "Survey of dynamic computational general equilibrium models for tax policy evaluation", *Journal of Policy Modeling*, 1988, Vol. 10.

[78] Peter Lloyd, Xiao-Guang Zhang, *Models of the Chinese Economy*, California University Press, 2001, p. 37.

[79] Petri, P. A., "Foreign Direct Investment in a Computable General Equilibrium Framework, Paper Prepared for the Conference", *Making APEC Work: Economic Challenges and Policy Alternatives*, 1997, March

13 – 14, Keio University, Tokyo.

[80] Reinert, K., Roland – Holst, D., Social Accounting Matrices, In Francois, J. F. And Reinert, K., *Applied Methods for Trade Policy Analysis: A Handbook*, New York: Cambridge University Press, 1997, pp. 94 – 121.

[81] Richard Caves, Grant L. Reuber, "The Objectives of Canadian Monetary Policy, 1949 – 61: Empirical " Trade – Offs " and the Reaction Function of the Authorities", *The Journal of Political Economy*, 1964, JSTOR.

[82] Richard Caves, *Entry of Foreign Multinationals into US Manufacturing Industries, Competition in Global Industries*, Harvard Business Press, 1986.

[83] Robert C. Feenstra, Gordon H. Hanson, "Foreign direct investment and relative wages: Evidence from Mexico's maquiladoras", *Journal of International Economics*, 1997, Volume 42, Issues 3 – 4.

[84] Robinson, S., "Macro Model and Multipliers: Leontief, Stone, Keynes, and CGE Models", *Washington, D. C.: International Food Policy Research Institute Discussion Paper* No. 45, 2003, Available from http://www.ifpri.org/.

[85] Robinson, S., Cattaneo, A., El – said, M., "Estimating a Social Accounting Matrix Using Cross Entropy Methods", *Washington, D. C.: International Food Policy Research Institute Discussion Paper* No. 33, 1998.

[86] Robinson, S., Cattaneo, A., El – said M., "Updating and Estimating a Social Accounting Matrix Using Cross Entropy Method", *Washington, D. C.: International Food Policy Research Institute Discussion Paper* No. 58, 2000, Available from http://www.ifpri.org/.

[87] Ruby Dholakia, Brai Harlam, "Telecommunications and Economic Development", *Telecommunications Policy*, 1994, Vol. 6.

[88] Rugman, *Inside the Multinationals: the Economics of international Markets*, London: Croom Helm Ltd., 1981.

[89] Salvador Barrios, Eric Strob, "Foreign Direct Investment and Productivity spillovers: Evidence from the Spanish Experience", *Review of World Economics*, 2003, Vol. 138, Number 3.

[90] Sanjaya Lall, "Vertical Inter – Firm Linkages in LDCs: An Empirrcal Study", *Oxford Bulletin of Economics and Statistics*, 1980, Vol. 42, Issue 3, August.

[91] Shoven, J. B., J. Whalley, "Applied General Equilibrium Models of Taxation and International: An Introduction and Survey", *Journal of Economic Literature*, 1984, Vol. 23.

[92] Theophanies Stratopoulos, Bruce Dehning, "Does Successful Investment in Information Technology Solve the Productivity Paradox", *Information & Management*, 2000, Vol. 38.

[93] W. Hejazi, P. Pauly, "Foreign Direct Investment and Domestic Capital formation", *Journal of International Business Studies*, 2002, JSTOR.

[94] W. Hejazi, P. Pauly, "Motivations for FDI and Domestic Capital Formation", *Journal of International Business Studies*, 2003, JSTOR.

[95] Walmsley, T., "Incorporating International Ownership of Endowments into a Global Applied General Equilibrium Model", *Economic Modelling*, 2002, Vol. 19, pp. 679 – 707.

[96] Wang, J. M., Blomstrom, M., "Foreign Investment and Technology Transfer: A Simple Model", *European Economic Review*, 1992, Vol. 36.

[97] Whalley, J., *Hidden Challenges in Recent Applied General Equilibrium Exercises, New Developments in Applied General Equilibrium Analysis*, New York: Cambridge University Press, 1986.

[98] Willenbockel, D., "Structural Effects of a Real Exchange Rate Revaluation in China: A CGE Assessment", *MPRA Paper* No. 39, 2006.

[99] Zhai, F., T. Hertel, "Impacts of the Doha Development Agenda on China: The Role of Labor Markets and Complementary Education Reforms", *World Bank Policy Research Working Paper* No. 39, 2005.

[100] Aarrestad, "Optimal Savings and Exhaustible Resource Extraction in an open Economy", *Journal of Economic Theory*, Volume 19, Issue 1, October 1978, Pages 163 – 179.

[101] Adams, F. Gerard, Park, I., "Measuring the impact of AFTA: An Application of a Linked CGE System", *Journal of Policy Modeling*, Elsevier, Vol. 17 (4), Pages 325 – 365, August, 1995.

[102] E. A. Haddad, Geoffrey J. D. Hewings, Fernando S. Perobelli, Raul A. C. dos Santos, "Regional Effects of Port Infrastructure: A Spatial CGE Application to Brazil", *International Regional Science Review*, Vol. 33, Issue 3, 2010, Pages 239 – 263.

[103] Anderson, K., A. Strutt, "Estimating Environmental Effects of Trade Agreements With Global Cge Models: A Gtap Application To Indonesia", *Environmental and Resource Economics*, Vol. 17, 2000, pp. 203 – 232.

[104] Decaluwe, B., Nsengiyumva F., "Policy Impact under Credit Rationing: A Real and Financial CGE of Rwanda", *Journal of African Economies*, Centre for the Study of African Economies (CSAE), Vol. 3 (2), Pages 262 – 308, October 1994.

[105] J. S. Bandara, "Computable General Equilibrium Models for Development Policy Analysis in LDCs", *Journal of Economic Surveys*, Vol. 5, Issue 1, 1991, pp. 3 – 69.

[106] Böhringer, C., Rutherford, T. F., "Carbon Abatement and International Spillovers: A Decomposition of General Equilibrium Effects", *Environmental and Resource Economics*, Vol. 22, No. 3, 2002, pp. 391 – 417.

[107] Böhringer, C., Löschel, A., "Climate Policy beyond Kyoto: Quo vadis? A Computable General Equilibrium Analysis Based on Expert Judgments", *KYKLOS*, Vol. 58, No. 4, 2005, pp. 467 – 493.

[108] Barrios, S., "Are There Positive Spillovers from Foreign Direct Investment? Evidence from the Spanish Experience (1990 – 1994)", Manchester: University of Manchester Press, 2000.

[109] Bergman Lars, "General Equilibrium Effects of Environmental Policy: A CGE – modeling Approach", *Environmental & Resource Economics*, European Association of Environmental and Resource Economists, Vol. 1, Issue1, 1991, pp. 43 – 61.

[110] Bergman Lars, "Energy Policy Modeling: A Survey of General Equilibrium Approaches", *Journal of Policy Modeling*, Elsevier, Vol. 10, Issue 3, 1988, pp. 377 – 399.

[111] Bergman, L., "Energy and Environmental Constraints on Growth: A

CGE Modeling Approach", *Macroeconomics and The Environment*, *Journal of Policy Modeling*, Volume 12, Issue 4, 1990, pp. 671 - 691.

[112] Bergman, L., S. Lundgren (1990) General Equilibrium Approaches to Energy Policy Analysis in Sweden, *Cambridge: Basil Blackwell*, 1990.

[113] Bhattacharyya S. C., "Applied General Equilibrium Models for Energy Studies: a Survey", Vol. 18, Issue 3, 1996, pp. 145 - 164.

[114] Bohringer, C., 1998. "The Synthesis of Bottom - up and Top - down in Energy Policy Modeling", Energy Economics, Elsevier, Vol. 20, Issue 3, 1998, pp. 233 - 248, June.

[115] Bohringer, C., Welsch, H., "Contraction and Convergence of Carbon Emissions: an Intertemporal Multi - region CGE Analysis", *Journal of Policy Modeling*, Elsevier, Vol. 26, Issue1, 2004, pp. 21 - 39.

[116] Boyd, R., Krutilla, K., Viscusi, W. K., "Energy Taxation as a Policy Instrument to Reduce CO_2 Emissions: A Net Benefit Analysis", Journal of Environmental Economics and Management, Vol. 29, Issue 1, 1995, pp. 1 - 24.

[117] Drusilla K. Brown, Robert M. Stern, "Measurement and Modeling of the Economic Effects of Trade and Investment Barriers in Services", *Review of International Economics*, 2001.

[118] Fu - Sung Chiang, Chin - Hwa Sun, Cheng - Hong Lin, "The Impact of Taiwan's WTO Entry on Its Domestic Agriculture Sector", *Review of Urban & Regional Development Studies*, Vol. 16, Issue 1, 2004, pp. 1 - 13.

[119] David O'Connor, Fan Zhai, Kristin Aunan, Terje Berntsen, Haakon Vennemo, "Agricultural and Human Health Impacts of Climate Policy in China: A General Equilibrium Analysis with Special Reference to Guangdong", *OECD Development Centre Working Papers* 206, OECD Publishing, 2003.

[120] Conrad, K., Schroder, M., "Choosing Environmental Policy Instruments Using General Equilibrium Models", *Journal of Policy Modeling*, Elsevier, Vol. 15 (5 - 6), 1993, pp. 521 - 543.

[121] Finus, M., Ierland, E. C., Dellink, R. B., "Stability of Climate

Coalitions in a Cartel Formation Game ", *Economics of Governance*, Vol. 7, No. 3, 2006, pp. 271 – 291.

[122] Despotakis, K. A., A. C. Fisher, "Energy in a Regional Economy: A Computable General Equilibrium Model for California", *Journal of Environmental Economics and Management*, Vol. 15, 1988, pp. 313 – 330.

[123] A. C. Fisher, K. A. Despotakis, "Energy Taxes and Economic Performance: A Regional General Equilibrium Analysis", *Energy Economics*, Vol. 11, Issue 2, 1989, pp. 153 – 157.

[124] P. Dorosh, J. Thurlow, "Implications of Accelerated Agricultural Growth in Ethiopia", *International Food Policy Research Institute Research Note* No. 2, 2009.

[125] A. Faggian, P. McCann, "Human Capital, Graduate Migration and Innovation in British Regions", *Cambridge Journal of Economics*, 2009.

[126] Fawcett H., "Social Inclusion Policy – Making in Scotland: Assessing the 'Capability – Expectations' Gap", *The Political Quarterly*, 74, 2003, pp. 439 – 449.

[127] Francisco, J. A., M. A. Cardenete, "Efficient Economic and Environmental Policies Combining Multicriteria Techniques and General Equilibrium Modelling", Working Papers 09.08, Universidad Pablo de Olavide, Department of Economics, 2009.

[128] Ghadimi, "A Dynamic CGE Analysis of Exhaustible Resources: The Case of an Oil Exporting Developing Country ", Regional Research Institute Research Paper No. 7, West Virginia University, 2006.

[129] James A. Giesecke, John R. Madden, "CGE Evaluation of a University's Effects on A Regional Economy: An Integrated Assessment of Expenditure and Knowledge Impacts", *Review of Urban & Regional Development Studies*, Vol. 18, Issue 3, November 2006, pp. 229 – 251.

[130] Girma, S., Wakelin, K., "Regional Underdevelopment: Is FDI the Solution? A Semiparametric Analysis", CEPR Discussion Papers 2995, *C. E. P. R. Discussion Papers*, 2001.

[131] Eichengreen, B, Goulder, L. H. , "Trade Liberalization in General Equilibrium: Intertemporal and Interindustry Effects", *Canadian Journal of Economics*, Vol. 25, Issue 2, 1992, pp. 253 – 80.

[132] Harberger, A. C. , "Using the Resources at Hand More Effectively", *American Economic Review*, Vol. 49, 1959, pp. 134 – 146.

[133] Harberger, A. C. , "The Incidence of the Corporation Income Tax", *Journal of Political Economy*, University of Chicago Press, Vol. 70, 1962, p. 215.

[134] Gene, M. Grossman, Elhanan Helpman, "Comparative Advantage and Long – Run Growth", *NBER Working Papers* 2809, National Bureau of Economic Research, Inc. , 1991.

[135] R. Harris, C. Robinson, "Industrial Policy in Great Britain and Its Effect on Total Factor Productivity in Manufacturing Plants, 1990 – 1998", *Scottish Journal of Political Economy*, Vol. 51, Issue 4, 2004, pp. 528 – 543.

[136] Bernard Hoekman, "The Next Round of Services Negotiations: Identifying Priorities and Options, in Multilateral Trade Negotiations: Issues for the Millenium Round, St. Louis: Federal Reserve Bank of St. Louis", *Federal Reserve Bank of St. Louis Economic Review*, 2000, July/August.

[137] N. Hosoe, Computable General Equilibrium Modeling with GAMS, Tokyo: *National Graduate Institute for Policy Studies*, 2004.

[138] Jorgenson, Dale W. & Wilcoxen, Peter J. , "Intertemporal general equilibrium modeling of U. S. environmental regulation", *Journal of Policy Modeling*, Elsevier, Vol. 12, Issue 4, 1990, pp. 715 – 744.

[139] Kazuyuki Motohashi, "Firm – level Analysis of Information Network Use and productivity in Japan", *Journal of the Japanese and International Economies*, Volume 21, Issue 1, March 2007, pp. 121 – 137.

[140] Keshab Bhattarai, "Consumption, investment and financial intermediation in a Ramsey model", Applied Financial Economics Letters, Taylor and Francis Journals, Vol. 1, Issue 6, 2005, pp. 329 – 333.

[141] KrugmAn, P. , "Increasing Returns, Monopolistic Competition, and

International Trade", *Journal of International Economics*, Vol. 9, No. 4, 1979, pp. 469 –479.

[142] Li, P. C., A. Rose, "Global warming policy and the Pennsylvania economy: A Computable General Equilibrium Analysis", Economic Systems Research Vol. 7, No. 2, 1995, pp. 151 –172.

[143] Hermannsson, K., Lisenkova, K., McGregor P. G., Swales J. K., "The Expenditure Impacts of London – based Individual Higher Education Institutions (HEIs) and their Students on the Economy of England: Homogeneity or Heterogeneity?", Scottish Institute for Research in Economics Discussion Papers, University of Strathclyde, 2010.

[144] McGregor, P., Lisenkova, K., Turner, K., Swales, K., "Scotland the Grey: A Linked Demographic – Computable General Equilibrium (CGE) Analysis of the Impact of Population Ageing and Decline", Regional Studies, Vol. 44, Issue 10, 2010.

[145] Liu Xiaming, P. Siler, Wang, C., "Productivity Spillovers from Foreign Direct Investment: Evidence from UK Industry Level Panel Data", *Journal of International Business Studies*, Vol. 31, 2000, pp. 407 –425.

[146] Longva, S., Olsen, O., "Price Sensitivity of Energy Demand in Norwegian Industries", *Scandinavian Journal of Economics*, Wiley Blackwell, 1983, Vol. 85, Issue1, pp. 17 –36.

[147] L. W. McKenzie, "On the existence of general equilibrium for a competitive market", Econometrica, Vol. 27, No. 1, Jan., 1959, pp. 54 –71.

[148] C. W. M. Naastepad, "Effective Supply Failures and Structural Adjustment: A Real – Financial Model With Reference to India", *Cambridge Journal of Economics*, Vol. 26, No. 5, 2002, pp. 637 –657.

[149] Porat, Marc Uri, 1977, The Information Economy: Definition and Measurement, Office of Telecommunications (DOC), Washington D. C., 1977.

[150] Ronald I. McKinnon, "Monetary and Exchange Rate Policies for International Financial Stability: A Proposal", *The Journal of Economic Perspectives*, Vol. 2, No. 1, 1988, pp. 83 –103.

[151] Rose, A., Liao, S. Y., "Modeling Regional Economic Resilience to Disasters: A Computable General Equilibrium Analysis of Water Service Disruptions", *Journal of Regional Science*, Vol. 45, Issue 1, 2005, pp. 75 – 112.

[152] Yago, M., Smith, R. D., Coast, J., Millar, M. R., "Development of an Economic Model of Antimicrobial Resistance", *Report to: The Nuffield Trust, London.* UNSPECIFIED. The Nuffield Trust, London, 2002.

[153] Robert M. Solow, "A Contribution to the Theory of Economic Growth", *The Quarterly Journal of Economics*, Vol. 70, No. 1, 1956, pp. 65 – 94.

[154] Thurlow, J., "A Dynamic Computable General Equilibrium (CGE) Model for South Africa: Extending the Static IFPRI Model", *Trade and Industrial Policy Srategies*, Johannesburg, 2004.

[155] Thurlow, J., Morley, S., Alejandro, N. P., "Lagging Regions and Development Strategies: The case of Peru", *IFPRI Discussion Papers* 898, International Food Policy Research Institute (IFPRI), 2009.

[156] Dorosh, P., Thurlow, J., "Agglomeration, migration, and Regional Growth: A CGE analysis for Uganda", *IFPRI Discussion Papers* 848, International Food Policy Research Institute (IFPRI), 2009.

[157] Thurlow, J., Seventer, D. E. N., "A Standard Computable General Equilibrium Model for South Africa", *Trade and Macroeconomics Discussion Paper* No. 100, International Food Policy Research Institute, Washington D. C., 2002.

[158] Upadhyaya, M. P., "A Computable General Equilibrium Analysis of Alternative Tax Policies in the State of Washington", *Department of Agriculture Economics Washington*, Washington State University, Ph. D. Dissertation, 1995.

[159] U. Walz, "Dynamic Effects of Economic Integration: A Survey", *Open Economies Review*, Springer, Vol. 8, No. 3, 1997, pp. 309 – 326.

[160] Zhi Wang, Edward G. Schuh, "The Emergence of a Greater China and Its Impact on World Trade: A Computable General Equilibrium Analysis", *Journal of Comparative Economics*, Vol. 30, Issue 3, 2002,

pp. 531 – 566.

[161] Zhi Wang, "The impact of China's WTO Accession on Patterns of World Trade", *Journal of Policy Modeling*, Volume 25, Issue 3, 2003.

[162] James A. Yunker, "General Equilibrium in a Nutshell: An Explicit Function Example", *The Journal of Economic Education*, Vol. 29, Issue 3, 1998, pp. 202 – 211.

[163] 陈立:《辽宁省动态金融 CGE 模型及政策模拟》,硕士学位论文,东北财经大学,2006 年。

[164] 陈涛涛、宋爽:《影响外商直接投资行业内溢出效应的政策要素研究》,《金融研究》2005 年第 6 期。

[165] 陈涛涛:《中国 FDI 行业内外溢效应的内在机制研究》,《世界经济》2003 年第 9 期。

[166] 曹永凯:《CGE 模型在北京奥运经济中的应用研究》,硕士学位论文,首都经济贸易大学,2006 年。

[167] 胡宗义、蔡文彬、陈浩:《能源价格对能源强度和经济增长影响的 CGE 研究》,《财经理论与实践》2008 年第 2 期。

[168] 胡宗义、刘亦文:《能源要素价格改革对我国经济发展的影响分析——基于一个动态可计算一般均衡(CGE)模型》,《数量经济技术经济研究》2009 年第 11 期。

[169] 胡宗义、刘亦文:《统一内外资企业所得税率的动态 CGE 研究》,《数量经济技术经济研究》2008 年第 12 期。

[170] 李洪心:《人口经济动力学与 CGE 模型仿真》,《信息与控制》2004 年第 2 期。

[171] 王宏伟:《信息产业与中国经济增长的实证分析》,《中国工业经济》2009 年第 11 期。

[172] 王永齐:《外商直接投资对国内资本形成的挤出效应分析》,《世界经济文汇》2005 年第 6 期。

[173] 王直、王慧炯、李善同、翟凡:《中国加入世贸组织对世界劳动密集产品市场与美国农业出口的影响——动态递推可计算一般均衡分析》,《经济研究》1997 年第 4 期。

[174] 冼国明、欧志斌:《FDI 对中国国内投资的挤入和挤出效应及进入壁垒对该效应的影响——基于行业面板数据的重新检验》,《世界

经济研究》2008年第3期。
［175］萧艳汾、周建军：《CGE模型对间接税改革的宏观经济效应》，《税务研究》2005年第4期。
［176］谢杰：《全球金融危机爆发的原因及其对中国经济的影响》，《国际贸易问题》2009年第7期。
［177］徐继峰：《中国金融CGE模型的建立及农业信贷政策模拟》，硕士学位论文，中国农业科学院，2008年。
［178］邓常春：《印度信息产业的发展对经济增长和社会变革的影响》，《南亚研究》（季刊）2003年第4期。
［179］段志刚、冯珊：《基于CGE模型的所得税改革效应分析——以广东为例》，《系统工程学报》2005年第20卷第2期。
［180］范飞龙：《跨国公司投资对中国经济的溢出效应——上海市的实证研究》，《财贸经济》2005年第4期。
［181］巩雪：《我国信息产业对经济增长的影响》，硕士学位论文，吉林大学，2009年。
［182］贺菊煌：《我国资产的估算》，《数量经济与技术经济研究》1992年第8期。
［183］贺菊煌、沈可挺：《碳税与二氧化碳减排的模型》，《数量经济技术经济研究》2002年第10期。
［184］胡宗义、刘亦文：《科技进步对中国经济影响的动态CGE研究》，《中国软科学》2010年第9期。
［185］李科、马超群：《区域经济体可计算一般均衡模型的研究与应用》，《系统工程理论与实践》2008年第5期。
［186］李丽、陈迅：《我国产业结构变动趋势预测：基于动态CGE模型的实证研究》，《经济科学》2009年第1期。
［187］李彤、翟凡：《基于可计算一般均衡模型的决策支持系统》，上海三联书店2007年版。
［188］李子奈、齐良书：《计量经济学模型的功能与局限》，《数量经济技术经济研究》2010年第9期。
［189］程凌、张金水：《内外资企业所得税改革效果分析：动态递推可计算一般均衡分析》，《世界经济》2008年第8期。
［190］刘凤娟、王耀中：《人民币汇率升值的动态可计算一般均衡分析》，

《湖南大学学报》（社会科学版）2007 年第 21 卷第 6 期。

[191] 吕世生、张诚：《当地企业吸收能力与 FDI 技术溢出效应的实证分析——以天津为例》，《南开经济研究》2004 年第 6 期。

[192] 茆诗松：《贝叶斯统计》，中国统计出版社 1999 年版。

[193] 彭德斌：《基于 CGE 模型的电子信息产品 TBT 影响研究》，《经济论坛》2009 年第 10 期。

[194] 彭思思、祝树金：《国家积极财政科技投入对中国经济的影响——基于 CGE 模型的研究》，《经济问题探索》2010 年第 1 期。

[195] 饶呈祥、范平：《交通非税收入对我国经济影响的 CGE 分析》，《软科学》2008 年第 22 卷第 6 期。

[196] 唐敏：《信息产业与经济增长：基于产业关联理论的研究》，《华商》2008 年第 18 期。

[197] 陶长琪：《我国信息产业发展的实证分析》，《华东交通大学学报》2001 年第 9 期。

[198] 汪斌、余冬绮：《中国信息化的经济结构效应分析：基于计量模型的实证研究》，《中国工业经济》2004 年第 7 期。

[199] 王其文、李善同、高颖：《社会核算矩阵：原理、方法和应用》，清华大学出版社 2008 年版。

[200] 王小鲁、樊纲：《中国经济增长的可持续性——跨世纪的回顾与展望》，经济科学出版社 2000 年版。

[201] 魏巍贤：《人民币升值的宏观经济影响评价》，《经济研究》2006 年第 4 期。

[202] 徐升华、毛小平：《信息产业对经济增长的贡献分析》，《管理世界》2004 年第 8 期。

[203] 徐卓顺：《可计算一般均衡（CGE）模型：建模原理、参数估计方法与应用研究》，博士学位论文，吉林大学，2009 年。

[204] 严兵：《外商在华直接投资的行业间溢出效应——基于我国工业部门相关数据的初步分析》，《亚太经济》2005 年第 2 期。

[205] 严兵：《外商在华直接投资的溢出效应》，《世界经济研究》2005 年第 3 期。

[206] 于娟、彭希哲：《碳税循环政策对中国农村能源结构调整的作用——基于 CGE 模型的政策讨论》，《世界经济文汇》2007 年第

6期。

[207] 翟凡、李善同：《中期经济增长和结构变化——递推动态一般均衡分析》，《系统工程理论与实践》1999年第2期。

[208] 张葆君、胡宗义：《人民币升值对通货膨胀影响的CGE研究》，《统计与决策》2008年第5期。

[209] 张晓光：《一般均衡的理论与实用模型》，中国人民大学出版社2009年版。

[210] 张欣：《可计算一般均衡模型的基本原理与编程》，上海人民出版社2010年版。

[211] 赵永、王劲峰：《经济分析CGE模型与应用》，中国经济出版社2008年版。

[212] 郑玉歆、樊明太：《中国CGE模型及政策分析》，社会科学文献出版社1999年版。

[213] 周建军、王韬：《金融CGE模型研究与应用》，《金融教学与研究》2003年第1期。

[214] 朱孟楠、郭小燕：《中国国际资本流动的经济增长效应分析——基于CGE方法》，《深圳大学学报》（人文社会科学版）2007年第24期。